Mujer tenía que ser...

Tania Llasera

Mujer tenía que ser...

Para todas las que están hasta el coño

LIBROS CÚPULA

Revisión y versión final del texto: Anna Ubach Royo

Diseño de cubierta: Planeta Arte & Diseño
Ilustración de cubierta: © Mari Fouz
Diseño de interiores: dtm+tagstudy

Primera edición: junio de 2022
Segunda edición: julio de 2022

Av. Diagonal, 662-664, 08034 Barcelona (España)
Libros Cúpula es marca registrada por Editorial Planeta, S. A.
www.planetadelibros.com

ISBN: 978-84-480-2943-2
Depósito Legal: B. 283-2022

Impresión: Gómez Aparicio
Impreso en España – *Printed in Spain*

El papel utilizado para la impresión de este libro está calificado como papel ecológico y procede de bosques gestionados de manera sostenible.

A mi familia biológica y electa,
ya sabéis quiénes sois

ÍNDICE

Hasta el coño

¿Cómo no voy a estar hasta el coño?

«Con el tiempo comprendí que la alegría era un arma superior al odio, las sonrisas más útiles, más feroces que los gestos de rabia y desaliento.»

Almudena Grandes

¿CÓMO NO VOY A ESTAR HASTA EL COÑO?

La pregunta obligada no es: ¿por qué estamos las mujeres hasta el coño?
La pregunta es: ¿cómo no vamos a estarlo?
Compañeras, tenemos razones de sobra...

La llamada me pilló en un bikini color burdeos. Era el verano después de la pandemia, y no había quien me metiera en casa. Estaba fuera paseando por la piscina con mi café con hielo, en la masía de mi suegro en Tarragona, muy a gusto. Al descolgar la llamada me habló una mujer, una tal Leti, de la editorial Cúpula, que me ofrecía escribir un libro sobre el cuerpo femenino. Me dijo que no se le ocurría nadie mejor para escribirlo. Me sentí halagada, pero llevan una década ofreciéndome escribir sobre las injusticias a las que se nos somete a las mujeres y siempre he declinado amablemente. Pero esa vez, aún no sé por qué, y aunque en ese momento estaba escribiendo otro libro, algo en mí dijo: «Sí. Es su momento. Ahora sí».

Y lo escribí. Aquí lo tienes para ti.

Un año después (seis meses de espera y seis de escritura), cuando el libro ya está terminado, discuto con Leti y Anna, mi editora, sobre el título. Hace ya un verano que en una borrachera con unos amigos escogimos el nombre: *Mujer tenía que ser... Para todas* *las que están hasta el *oño.* Pero, claro, ¿cómo vas a escribir ***coño*** en la portada de un libro? Tendrá que ir con asterisco para que se figuren las finas que pone *moño.* «Si no, las mujeres saldrán corriendo espantadas», me dicen. «Igual aleja a parte de la población femenina», me argumentan. Pero al final estamos las tres mujeres de acuerdo. Si este libro pretende ser lo que es, sin eufemismos, no deberíamos escondernos tras un asterisco, ni dos, ni tres...

¿Estamos o no estamos hasta el coño?

Pues eso, que se lea claro.

¡Que nos lo hemos ganado, coño!

Hasta el coño, amigas

Seguro que lo habéis sentido, aunque quizá no lo hayáis expresado con estas palabras. Para las que no sabéis lo que es «estar hasta el coño», significa estar harta a un nivel experto. Frita. Vamos, que no está el horno para bollos. Muchas nos levantamos por la mañana ya hasta el mismísimo, y os prometo que es una realidad. Este fenómeno existe porque hay un límite de lo que una mujer puede llegar a tragar sin atragantarse.

Tendría diecisiete años cuando se me atragantó un desgraciado ginecólogo entrado en años, de aquellos con caspa literal, vestido bajo la bata blanca de color NODO. El cabrón tuvo la osadía de decirme, entre otras lindezas, que las mujeres éramos meros «receptáculos» (décadas después me siguen sudando las manos del cabreo) y que nuestra anatomía estaba hecha para recibir, que puede que lo esté, pero fue cómo lo dijo. Nos minimizó a todas de tal manera que no volví al ginecólogo en diez años. Imaginad mi enfado. También recuerdo pensar: «Este "receptáculo" no recibirá ni una más de estas "machadas" que ni quiero ni busco». Todas hemos pasado por mil situaciones parecidas. Esta misma semana, cuatro hombres vinieron a mi obra de #camptania, mi casa en el campo, donde estoy en plena reforma, para explicarme de cuarenta maneras distintas lo mismo. *Mansplaining* en todo su esplendor, y encima multiplicado por cuatro. Compañeras, sois mujeres, y sabréis de qué os estoy hablando.

Otra cosa absolutamente increíble por lo tarde que llegó fue el primer mapa de un clítoris con su forma anatómica completa... ¿Sabéis en qué año se dignó una mujer, por cierto, a dibujar nuestro genital más placentero? Tan recientemente como en 2005. Helen O'Connell fue la uróloga australiana responsable de publicar *La anatomía del clítoris. Thank you,* Helen. Pero alucino que nuestro sexo interese tan poco que tuviéramos que esperar hasta 2005 para saber cómo somos por dentro... Es increíble, ¿no? Pues nuestro clítoris, en este caso, es solo la punta del iceberg de lo que significa, y no nos enseñan sobre ser una mujer en esta era «tan moderna».

¡Alerta! Hablando de «atragantamientos», os aviso (un poco tarde lo sé): mi madre me obliga a prevenir de la cantidad de palabras —para ella malsonantes— que pueden crear rechazo en algunas mujeres. Si **no** os gusta leer palabras «feas» como *chocho*, *coño* o *hasta la mismísima pepitilla*, saltaos el resto de esta introducción. Pero, si lo hacéis, os perderéis grandes momentos. Aviso de lo uno y de lo otro. Vivan las contradicciones femeninas generacionales: mi madre, no; yo sí. ¿Y tú qué harás? Hmmm...

Provengo de una larga tradición de mujeres inteligentes y complejas que sobrecomparten información. Soy generosa por genética. Me ha costado cuarenta y dos años llegar a este libro en el que voy a darlo T-O-D-O. Al igual que mi madre y su madre antes que ella, pienso que las mujeres debemos ayudarnos, auparnos como podamos, siempre. **Es muy difícil ser mujer en un mundo creado gracias a nosotras, pero sin que destaque nunca nuestra labor.** El movimiento «*No more Mathildas*» se queda corto. No es solo en el campo de la ciencia que faltan ejemplos femeninos... El problema de la ausencia femenina es global. Existen tantas brechas entre lo que las mujeres conseguimos y lo que consta que conseguimos que me falta papel... Nuestro paso por la historia es casi inexistente. Es trágico que **consigan invisibilizarnos**. Y este receptáculo ya no puede más, está saturado.

Admito ser una niña de mamá. Detrás de toda mujer, hay otras. En mi caso, y como mi psicóloga, con la que llevo nueve años, me dijo: «Afrontémoslo, la persona más importante de tu vida es tu mamá». Por eso le he pedido a mi madre que me ayude a escribir sobre lo que es ser mujer. En nuestra primera entrevista, le pregunté qué sentimientos le despertaba serlo, y su respuesta fue: «Desde 1956 soy del sexo femenino. Llevo un rato en este traje de piel. He tenido tres hijos. Estoy orgullosa de ser mujer. Admiro a las mujeres y, ante todo, disfruto de ser una de ellas. Pero admito que a veces me aburre tener que estar demostrando que soy más que lo que rodea a mi vagina. Es muy cansado». Tal cual. Generaciones distintas, un mismo sentir. Vamos, que mi madre también está hasta el mismísimo... como lo llame ella (aunque no le guste decirlo en alto).

SUPERWOMAN TU PUTA MADRE

Ser mujer es cuestión de suerte. Una lotería. ¡Te ha tocado el gordo! No se elige, te toca. Si algo sabemos hacer las chicas es aprender pronto que cada paso que damos está condicionado con desventaja por la raja que tenemos entre las piernas, y es injusto.

Pero es lo que es. Consciente o inconscientemente, si eres chica sabes que te toca la cocina y los cuidados desde niña, te regalan el carrito del bebé y la cocinita en tu cumple para que juegues a ser mamá desde que das tus primeros pasos. *Fastforward* al VHS de tu vida una década: aprendes a mantenerte alerta al salir a la calle, ojo no te pase algo, y el dichoso «qué dirán de ti», omnipresente en el mundo femenino y que tanto temor infunde. La temida reputación. Aprendes a vivir con miedo solo porque eres del sexo débil. La realidad es que tenemos los mismos problemas que el resto de la humanidad, y un «extra con queso» como penoso privilegio de nuestro género. Como chica, te toca luchar el doble para llegar la mitad de lejos. Luego si «decides» ser madre, ¿cómo no vamos a estar hasta la pepitilla del mismísimo si nos prometieron que conciliar familia y trabajo era posible? Y lo es, claro, lo demostramos todas a diario, pero ¿a qué precio? ¿Merece la pena? ¿Dónde queda nuestra salud mental? Si la conciliación es un unicornio (o, como dice mi hija, un «*uni-coño*»), una ficción, una fantasía sin ayuda alguna, la realidad es que hacemos malabares cada minuto de cada hora para llegar a final de mes estresadas hasta rompernos, chica. Podemos con todo, ¿no? Se nos ha programado desde pequeñas: sonríe, no te puedes quejar, que no se note que estás hasta el... Pero como oiga un solo «mamá» más, creo que voy a petar. ¿Te suena? Es lo que viene siendo la clásica y famosa carga mental. Nosotras lo abarcamos T-O-D-O. ¡Venga! «ERES UNA *SUPERWOMAN*, puedes con todo eso y más», te dicen.

Pues mira, yo no. Seré normalita, pero no puedo más. Estoy hasta el mismísimo...

Beatriz Casas lo explica mejor: «Estoy hasta el coño del empoderamiento femenino porque creo que es un empoderamiento maquillado por el patriarcado, ¿no? Al final, en el empoderamiento femenino lo que vende no es "Conócete", "Siéntete bien contigo misma". Con cuarenta años has de ser una supermujer emprendedora, líder en tu trabajo. Pero también te has de tirar en la alfombra a jugar con tus hijos y tener una cena estupenda que has preparado tú, obviamente. Con tu maravilloso marido, que no le falta ni un pelo. Follar como una diosa. Y encima después meditar y tener la casa divina de la muerte. ¿Sabes? Para mí eso es lo que se está vendiendo como empoderamiento femenino. Lo que la sociedad te exige es diferente. Es mucho más lo que se exige, ¿no?».[1]

Estamos hasta el coño del falso empoderamiento femenino, el «Venga, que tú puedes» nos tiene saturadas ya. Una de mis amigas más conservadoras me preguntó alarmada hace poco: «¿Dónde ponía que cuando nos casamos nos toca todo a nosotras?». La casa, la compra, los niños, los campamentos, el colegio... ¡Hasta lo que se ponen mis hijos cada día lo elijo yo! ¡Todo! Esto de «Te lo

1. Beatriz Casas es una mujer alegre, sensible y muy emocional, madre de Amaia, organizadora profesional y responsable de la *komunidad* en @kuestiona.

comes todo tú por ser mujer» estoy segura de que no lo he firmado en ninguna parte.

En mi caso, y me temo que en el de muchas, la pandemia del 2020 fue la gota que colmó el vaso. España es el país con más bares y restaurantes del mundo, incluso están pidiendo convertirlos en Patrimonio de la Humanidad.[2] Hay un bar por cada 175 personas. Somos gente de gente, gente social, muy *spanish* todo. Antes de la pandemia teníamos geográficamente separadas nuestras áreas vitales y nos iba bien para la salud: el trabajo en el trabajo, quedadas en bares y restaurantes, la educación de los niños en el colegio, y la familia en casa, gracias.

Con el confinamiento llegó la locura doméstica: la vuelta a ser una mujer de los cincuenta pero trabajando fuera de casa desde dentro. Cuidado con el teletrabajo, chicas, porque para nosotras es especialmente peligroso. ¿Que por qué? Porque las cosas no han cambiado tanto y se asume que nos encargamos de la casa y los niños. Por defecto, nos toca a las mujeres. Todavía sobrevive la expectativa de que nosotras seamos quienes se amolden con sus trabajos a los cuidados del hogar. Una trampa que puede resultar una vuelta al hogar sin retorno.

Durante el encierro por el COVID-19, me sentí atrapada por la maternidad, enjaulada en mi piso, perseguida por mis hijos que parecían mis sombras (es una pesadilla que siempre graviten hacia mí...). Me sentí cien por cien fracasada. Lo abarcaba TODO —madre, profesora, esposa, cuidadora, cocinera...— y, como guinda, perdí mi trabajo en televisión y me reinventé teletrabajando en las redes sociales. La sensación continua era de que no hacía nada bien. Creerte

---

2. Fuente: <*https://www.elmundo.es/viajes/espana/2020/06/19/5eeb49defdddffe66b8b4587.html*>.

fracasada no es agradable: el estrés te inunda. En aquel momento la ansiedad se apoderó de mí y el miedo por el qué iba a pasar era inmenso. Como muchas, no estaba en un buen sitio mental.

«Esta pandemia se ha costeado con los sueldos y la salud mental de las mujeres», denuncia el Club de Malas Madres,[3] y lo secundo fervientemente. El encerramiento por pandemia destapó la brecha entre mujeres y hombres. Todavía se espera que las mujeres se sacrifiquen laboralmente en favor de las necesidades del hogar, mientras que el trabajo del hombre es intocable. Lo mires como lo mires, de media las mujeres hacemos más, y no es porque trabajemos menos. Por supuesto, hablo en líneas generales, habrá de todo hoy (y me alegro), pero lo que más abunda, según los estudios, es la noción arcaica que se sigue imponiendo en 2022.

Vayamos al grano. Soy mujer, ni mejor ni peor que tú: una más. No soy experta en nada: ni doctora, psicóloga, catedrática ni nada que se le parezca. Aunque ando bien leída, eso sí, por mi eterna curiosidad. Escribo por necesidad personal. Lo hago desde que me regalaron mi primer diario rosa con florecitas en mi octavo cumpleaños. Ya no me limito al «mi color favorito es el turquesa» (ahora es el amarillo, por cierto). Necesito escribir para respirar, para vomitar lo que tengo dentro con más o menos acierto. Ahora he dejado de lado los diarios. Escribo libros, y es lo más generoso y egoísta que jamás haré. Lo hago para todos, pero para mí primero. Escribir no me resulta fácil, pero me libera como nada más. Quiero abrir el melón de qué significa ser mujer hoy con las presiones y tecnologías modernas. Ni me considero importante ni pretendo evangelizar con mis teorías. Hablo con libertad de lo que es para mí la mujer...

---

3. Fuente: <*https://www.epe.es/es/igualdad/20220104/teletrabajo-pandemia-mujer-discriminacion-cuidados-13055087*>.

MUCHA PLANCHA...

Me flipa, me fascina, y no siempre para bien, lo que condiciona ser mujer para absolutamente todo. No exagero. Desde 2014 llevan pidiéndome que escriba este libro al menos una vez al año. Todo fue a raíz de mi cambio de peso y por cómo me tomé todo aquello. Hace casi una década, pero ha llegado el momento. He tenido tiempo de masticar y digerir lo que pasó, de verlo con la perspectiva que da el tiempo. Ahora aprecio la falta que hace hablar de ello, incluso más que antes, por la naturalidad pasmosa con la que aceptamos y aceptan nuestras hijas lo que las redes sociales muestran y establecen como **LA VERDAD**. «Tenemos mucha plancha, hay mucha tela que cortar.» Nada machista nuestro idioma, ¿eh?

A ver, chochetes, hasta nuestro idioma demuestra que hay algo sucio, algo malo unido a la palabra coño: coño, qué daño; menudo coñazo; eso, ni de coña; sois unas locas del coño; fulanita de tal llega a jefa... ¡menudo coño tiene!; está en el quinto coño; como el coño de la Bernarda; no sé un coño de esto; ¿dónde coño estás?; el coño de tu madre. ¡Coño, ya basta!, ¿no?

Y otra cosa que se me antoja imposible: ¿por qué no hay una manera cuqui de llamar a nuestro sexo? Mis amigas más finas le llaman «el culito», pero eso confunde el delantero con el trasero, y tampoco es menester. Cuando nació mi hija Lucía me vi en la tesitura de elegir cómo apelar a «la zona»: cosa, cosita, chichi, pocha, toto, coño, chochete, chocho, cochis, buyuyu, cuca, conejo, concha, vulva, vagina, gatito, minino, cosita, tota, crica, papaya, pocha, bollo, cuevita, almeja, patata... Ninguno me convence... Hablé con una psicóloga infantil que me comentó que debía llamar a las cosas por su nombre y tildar de vulva a la vulva, vaya. Pero es que no me sale decirle a mi hija pequeña: «Límpiate la vulva». No me sale. Al final, eligió ella; le llama «chochis». La cara de mi madre es un poema cada vez que lo oye de la boca de su nieta de cuatro años. Es lo que hay, mamá, apechuga y para adelante. ¿«Chochis»? Pues «chochis» *it is*.

Sumar restando

No se me dan muy bien las mates, pero si me seguís en las redes sabréis que soy muy de sumar. A veces, para sumar hay que restar, aunque sea una contradicción. No quiero caer en los clásicos prejuicios ni en palabras que creen polaridad, no busco pesadas comparaciones ni plomizas quejas. Dejando la crítica aparte, quiero que sepáis que en este libro no resto la palabra coño, pero no hablaré de sexo —porque me aburre soberanamente que todo se reduzca siempre a estar atractivamente apetecible, a ser meros «receptáculos»—. Tampoco tocaré a los hombres. Esto va de nosotras, sin acritud, lo prometo. No me meteré en el dichoso patriarcado que se saborea en cada bocado de realidad, ni siquiera en el machismo que satura nuestro idioma, siendo ambos tan obvios que no hace falta mentarlos más.

Señoras, señores y otres, me declaro *feminista* de manera orgullosa y en el sentido más puro de la palabra, por y para siempre.

El feminismo no es lo opuesto al machismo, eso sería hembrismo. Para mí el feminismo en estado puro es la reclamación de los mismos derechos y oportunidades para todos, todas y todes, aunque haya a quien le joda. Asesino aquí mismo el concepto «feminazi» —que detesto por todo lo que representa: la idea errónea del feminismo, un insulto radical, feo—. Odio que se una ese insulto que destila odio a la palabra justa que es «feminismo», que mucho me temo que también morirá en este texto —aunque me fastidie— porque hay quienes la malinterpretan y de inmediato dejan de leer. Y aunque juro que cada página pretende empaparse de igualdad, no quiero alejar a nadie de este libro, ni siquiera a quienes no entienden qué es el feminismo, quizá porque son las que más necesitan leernos. Deseo con este libro llegar tan lejos como pueda: sin fronteras, sin tapujos ni limitaciones y para todas las mujeres de todas las edades y de todas partes.

El mundo de color rosa

Antes de nacer, existe la preconcepción —nunca mejor dicho— de lo que te toca por nacer niña. Seguramente, alguna mujer osó tocar la barriga de tu madre contigo dentro, por supuesto sin permiso, y le preguntó: «¿Qué esperas, niño o niña?». Estoy convencida de que estaba pensando en el eterno azul y rosa... Y, después de decirlo, la osada debió de responder con el consabido: «Ah, es niña, qué bien. Ya tienes a quien te cuide de viejecita» o «Una niña es muy de su "papi".». Estas valoraciones deberían hacernos arquear algo más que las cejas. Es maravilloso ser chica, pero muchas de las atribuciones que conlleva el sexo femenino no me gustan.

Lo que NO MOLA de ser mujer:[4]

1. Tendemos a echarnos la culpa de cosas que no están en nuestra mano. Vivimos envueltas en una nube de complejos.
2. Nos presionan por ser chicas. No solo se fiscaliza y mira cada movimiento con lupa, sino que nos educan (programan) para que nos fiscalicemos y miremos con lupa cada uno de nuestros movimientos, buscando una perfección imposible.
3. Da miedo andar sola por la calle.
4. Nos enseñan a valorarnos según el envoltorio, como si solo importase la apariencia. Si tu valía depende de tu físico, de tu cara y de tu cuerpo, te estás cosificando. Cara y cuerpo perfectos, con una talla definida (¡Amanciooooo!). Somos contenido antes que continente. He sido víctima de esto: me costó años de terapia entender que se puede ser lista y guapa a la vez. Pensaba que, si eres guapa, no debes ser muy lista, y si eres lista, no tendrías que ser tan guapa. Fíjate si es arcaica la cosa.
5. Hay que ser responsables. Nos hacen crecer rápido. Dejamos de jugar, de divertirnos con la vida, de soñar con lo imposible. Se nos pide ser serias, pragmáticas, y muchas veces el realismo mata pasiones e impulsos. Pensar fuera de la caja es tan necesario como respirar.

---

4. Espero que seamos muchas, MUCHÍSIMAS, niñas, chicas y mujeres las que pensemos que esta no es nuestra realidad. Deseo con todo mi corazón que cada vez seamos más las que no nos identifiquemos con ninguno de los puntos anteriores. Es mi esperanza. Pero también es cierto que ser mujer es más complicado que ser hombre. Hay cambios, pero son lentos, amigas.

6. Nos presionan para que seamos buenas estudiantes y hagamos carrera, porque querremos tener un buen trabajo en el futuro, ¿no? También nos apremian para que encontremos el amor de nuestra vida, y rapidito, que se nos pasa el arroz, y para que tengamos nuestra propia familia. Si puede ser a la primera, mejor. Y luego nos instan a que conciliemos trabajo y familia. ¡Como si fuera fácil!
7. Para estar empoderadas debemos tener la casa perfecta, educar a los hij@s impecablemente bien y cuidar de todos. Está en nuestra naturaleza femenina. Pero nos olvidamos de nosotras. ¿Es el precio que debemos pagar?
8. Cultivan que compitamos entre nosotras. La vida se convierte en una carrera de fondo y solo una puede ganar. ¿Y qué me decís de la falta empatía entre las mujeres? Nos centramos tanto en lo nuestro, en no perder la cabeza, que no miramos a nuestro alrededor. ¿Y eso qué provoca? Que nos aislemos, que nos quedemos solas, vamos. ¿No te preocupas por mí? Yo tampoco me preocuparé por ti. Y cada una a lo suyo.
9. Que nos digan que la liberación de la mujer llega de la mano del trabajo fuera de casa es la berza. Colegas, estamos cansadas. Llevamos demasiados años de esclavitud moderna etiquetada como «conciliadora», y la sociedad se aprovecha de nuestra versatilidad a coste de nuestra salud física y mental.
10. ¿Anticonceptivos o embarazo? Es una carga femenina, ese estigma es nuestro.
11. No podemos disfrutar. Cada vez más calladas, pequeñas, débiles y pecadoras. ¿Por qué ser mujer es malo? ¿Por qué disfrutar del sexo nos convierte en unas «guarras» o se nos tilda de frescas? Si gozamos al comer somos unas gordas, unas *gotxas*, y si nos lo pasamos bien jugando somos

infantiles, «como crías», etc. ¿Siempre a dieta, siempre sumisas, siempre calladas...? Ja.

12. Sangramos cada mes. Olé. Y encima tenemos «esos días». Pobrecita... Hay muy pocos días al mes que no estemos premenstruales, ovulando o rumiando algo. Y a la mínima que te pongas borde te sueltan el típico comentario de «Debe estar con la regla»... Qué triste oírlo tanto.
13. La confusión de los límites. Debes de ser *sexy*, pero no demasiado. Inteligente, pero no te pases de lista. Elocuente, pero tampoco demasié. Es agotador dar con el punto adecuado de cómo debes ser. Si sobresales, clavo que sobresale pide martillo, se dice, ¿no? Es duro. Son mensajes confusos.
14. Si la cagas en algo o en todo lo anterior, el mundo te considerará fea, gorda, maleducada, bruta, gritona, cafre, mala compañía, fresca, guarra o putón, yerma, egoísta, chapucera, mala esposa, mala madre, mala ama de casa, quejica, sucia, marrana, cerda, egocéntrica, creída, soberbia, altiva... ¿Y el tiempo que nos quita estar pendientes de todo eso? Demasiado calladitas estamos. ¿Debemos invertir tanto en frivolidades, querida sociedad?

Lo que me FLIPA de ser mujer:

1. Un café con una buena amiga o con mi madre y todo lo anterior, lo que no me gusta, se va por la ventana. Conectar con ellas me nutre a un nivel superior.
2. Nuestro clítoris tiene no sé cuántas terminaciones nerviosas para un orgasmo mucho más potente que el masculino. Y encima podemos experimentar múltiples e incluso cócteles u orgasmos combinados. Mmmmm.
3. Siento el poder que me da ser mujer. Domino cosas invisibles, subterráneas: pensamientos, deseos, objetivos y metas, conversaciones...
4. Las mujeres somos cambio. Nunca valoramos que cada mes, cada semana, cada día, somos una mujer distinta, no solo por cuestión de nuestro peso, sino por niveles hormonales, temperamento, humor, fragilidad, fortaleza y mucho más. Somos multitarea, versátiles, cambiantes... Mola, emociona el arte de saber fluir.
5. Me siento una diosa creativa, como la madre naturaleza (la mayor mujer que hay). Conócete, escúchate, entiéndete, acéptate, cuídate, mímate, sé tu mejor amiga. Y abrázate, dale amor a tu peor enemiga: tú.
6. También hacemos pis sentadas, eso es un plus de descanso.
7. Aunque suene cursi, la capacidad de crear vida en mi interior (ojo, es una opción, no una imposición) mola. Reproducirte despierta algo dormido, algo antiguo, imposible de explicar, pero es un tesoro. Y no me refiero a una madre biológica, sino a cualquier madre, para o no para, biológica

o lógicamente la que ha ejercido de su madre siempre. Sea como sea, y seas como seas, tener un bebé dentro es mágico.

8. Tenemos la capacidad de deshacernos de conductas aprendidas, desaprender para aprender de nuevo.
9. Vivimos más tiempo. Somos más longevas. Así que, mundo, acostúmbrate a mi cara.
10. Nunca me siento sola. Formo parte de la tribu más grande del mundo: **las mujeres**.

UN APUNTE: calidad contra cantidad. Aunque son muchísimas más las cosas que no me gustan de ser mujer, en este caso la calidad de razones, no la cantidad, es lo que importa. Escojo conscientemente dar a las cosas buenas de ser mujer el peso del plomo en positivo. Porque las razones por las que elijo vivir están en la selección positiva, en la visión optimista de ser mujer. Soy la que me mueve cada día. Ser yo –con todas mis características, inclusive ser mujer–, es lo mejor que me ha podido pasar en la vida. Es lo que tengo.

ARMADA CON UNA SONRISA QUE DESARMA

No me considero pija, pero provengo de una zona privilegiada, preciosa y muy petarda. Mi pueblo es como cualquier otro. El clásico «pueblo pequeño, infierno enorme».

Nací y crecí en el municipio más rico de mi zona, con el precio tan alto que conlleva, y no me refiero a la pasta. Allí no hace falta tener redes sociales para sentir la potente presión por la perfección. Basta con salir a la calle a por el pan para notar las miradas. Este pueblo es un profundo infierno, pero en kilómetros es pequeño. Todos nos conocemos en esta burbuja, un lugar cerrado que se cree abierto porque sus murallas no se ven, no se palpan, no son físicas. Tuve la suerte o la desgracia de ser medio extranjera, así que tenía más licencia para estar asilvestrada y mi mirada era algo más abierta que la de las otras niñas de allí, pero también padecí la desdicha de no ser una más, de no ser normal, normativa, vamos. A cierta edad solo quieres no destacar y yo lo hacía sin freno, así que aprendí a protegerme del ambiente tóxico desde muy joven. Sin saberlo, esto me estaba preparando para mi futura exposición en la televisión y las redes sociales. Gracias, infancia, por armarme

«Pueblo pequeño, infierno grande.»

Ambrosia,
la tata de mi amiga Irene Orce

emocionalmente hasta los dientes... Y es que **una buena sonrisa desarma a cualquiera**.

Sin rencor: estar hasta el higo nos ciega. No nos permite vernos, sentirnos nosotras. La carga mental es tal que vivimos nuestra rutina en una nube de frustración constante. Vamos con la cabeza en las nubes... grises. Y si no puedes ver, te pierdes, amiga mía. Te dejas llevar por la marea social, los *trends*, los complejos y toda esa morralla que a veces confunde lo digital con lo real, lo *online* con lo *offline*, buscando el equilibrio constantemente desequilibrada.

Al igual que a veces para sumar debes restar, a veces para seguir adelante primero tienes que dar un paso atrás y pararte para volver a caminar. Como cuando quieres avanzar en terapia, para limpiar tu modo de pensar has de hablar de toda la basura de tu pasado. Pero para limpiar a fondo hay que ensuciar primero. Para aprender a seguir de manera sana con tu vida de mujer, a veces tendrás que desaprender conductas que, desde siempre, has pensado que son buenas. Por favor, repensemos, planteémonoslo absolutamente todo, incluso lo que tengamos inscrito en piedra. **Quiero sacar a la vida todo el zumo que pueda, e imagino que tú también.**

Con este libro te propongo un reinicio para tomar el camino a la libertad, para desarrollar un chubasquero que permita que nos resbale cada comentario ajeno y nos rebote el «ruido» que hacen los demás sobre nosotras, escuchar al entorno selectivamente, y escucharnos y «trabajarnos» idealmente antes de educar a las siguientes generaciones. Te invito a replantear y repensar lo que damos por sentado. Hay códigos y reglas que tendrás que romper, cambiar y revisar en tu conducta diaria con los demás, pero y ante todo, contigo.

Mujer, tú que estás hasta el moño —¿Ves, mamá? También puedo ser fina— y que has superado todos tus momentos de mierda... ¡Lo estás haciendo mejor de lo que piensas, coño!

Por nosotras

Deja que te cuente un cuento... sangriento.

De mi primera regla tengo un recuerdo detallado del 3 de abril de 1993 a las 18 h. ¿Por qué me acuerdo con tanto detalle? Pues porque tenía catorce años y todavía no me había bajado la maldita regla. Todas mis amigas la sufrían ya, y yo moría de envidia. Quería desesperadamente formar parte del club «Sangro Una Vez Al Mes». Fui al baño y al limpiarme... ¡Por fin! Nunca fui tan feliz por sangrar. Mi madre me dijo lo clásico de: «Bienvenida al mundo de las mujeres».

La exposición de algo tan mundano como la menstruación demuestra la evolución de nuestra sociedad en el tiempo que he vivido. Pero el discurso ha cambiado, y la sociedad también: hemos pasado de unos años de negación absoluta a la reivindicación de algo natural y biológico. Por eso pienso que es el momento de libros como este. Ahora sí.

Hace no tanto, la regla era invisible. Nadie osaba hablar del dolor menstrual o del engorro que es ese puzle de compresas y tampones, de la planificación que supone un simple día de playa, de que siempre viene cuando no quieres —el día de tu boda, durante el viaje de novios, el fin de semana que te vas con tu pareja sin niños, etc.—. Antes no se hablaba de la regla. Era un tema tabú: estaba mal visto, olía mal en sociedad, era algo sucio que debía ocultarse, algo casi deshonroso. La vergüenza que te entraba si alguien intuía una compresa en tu bolso... Cualquier cosa por camuflar que sangrabas una vez al mes. Y, cuando no quedaba más remedio y se informaba de su paso, era siempre con eufemismos del tipo «ando indispuesta», «me duele la barriga», «estoy femenina», «ya me bajó el ejército rojo»... Y la que más detesto porque indica que tenemos algo que no funciona: «estoy mala», como si fuéramos fruta pocha... Eso sí que me pone mala. De mala hostia me pone.

El mundo de las mujeres está cambiando: algo tan femenino como el activismo menstrual era impensable hasta hace muy poco, y hoy en día es una realidad. Conceptos como la pobreza menstrual, el *free bleeding*, la copa menstrual, la contaminación por las compresas y tampones... son algunos de los melones que por fin se abren. Además, gracias a las redes sociales, todas deberíamos contar nuestras experiencias menstruando cada mes. Hace poco publiqué en mi red de TikTok un baile en pañal a mis cuarenta y dos años. Muchas me preguntaron: «¿Es necesario enseñar tanto?». Les resultaba desagradable, y eso que no se veía sangre...

Mirad, con las matemáticas hechas: llevo sangrando 320 reglas, restando los catorce años de infancia que no la sufrí, y descontando los meses de embarazos. Mis reglas duran de media una semana, así que **llevo 2.240 días de mi vida sangrando.** ¡Como para ignorarla!

Encima, mis reglas posteriores a ser madre se han convertido en auténticos tsunamis imposibles de gestionar si no es a base de pañales para adultos que compro en la farmacia. Harta de limpiar sábanas, vaqueros, sillas, sillones, hasta el asiento del coche, y obligada a vestir de negro porque sé que voy a manchar. ¡Y lo que me rondará la pelirroja...!

Como dice la ilustradora Carmen García Huerta: «Creo que la madre naturaleza se pasó de barroca diseñando este sistema para asegurar la reproducción humana».[5]

Vivimos inundadas de información. Ya que es así, contemos nuestras realidades para no sentirnos solas. Seamos hermanas de

5. Fuente: <*https://elpais.com/eps/2022-01-23/la-nueva-revolucion-menstrual.html*>.

sangre. Demos espacio a lo que antes callábamos. Si no sangrásemos, no podríamos parir. No tiene más misterio.[6]

En los juegos infantiles, mucho antes de que nos viniese la regla, al ganar decíamos aquello de: «¡Por mí y por todas mis compañeras!». ¿Cuándo se perdió aquello de que el logro de una es de todas? Eso sí que era sororidad, pero no lo sabíamos. Nadie es más ni menos que nadie. Y por eso escribo este libro:

6. No podemos olvidarnos de las mujeres que no sufren la regla pero sí todo lo demás (y de manera exagerada). Además de estar en una pubertad hormonal química y artificial para realinear su exterior con su interior y llegar a lo que llaman «congruencia de género», han de tomar la terapia hormonal feminizante: les administran un bloqueante de la testosterona y les chutan estrógeno para inducir a la mujer que llevan dentro. Las complicaciones de esta terapia, además de todos los efectos secundarios, harían que cualquier mujer CIS como yo no quisiera volver a quejarse de la regla nunca jamás.

Por ti, por mí y por todas mis compañeras

1

Curvas & rectas

La revolución de mi piel

«Tu cuerpo es un instrumento, no un ornamento.»

LINDSAY & LEXIE KITE
More than a body

PERRA
Rigoberta Bandini

EL TAMAÑO NO IMPORTA

Me pregunto por qué un país tan pequeño como España está en el puesto 5 del *ranking* de las intervenciones estéticas mundiales, con 447.000 intervenciones al año.[7] Hubiera pensado que China o Rusia nos ganarían, aunque solo fuera por tamaño, pero no... España es la quinta con solo Estados Unidos, Brasil, México y Alemania delante. Demostrado está que el tamaño no importa... ¿O sí? Mucha obsesión con la estética tiene que haber para que nos operemos más que en países más grandes. Y claro, ¿quién creéis que dentro de España se está operando estéticamente como si no hubiese un mañana, incluso en plena pandemia? Un potente 83,4 % son mujeres.[8] Los datos no mienten, compañeras... En España estamos obsesionadas con estar guapas... ¿Por qué será?

7. Fuente: <*https://www.nuevatribuna.es/articulo/varios/paises-mas-cirugias-esteticas-realizan/20191204131312168803.html*>.

8. Fuente: <*https://www.libertaddigital.com/chic/vida-estilo/2021-12-07/el-auge-de-la-cirugia-estetica-en-espana-en-los-ultimos-anos-6844489/*>.

Reflejo de mi espejo

Siempre me he llevado muy bien con el espejo. Siempre. De niña y adolescente pasé tantas horas delante de él que éramos mejores amigos. De hecho, jugaba a entrevistarme a mí misma mucho antes de ser famosa o tener idea de qué carrera elegir (que me costó Dios y ayuda, la verdad). Eso sí, me tengo muy estudiada, me sabía todas las poses, cómo me favorece la luz y cuál es mi lado bueno y malo mucho antes de «necesitar» esta información para el trabajo delante de la cámara.

La relación que mantenemos con el espejo es muy compleja, y suele hablar alto en cuanto a nuestra relación con nosotras mismas. **Tu relación con el espejo refleja cómo te quieres.** Hace poco comencé a regalar a mis amigas por sus cumpleaños mi tiempo, una especie de asesoría de imagen personalizada de tu amiga Tania. Les hago sesiones de belleza, les enseño a arreglarse y a posar. Pongo mis veinte años haciendo imagen a su servicio. El regalo es un exitazo. Ellas aprenden bastante, pero mi sorpresa siempre es que yo aprendo más. He entendido que muchas, incluso una mayoría sorprendente de mis amigas, se miran cada día al espejo, pero no se ven. Mirarte y no verte. *Wow*. ¿Cómo puede ser? ¿Evitan observarse por falta de tiempo, de ganas o por no ver lo que les acompleja? ¿Se evaden de sí mismas al ignorarse? ¿Es dejadez o no querer añadirte a la larga lista de personas que te juzgan? ¿No hay interés?

Picada por la curiosidad, pregunté por las redes sociales a mis *followers* (una aplastante mayoría mujeres): «¿Cómo te sientes con tu cuerpo?». Muchas me contaron cómo se veían, y la lista de «odios» era larga: culo, celulitis, cartucheras, piel de naranja, tetas demasiado grandes, caídas o pequeñas, pecas, granos, estrías y un apabullante etcétera. Parece que hubiera preguntado: «¿Qué ve la gente al contemplarte?». Y esto lleva a otras dos preguntas: ¿con qué ojos nos miramos? ¿Con los nuestros o con la mirada ajena?

Puede sonar antiguo, pero desde siempre he sentido que, de cara a la galería, lo más importante de una mujer es su cuerpo y, de eso, lo fundamental es su aspecto. Es superficial, lo sé, pero desde pequeñas aprendemos que ser guapa mola, y no hace falta ser Marie Curie para saber que no serlo no mola nada. En los patios de todos los colegios del mundo hacen *bullying* a todos los niños y niñas que se salen de la norma, que son distintos por cualquier causa. Por eso, de niñas queremos formar parte de lo que a partir de ahora llamaré «La Masa», el grupo grande de gente guay que no sufre estas vejaciones. Las más perfectas son las privilegiadas e intocables. Se nos educa para saber que nuestras armas son las que se ven: la belleza como obligación, como herramienta, como moneda de cambio, como atributo de la feminidad. Así que nos pasamos la vida —o mejor dicho, se nos pasa la vida— intentando cumplir las exigencias de belleza que imperan en la sociedad. Así de frívola y de fea es la belleza.

Más veces de las que quisiera me han hecho sentir un objeto, una cosa. Esa conducta tiene un nombre: **cosificación**. Y yo, de ser cosificada sé un rato, más que nada porque pocas profesiones se viven con más cosificación que trabajar como presentadora en la tele. En el mundillo se nos llama *muñecas*: «La muñeca va aquí... o allí». Tal cual, lo juro. A veces, durante los programas, se te acerca el que ese día es tu jefe, el que manda en la grabación de marras, y para moverte de un lado a otro en vez de pedirte que des dos pasos a la derecha, te agarra por los brazos y te lleva él. Sin palabras. Arqueo la ceja y se me pone todo el vello de punta por la rabia. No me ha pasado ni una ni dos veces, sino decenas a lo largo de los años. Puede parecer una tontería, pero me afecta bastante, me enerva, la verdad. Me cabrea. Y, en consecuencia, mi piel se ha revolucionado. De hecho, de unos años a esta parte, ya no me callo y se lo suelo decir con educación.

Hay un fenómeno que se da cuando tu valor como persona se mide por tu imagen: tu identidad se divide en dos, la mujer que vive su vida y la que la juzga. Vives condicionada, juzgada por tu reflejo. Se entabla una batalla en cada cuerpo: tú y tu reflejo en el espejo. Hay un dialogo interior con esa jueza que vive dentro de ti. Te llama «gorda» o «asquerosa» cuando decides comerte la hamburguesa del menú, te tilda de «vaga» por no hacer ejercicio o por no saber seguir una dieta, y se pasa la vida amargándote la existencia, creándote odio y rechazo hacia ti misma. Esta relación tóxica contigo no es sana. **Lo ideal es volver a ser una sola mujer: la que vive su vida de manera completa, sin etiquetar su reflejo.** Fácil de decir, complicado de aplicar. Quizá debamos desaprender algunos comportamientos programados que hemos normalizado. Compañeras, no lo son. Es importante que seamos conscientes de cómo nos hablamos. Tengo una amiga que siempre dice que debemos hablarnos como si fuésemos nuestras abuelas, con ternura y amor incondicional. Mimarnos hasta con las palabras que no se oyen.

Mi cuerpo no es decoración, no soy una estatua, un maniquí ni una puta muñeca. Soy una persona. Cuando una industria, toda la sociedad o tu entorno, vaya, valora ante todo nuestra apariencia, nos cosifica. Y la consecuencia natural de nacer, crecer y vivir en un ambiente en el que las mujeres somos cosificadas es aprender a ver nuestro cuerpo con ojos externos. A eso se le llama **autocosificación**. Si solo te valoras por tu físico, te autocosificas sin saberlo, y esa relación contigo misma se puede volver muy tóxica. Este proceso va muy rápido. Monitorizamos cómo nos vemos y cómo se nos percibe mucho antes que cómo nos sentimos, por ejemplo, cuando debería, idealmente, ser al revés.

Como os decía, he sido cosificada hasta el aburrimiento, aunque en aquel tiempo no era consciente de ello. Hace muchos años trabajaba en televisión en el horario más golfo presentando los debates de *Mira quién baila* y *Supervivientes*, y en los programas *Mira quién mira* y *Resistiré, ¿vale?* Hacíamos auténticas maravillas en audiencias y nos veían millones de personas. Mis modelitos eran muy comentados, y yo disfrutaba de salir guapa en la tele, claro que sí, y de hacerme respetar por los colaboradores, que no siempre era fácil. Mucha gente todavía no entiende cómo funciona la tele respecto a la ropa que llevamos. La cadena viste a sus presentadores, no a los colaboradores. Tu estilista te invita un día sin grabación a hacer lo que se llama una «prueba de vestuario». Después de que te lo pruebes todo y de escoger lo que os gusta tanto a ti como a la estilista, las sastras lo arreglan todo para que luzcas bonita. A mí me ponían los vestidos más arriesgados que, por cierto, me cortaban a la altura del *sponsor*, al que llamábamos afectuosamente «el *buyuyu*». Recuerdo una vez que me pusieron un vestido que era un corsé largo, rollo *Los Bridgerton*. No recuerdo por qué tuve que ponerme un momento de rodillas, pero tenía tan restringido el movimiento que no podía levantar la rodilla para alzarme. Había tal cacareo que nadie oía mis gritos de auxilio, socorro, pidiendo que alguien me ayudase a levantarme. Ahora lo recuerdo con risas, pero fue dramático. Por fin, después de unos interminables minutos, alguien me ayudó a ponerme en pie. Por supuesto, una mujer.

¿En qué momento se decretó que las mujeres, para sentirse estupendas, debían tener un aspecto fabuloso, pasando por corsés, tacones imposibles y uñas con las que no puedes ni tocarte un ojo sin sacártelo? ¿Por qué? Y más importantemente aún, ¿para quién?

El culpable es «La mirada masculina» (*The Male Gaze*),[9] un término académico de los años setenta que se refiere a cómo el contexto de los medios representa con una mirada masculina que cosifica a la mujer como un objeto deseado. Sencillamente, la tele, el cine, las revistas y ahora las redes sociales asumen que debemos estar «enmarcadas» (embellecidas, editadas) para ser deseables, para merecer el amor. Es nuestro contexto el que, desde pequeñas, nos manda lo que tenemos que hacer y lo que no. En el caso de las mujeres adultas, está meridianamente claro. Los medios nos tratan como «espectáculos para ser vistos» más que cómo a personas sintientes. Pero, chicas, no somos ornamentos. Nuestro cuerpo es nuestro instrumento, y es fundamental que nos unamos contra esto que sucede cada vez más de cincuenta años después de haber acuñado el término *The Male Gaze*.

Si lo hacemos todas, es mejor

Siempre que pienso en la **sororidad** me vienen a la mente los baños de chicas de los bares españoles. Por costumbre, seguro que estamos de acuerdo en que están hechos un asco, y te ves obligada a hacer pis imitando la figura de un aguilucho, intentando no manchar ni mancharte. Si vas «contenta», hasta te agarras al manillar de turno. Y reza para que te queden clínex en el bolso porque, afrontémoslo, casi nunca hay papel. Pues bien, eso para mí es el ejemplo perfectamente sucio de

9. Laura Mulvey, *Placer visual y el cine narrativo*, Screen, 1975.

la falta de hermandad entre mujeres: no tener pensamiento colectivo, mear solo para ti.

Hace años estuve en una fiesta de Nochevieja en un discotecón enorme en Suecia —a –27 grados en la calle, por cierto—. Lo importante del caso es que los baños estaban inmaculados, como si fuesen los de tu casa. Quedé impactadísima. Llegué a la conclusión de dos hipótesis del pis:

a. **Todas se sientan en la taza del retrete y, por lo tanto, está limpio.**
b. **Cada una limpia el retrete antes de que entre la siguiente para que se encuentre la taza limpia. Además, es de listas limpiar tu propio pis antes que el de otras.**

Consideración y empatía, pensamientos colectivos, colegas de baño. Esa es para mí la sororidad, ayudarnos unas a otras, haciendo siempre lo que te gustaría que te hicieran a ti. «Pásame el papel, anda, porfa», «¿Alguien tiene una compresa?»... Estas cosas tan normales deberían ser la norma

«En realidad, no competimos con otras mujeres. Finalmente competimos contra nosotras mismas, con cómo pensamos sobre nosotras. Para muchas de nosotras, al mirar a otras mujeres, vemos mejores versiones de nosotras: más guapas, más listas, más algo. No vemos siquiera mujeres.»

Emily Gordon,
autora de *The New York Times*

dentro y fuera del baño. La faenas de ser mujer deberían de hermanar, ¿no?

Hablemos de cuando la sororidad brilla por su ausencia, cuando es un «mujer contra mujer»: ¿por qué somos tan fieras, competitivas y criticonas las unas con las otras? Cuando quiero caer bien en un grupo de mujeres, uno de mis trucos es no arreglarme demasiado para que no me perciban como una amenaza. Si no voy muy guapa, es más fácil caer en gracia. Creo que esa típica conducta femenina del «aplastamiento emocional» de quien piensas que es tu competencia dice más de quien critica que de la que es criticada. Todas salimos perdiendo. Criticar es como una tirita: te hace sentir bien un segundo y luego estás peor (si tienes conciencia). La persona criticada no quiere que la traten mal, y menos otra mujer. Claro que no todas son del tipo que compite con las otras. Cada vez somos más las que estamos «trabajadas». Cada vez somos más las que hemos hecho un trabajo consciente por mejorarnos, y pensamos que, en vez de competir, deberíamos construir puentes entre nosotras. Debemos ayudarnos, auparnos, empoderarnos en el sentido real. Como dije en mi TED TALK, somos personas iluminadas con nuestra propia luz interior, mujeres que no apagamos la de las demás para brillar, sino que sabemos, con potencia, que hay luz para todas.

En realidad, no competimos contra nadie externo. Cuando criticamos y competimos con otras, nuestra batalla es personal, un reflejo de cómo nos sentimos por dentro. Competimos contra nuestra sombra, y en este túnel tan solitario no hay luz, pero sí tiene salida. No sé quién dijo: «Las chicas compiten, las mujeres nos empoderamos las unas a las otras». Estoy muy de acuerdo. En cuanto hacemos el clic mental de que «juntas somos más fuertes», la vida es más fácil. Si nos apoyamos entre nosotras, ganamos todas. Hay luz al final del túnel, amigas.

Las conductas tóxicas básicas que tenemos las chicas entre nosotras son dos: la competición con consecuente crítica y el juicio al cuerpo ajeno. Gracias a la unión del sentimiento de sororidad que tenemos las mujeres, ambos temas están muriendo cada día un poco más. Pero admito que, a veces sin darme cuenta, peco de juzgar el cuerpo ajeno o incluso de competir. Son conductas que tenemos tan interiorizadas que son casi invisibles, a menos que intentes mejorarte a diario. Hay comportamientos que antes tenías de forma inconsciente que, en cuanto los reconoces, decides cambiarlos. Es aquello de desaprender lo aprendido para aprender algo nuevo y mejor.

Mucho me temo que ser presentadora de televisión te prepara para el juicio a tu físico que viene de gente que ni te conoce. Las famosas estamos en primera línea para sufrir el *bullying* sobre nuestro aspecto. Trabajamos en la pantalla, vivimos expuestas a la opinión pública. Enmarcadas para ser comentadas. Aprendemos a sobrevivir en una diana diaria donde toda hija de vecina puede vernos y opinar. Y lo hacen gracias a las redes sociales. Te llega todo ese odio y amor (que no solo hay *haters*, también hay *lovers*) de manera gratuita y directa. De hecho, en algunos de mis contratos televisivos había una bonita cláusula que especificaba que no podía cambiar mi aspecto. Literal. Y otra que me negaba el derecho al veto a ningún programa. Es decir, que te endosen lo que te endosen, estás obligada a presentarlo. No puedes decir que no. Vamos que la tele, como el corsé que te impide mover, es más restrictiva de lo que imaginamos.

EL MAREO ESTÉTICO DEL CUERPO FEMENINO DURANTE LA HISTORIA

Ningún proceso es lineal, y menos el de las mujeres a través de los siglos. Cuidado, que vienen curvas, y no las que estás pensando...

En el **Renacimiento** hubiera ligado sin parar. Era mi época, pero nací tarde: mujer voluptuosa y curvilínea, con piel de porcelana, pelo rubio y largo, ojos claros, cadera y tripita redonditas, elegante y delicada, con dedos largos y finos. Menos los dedos finos, lo cumplo todo, Mari Puri. ¿Y quién mira las manos? Como decía mi abuela —que tenía unos pies preciosos los cuales alababa todo el mundo (y le ponía del hígado)—: «Qué pérdida de tiempo mirarme los pies. ¿Tan poco interesante es lo que digo que has de mirármelos?».

Saltemos en el tiempo a las Kardashian de **1910**: las *Gibson girls*, que fueron dibujadas, literalmente, por Charles Gibson. Mujeres fantasía inventadas por un hombre para inspirar una mujer más inocente, más frívola sobre una bicicleta. La *Gibson girl* no se manifestaba, ni protestaba, ni pedía el voto ,como otras de esa década. Con ella se intentaba orquestar que las mujeres volvieran a ser chicas, más frívolas y menos reivindicativas. No hubo suerte, señores.

En los **locos años veinte** se decía que las mujeres dejaron de comer para fumar y beber clandestinamente. Brazos y piernas salieron a la luz, y el corsé se tiró a la basura. La nueva chica de moda era la *flapper*, una mujer bailonga que se movía a su ritmo y al son del *jazz* espontáneo y que se cortaba el pelo en *bobs,* libre de toda atadura. La Primera Guerra Mundial tuvo mucho que ver con esas ganas de vivir. *Carpe diem* y *carpe noctem*.

¿Nunca habéis oído eso de que para llenar el sujetador hay que comer miga de pan? En la década de 1930 se inventaron los modernos sujetadores con copa y el pecho volvió a estar de moda. Se recuperaron las curvas, junto con una nueva dieta: la miga de pan. Pasamos de la liberación femenina en la Segunda República española, a la represión de nuestras madres y abuelas en la España oscura de Franco. Como dijo Gloria Steinem: «El autoritarismo comienza con el control sobre el cuerpo de las mujeres». Pues eso.

Los años cuarenta fueron angulosos: seguimos en plena Segunda Guerra Mundial. Las mujeres entran en el mundo laboral para ayudar a ganar la guerra. Las hombreras arrasan, ya que las mujeres gustan ahora algo más masculinas, más cuadradas de figura. Mujeres como Katherine Hepburn (1,72 m) o Rita Hayworth (1,68 m), más altas y poderosas, son la última moda.

En la **década de 1950** termina por fin la guerra y nosotras otra vez a la cocina, al hogar. Llega la ultrafeminidad, el *Va va voom* femenino, una orgía de curvas de proporciones espectaculares del tipo exagerado de Jessica Rabbit. En este momento nacen tanto la *Barbie* como la revista *Playboy*. La mujer vuelve a ser suave y voluptuosa. Y las mujeres delgadas de los cincuenta pasan de comprar píldoras para «rellenar sus curvas» (que a saber qué llevaban) a tomar pastillas para adelgazar a base de anfetaminas (y sin receta) en los **años sesenta**. De hecho, de aquí nace el plan para perder peso con reuniones y dietas *Weight Watchers* ('en tu línea'). Las chicas «palito» están *in*. El estandarte, la modelo Twiggy. Ella representa el ideal de la época: una mujer sin curvas, de piernas eternas y aspecto de muñeca andrógina.

Un pequeño paréntesis: durante la **dictadura española**, el canon de belleza de la represión era el de la «mujer mansa»: una hija, esposa, hermana y madre sumisa, condenada al hogar, relegada a la domesticidad, abnegada al cuidado de su familia. Y punto. Obedientes, así se llevaban las mujeres de la época. No teníamos potestad ni para abrir una cuenta bancaria sin permiso, sacarnos el pasaporte o ir a dar un paseo solas. Siempre relegadas a un segundo lugar que, aunque hayamos avanzado mucho, ha quedado en una especie de poso para nosotras.

En los **setenta** muere Franco y se retoma con energía un nuevo proyecto feminista, un proceso de empoderamiento y de recuperación de los derechos de las mujeres. Esta década olía a fiesta. El tabaco se anunciaba como alternativa a la comida, llegaron las dietas bajas en carbohidratos de la mano de las divas de la música disco. Míticos los pantalones de campana y los tejidos sintéticos que no dejaban nada a la imaginación, pero volvieron las curvas femeninas (como siempre). La chica poster de la década fue Farrah Fawcett: torso perfecto y largo, atlética y bailarina, con unos bucles en cascada de infarto.

De los **años ochenta** me acuerdo perfectamente. El *fitness* vino de la mano de la *lycra* que Jane Fonda puso de moda junto con el aeróbic. El *jogging* llegó para que abriéramos la mente sobre hacer deporte en plena cuidad y, por primera vez, los músculos fueron aceptables y apetecibles en el cuerpo de una mujer. El tipo de Elle Macpherson (apodada *El cuerpo*) era el furor del momento.

En España, esta década es un despertar. Tras años de represión, por fin la libertad de la democracia. El miedo había cambiado de acera. Tiempo de transición, del destape y de La Movida. Por fin las mujeres éramos libres de estar «al borde del ataque de nervios», desquiciarnos o triunfar alegremente sin miedo a represalias. En este momento llegaron las chicas Almodóvar, un ejemplo internacional de la mujer española fuerte y colorida que hace y deshace a su gusto, que no pretende ser una niña buena, con autonomía de pensamiento y acción. Mujeres empoderadas capaces de construir su vida, fieles unas a otras. Porque estamos juntas en esto de ser mujeres. Desempolvo también en sus películas a las invisibles y silenciadas: homosexuales, bisexuales, travestis y trans. Convirtió en protagonistas a miembros de la sociedad que, más que menos, tenían que esconderse para sobrevivir. Puso un foco en sus vidas, arrojando luz sobre ellas para que las viera bien «el ciego que no quiere ver»: la sociedad. Gracias, Pedro, por ayudarnos a ser algo más libres, algo más colorid@s, algo más alegres dentro de la tragicomedia que es nuestro país. Aplauso.

En los ochenta se siembra la futura revolución de la identidad de género que vivimos hoy en día. Un aplauso para todes, seamos como seamos.

Frenamos los aplausos. La **década de los noventa** se divide en dos. La viví de adolescente, así que la recuerdo bien. Al principio se instauraron las *top model* como iconos: Naomi, Christy, Claudia, Linda, Cindy, Helena, Carla... No hace falta su apellido, ya sabemos quiénes son. Era una belleza sana y bonita que, a mediados de esta década, se volvió más oscura, más enfermiza cuanto más se acercaba el fin del milenio. Entró en las casas la guerra a la grasa como dieta y la idea de que «la grasa te pone *grosa*». La estética «*heroine* *chic*» plagaba las revistas con modelos demacradas, con ojeras, y mujeres pequeñas y andróginas, con Kate Moss como abanderada.

En **los años 2000** no terminó el mundo, como algunos temían, pero sí comenzó la guerra contra el terrorismo. Aprendimos a viajar y a vivir con miedo en el cuerpo. Nos apartamos de la imagen de enferma y la sustituimos por una estética de contraste: más saludable, que diera menos miedo, que ya teníamos suficiente. Dijimos adiós a las ojeras para exclamar *aloha* ante el dorado moreno de Gisele Bündchen, con estómago plano y turgentes pechos grandes. Por fin, llegó la salud como moda.

2010 fue «culo, culo, culo». El pompis llegó con fuerza. Beyoncé y su *bootylicioius*, JLo aseguró su culazo por un millón de dólares y Kim Kardashian apareció con sus curvas imposibles. En **2017** internet unió a las mujeres. El día después de la llegada a la presidencia de Donald Trump nos manifestamos contra lo que él representa 5 millones de mujeres en más de 600 manifestaciones por todo el globo. El fenómeno #MeToo también inundó internet con testimonios de mujeres acosadas unidas contra el silencio. Ya nunca más nos sentimos solas. Había nacido la sororidad cibernética. Bienvenida sea siempre. Amén sin aplauso.

Y llegamos a la **actualidad**: si eres joven, la cirugía vuelve posibles las curvas imposibles. Kendall Jenner y Bella Hadid son el estandarte de belleza posible a golpe de cirujano, aunque Bella ha admitido hace poco que se arrepiente de haber borrado a sus ancestros de un plumazo con una rinoplastia con solo catorce añitos. Repito: catorce años. *Wow*. Ahora es el rostro el que se convierte en un lienzo en el que actualizarse: *foxy eyes* y labios rusos son la nueva moda de cirugía no invasiva. Los mejores aliados si no eres tan joven: el bótox y el ácido hialurónico. Estas y otras innumerables técnicas ayudan a muchas mujeres a sentirse eternamente jóvenes y jugosas, ya que el canon de belleza actual se basa en aparentar juventud y tener una figura firme. La presión por comer *healthy* y estar *fit*, practicar yoga, seguir el *wellness* y obtener un *thigh gap* es abrumadora. Además de salpicar la vida de una española normal con palabras en inglés, yo definiría la actualidad como una búsqueda de una estética imposible hecha posible a golpe de talonario.

Como dijo Tina Fey en su libro autobiográfico *Bossypants*, «Ahora cada chica se espera que tenga ojos azules caucásicos, labios españoles gorditos, nariz de botón, piel sin pelo, asiática con moreno californiano, el culo de una bailarina jamaicana, piernas largas suecas, pies japoneses pequeños, las abdominales de una lesbiana dueña de un gimnasio, las caderas de una niña de nueve años, los brazos de Michelle Obama, y tetas de muñeca». Eclecticismo a la carta de rasgos. Una locura, vamos.

PARA PRESUMIR NO HAY QUE SUFRIR

Las mujeres estamos acostumbradas a sentirnos incómodas. Nuestro lema durante siglos ha sido «para presumir hay que sufrir». Y es que nos tienen mareadas y muertas de hambre a dieta o comprando pastillas para adelgazar (o engordar, según la tendencia). Y todo, ¿para qué? ¿A quién intentamos agradar? ¿En qué caja intentamos entrar? Qué mareo más grande es ser mujer.

No sé ni de cuántas maneras me han ofrecido métodos para perder peso mientras me documentaba en cánones de belleza. Madre mía, qué mal anda la cosa. Las mujeres debemos de picar porque, de lo contrario, no lo anunciarían tanto. No sé si todo esto me cabrea o me preocupa al ver que nada cambia. Cuando me enfado lo veo todo rojo. Pero intento abrazar lo que se me regaló genéticamente e intento recordar mientras controlo la respiración que la belleza puede que cambie según dónde y cómo, pero la seguridad en ti misma es rotunda. Eso no lo cambia nadie. Siempre está de moda. Es una constante. Abrázate más, joder, física y figuradamente. No hay nada más atractivo que estar cómoda en tu piel. No hay nada más bello que alguien que decide ser quien es.

Para presumir no hay que sufrir.
Para presumir hay que vivir.
Para presumir hay que disfrutar.
De eso sí que se puede presumir.

DIME QUÉ CRITICAS Y TE DIRÉ A QUÉ TIENES MIEDO

Como supongo que todas sabéis, he sufrido en mis propias carnes los envites de la «policía del peso» popular. En unos años he pasado de ser la guapa a la normalita, de demasiado delgada a demasiado gorda. Se me ha acusado de hacer apología de la obesidad, he sido tachada de «gorda traicionera» y se me ha reprochado ser gordófoba... De todo, vaya. Conozco todas las esquinas de la balanza de valoración externa. Soy íntima de las tres hijas feas de una madre –Doña Cosificación– y de un padre –El *Bullying*—. Las tres hijas son la flacofobia, la obesofobia y la gordofobia. ¡Ah! Y su hermana adoptiva: la gorda traicionera.

Así que sí, he saboreado la **flacofobia**, he sentido el menosprecio por ser delgada. He tenido que oír desde «te falta un cocido» a que me llamaran insecto palo, e incluso se me acusó de no tener físico de mujer por el tamaño de mi espalda y por mis uñas mordidas. Me han tildado de poco femenina o machorro porque siempre he llevado el pelo corto, con la nuca rapada. Incluso me han llegado a llamar «tío bueno» por la calle: tenía dieciocho años y el pelo rapado; me lo gritaron desde la ventana de un edificio. Flipé, pero me lo tomé a bien... ¡Resulta que estoy bueno!

Considero que la **obesofobia** es megacomún en nuestro país. No es miedo a la persona con obesidad, como en un principio podríamos pensar, sino el terror por engordar o sufrir la obesidad en tus carnes. ¿Hola? Pues más de media España, por no decir casi toda. Esta conducta desencadena actos como vivir a dieta, hacer ejercicio de manera compulsiva y someterse a purgas y limpiezas détox que prometen mantener el tipo. ¿Te suena? Seguro que todas conocemos a más de una amiga así. Si no es así, casi seguro que eres tú.

Por otro lado, está la **gordofobia** que campa a sus anchas. Es la más conocida, y podría definirse como una repulsión a quien tiene exceso de peso. Se esconde en frases como «Qué pesada eres», «Esa persona me cae gorda», «Qué guapa. ¿Has adelgazado?». También está en cada «Qué guapa es de cara», «Esa, ni con filtro se arregla», «Te sobran kilos». La gordofobia engorda con cada «Deberías ir más al *gym*», «Tienes las piernas gordas», «Has de comer menos» o «Mejor ponte bañador, que disimula más». Lo más llamativo es la coletilla que acompaña a esos consejos: «Te lo digo por tu bien» o «Te lo digo como amiga». Cuánta pasivo-agresividad, cuánta desdicha envuelta de trampantojo en forma de ayuda positiva que te llega de manera dolorosa como una pulla muy negativa. Es terrible, pero en una sociedad donde prima la rapidez, lo ágil, lo dinámico, donde se premia ser veloz y ligero, lo contrario también ocurre por defecto. Lo lento, voluminoso o pesado es percibido como algo negativo, algo casi inferior. Y no siempre lo ligero es mejor, amigas mías, no siempre. Como todo en la vida, depende de tus circunstancias. Soy de hueso ancho, da igual qué peso tenga. Mis pesados huesos están ahí, no se van. No me romperé, pero incluso delgada, no puedes levantarme. Soy así, y eso no es nada malo.

Aunque pasé momentos en que no tenía mucha carne en mis huesos, admito que siempre me han gustado los cuerpos con carnecita que agarrar, tanto en el sexo opuesto como en mis compañeras. Eso de *chuscar* metiendo tripa como que no. Cuando mis hábitos de vida cambiaron, dejé el tabaco y subí de peso, aparecieron las ansiadas curvas. Con mi falta de rectas, llegó un *bullying* sensacionalista en medios de comunicación acompañado de insultos en el campo más cobarde: el anónimo, el de las redes sociales. Me tildaron de ballena, de obesa, de foca, y hasta me desearon la muerte por subir de talla. En ese momento estaba presentando *La Voz 3* de adultos y *La Voz Kids 2* en Telecinco, junto a Jesús Vázquez. Las preguntas más comunes eran: ¿La van a echar? ¿Se va a la calle? ¡Por engordar! Es así de triste. No creo que estuviera gorda: había engordado en comparación con el cuerpo que acostumbraba a llevar en otras épocas, pero no me sentía como ellos me veían. Engordar no es malo. ¿Por qué ha de serlo? Así que contesté al tsunami de críticas desde el programa *Sálvame*: «Sí, estoy más gorda, ¿y qué?». Me acuerdo de que me pidieron que rompiera una báscula en directo. Fue una minirrevolución no salir corriendo a ponerme a dieta. Llegué a ser la cuarta noticia más *googleada* de 2014 en España. Todos buscando mi antes y mi después. Increíble. Esa fue la primera vez que sentí el ataque de la gordofobia en mis carnes maduras. Y lo más importante: si a mí, que llevo el volante de mi cuerpo, me da igual haber engordado, ¿por qué puñetas le importa a la sociedad? Años más tarde, Perra de Satán y Esnórquel me entrevistaron en el programa *¿Puedo hablar!* y hablamos sobre mis polémicos kilos. Esnórquel me sugirió la respuesta con la que elijo quedarme: «¡Claro! Es que, pudiendo ser la tía buena, que escojas no serlo no se entiende en un país donde prima ser guapa». Esa respuesta fue un *eureka moment*, lo juro. No lo había visto así, y desde ese momento me parece megaobvio. Habiendo sido una guapa nacional, chica Telecinco de horario golfo y todo, ¿cómo estaba yo tan contenta con ser una gorda? ¡Pudiendo elegir! Imperdonable, vamos. Parece que estar satisfecha con una misma molesta. Qué cosas, la vida...

También me han llamado **«gorda traicionera»**, que para mí es el colmo del despropósito. Habite la talla que habite, soy una chica lista. Aproveché el confinamiento del COVID-19 —los 56 días sin salir de casa con los niños y mi marido, encerrados en un piso en el centro de Madrid, sin terraza— para cambiar otro hábito. Adelgacé por salud (estaba en los primeros kilos de entrar en la escala de la obesidad según mi 1,70 de estatura y mi tipo de cuerpo nórdico). Mi nutricionista me había recomendado probar el ayuno intermitente y, aunque había estado coqueteando con hacerlo bien, las cenas y fiestas previas al confinamiento siempre me rompían el *flow* «ayunero». Cuando nos encerraron, lo vi como una oportunidad para controlarme las ventanas de ingesta de alimentos. Comencé a ayunar dieciséis horas al día con unas ocho horas para comer después. Cocinaba la cena pronto, cenaba con los niños y solo bebía agua y café americano por la mañana. En el almuerzo comía, claro, merendaba y volvía a cerrar el pico después de la cena. Me di cuenta de que llevaba toda mi juventud ayunando sin la etiqueta de ayuno: jamás me ha entrado el desayuno. Nunca. Siempre fui al colegio, al instituto y a la universidad en ayunas, no me apetecía comer tan pronto. Me di cuenta de que me sienta mejor no comer tanto y a todas horas, como cuando me convertí en madre y parecía el cubo de la basura: comía todo lo que sobraba del plato de mis hijos y más. Me zambullí en el hábito del ayuno intermitente, que no es una dieta: siempre ha de tener un seguimiento médico, ya que no es para todas y puede ser peligroso. Pero bajé de peso. En ese momento, muchas de mis seguidoras me acusaron de fallarles: «Si tan bien te veías con kilos, ¿por qué te los quitas?».

Y vuelves a verte obligada a dar explicaciones. Por salud, amiga, siempre por salud. Lo más importante es estar en el mundo todos los años que pueda dando guerra, con fuerzas. Y para eso hay que cuidar la salud. No estoy tan flaca como cuando sufría flacofobia, ni tan gorda como cuando supe lo que era la gordofobia. Estoy en mi punto, sin fobias, sin miedo al qué dirán. Y engordo y adelgazo cada día, y me la trufa de costado, chicas. **No hay nada más bello que sentirte bien en tu piel. Nada más atractivo.** Hay cosas más importantes que la imagen. Por encima de todo, hay que intentar caerse bien. Es básico y, como todo lo fundamental, es complicado.

Hay tantas fobias populares que mi conclusión es «dime a quién juzgas y te diré a qué tienes miedo». O quizá no merezcas la pena como ser humano, al menos para mí. Hay gente muy limitada que no merece mi pena. No dejo que su falta de imaginación limite la mía o que su falta de humanidad rompa la mía.

LA AUTOESTIMA DEL UNICORNIO

La estima que nos profesamos es una procesión particular que va por muy dentro y se nota mucho por fuera. **Si te quieres, se refleja hasta en el caminar.** Pero no es tanto el quererte, sino el respetarte. La autoestima no deja de ser tu relación contigo misma. Por eso siempre intento mantener mis promesas a mí misma, mantener mi palabra conmigo, no mentirme. Nada hay más importante. Cómo te sientes con tu cuerpo es una relación tan diversa como mujeres hay sobre la faz de la Tierra. Cómo te miras, cómo te hablas y cómo te tratas es fundamental si hablamos de nuestra piel. Existen varias tendencias en cuanto al amor propio ser refiere, y no siempre se trata de amarse... A veces solo hay que aceptarse. Mirad:

Body positive

Amarse por decreto ley no es natural. Quererte es fácil de decir y difícil de hacer, el unicornio escurridizo que todas parecen tener y que se nos escapa. Muchas llevan tiempo intentándolo, y sabemos que no es un interruptor de *on* y *off*. ¡Ojalá! Es más difícil que seguir a un puñado de *influencers* a las que se les llena la boca con el *body positive*. Ojo, que me considero una de ellas, ¿eh? Pero el concepto *body positive* se ha prostituido un poco, se ha convertido en un «me quiero a todas horas, siempre». Y no me parece tan positiva la obligación de gustarse y quererse a todas horas. Quererse por mandato. El *body positive* sano reside en **saber que mi cuerpo es válido**. Mi cuerpo es bueno porque es el único que tengo y da igual su aspecto.

Body negative

La negatividad corporal existe y se puede palpar en la sociedad. Es muy común la **autolástima**, un autosabotaje a la autoestima que parece aflorar más entre las mujeres. Se resume en un victimismo corporal con el que castigamos a nuestro cuerpo, intentando hacerlo desaparecer a base de dietas constantes, limitando las calorías al medir nuestra valía en gramos. Muchas veces evitamos la diversión, restringimos las fiestas de cumpleaños, las tartas o las reuniones familiares para no enfrentarnos a nuestras debilidades o a los ojos que miran y las bocas que comentan, siempre por miedo. La auténtica lástima es que lo único que perdemos es a nosotras mismas, nuestra esencia. **Salimos perdiendo al escondernos del mundo.**

Body neutrality-Body acceptance

Mi madre es mi diosa de la documentación. Tiene tiempo para leer y ver las noticias, y siempre está más informada que yo. Un día me mandó un artículo sobre algo llamado *body neutrality*. Expresión desconocida por mí, el nombre lo dice todo: neutralidad corporal. Me resultó renovadora, un auténtico soplo de aire fresco. Fue estimulante después de años de *body positive*, que nació con buenas intenciones, pero fue tan positivo que acabó siendo tóxico. Esta nueva corriente neutral fue abrazada por todo mi ser con una gran sonrisa reversible: interior y exterior. En esencia, **defiende que nuestro cuerpo es nuestro y que no necesitamos etiquetarlo** como bueno o malo, bonito o feo. El cuerpo humano puede existir neutral. Qué alivio, maja. Qué descanso, qué gusto no necesitar etiquetas. Es el fino arte de aceptarse, que suena más sencillo que amarse continuamente. ¿A que sí?

La neutralidad del cuerpo me ha llegado en muy buen momento para educar a mi hijo y sobre todo a mi hija. Pienso educarlos poniendo énfasis en todo lo que su cuerpo hace por ellos, no en cómo se ven, pienso obviar su aspecto todo lo que esté en mi mano.

DE SER UNA MÁS, A SER LA MÁS

La vida es un círculo, de niñas a ancianas, momento en el que más valoramos lo sencillo de la vida. De niñas, lo mejor saltar en los charcos, pedalear en nuestras bicis molonas y cantar y bailar gozando sin vergüenza delante de todos. De niñas, valoramos nuestro cuerpo como instrumento para vivir.

Hace poco me emocionó un anuncio de compresas estadounidenses que incluye las siguientes afirmaciones: «Corres como una niña», «Pegas como una niña», «El último, nenaza». Todo esto se ha convertido en algo malo, feo. En él, piden a unos adultos que corran como una niña y peleen como una niña. Lo hace de manera cursi, débil, pseudopatética. Después, les piden lo mismo a un grupo de niñas y ellas lo dan todo corriendo y peleando, muestran todas sus habilidades a la máxima potencia. No entienden que correr como una niña sea malo. Me he emocionado al verlo... ¿Cuándo ser una niña se ha convertido en un insulto? ¿Cuándo ha cambiado nuestra percepción de «ser una niña»? ¿Por qué es negativo hacer lo que sea «como una niña»? ¿Qué día en concreto cruzamos el puente de niña fuerte a niña patética?

Hablando con mi madre de esto, le pregunté cuándo cree que cruzamos ese puente: su respuesta fue que todo se tuerce en la adolescencia. Tu cuerpo deja de ser solo un cuerpo funcional para ser valorado por su estética. Te salen pelos en sitios insospechados, como en el pecho, granos y encima todo lo sientes con doble ancho de banda. De sopetón, tu cuerpo ya no es para saltar de alegría sobre charcos: ahora estás en el barro. Te sientes observada por el mundo, y en ese momento es vital ser una más, parte de «La Masa», no destacar, no sentir las miradas. Quieres pasar lo más desapercibida posible. Camuflarte. Todas hemos pasado por ello.

Vivo cerca de una universidad, y cada día veo hordas de grupos de jóvenes clónicas. A esa edad, todas vestimos igual para sentirnos parte de «La Masa». En cada generación hay un uniforme: tanto en el estilo de ropa como en el tipo: más curvas o más rectas. En mi momento, me tocó la música de Nirvana, el pelo sucio y los jerséis del abuelo; esa era mi yo adolescente. En una edad tan peligrosa, cuando todavía no has construido tu identidad, es vital sentir aceptación social. La combinación de ingredientes es explosiva o implosiva. La procesión va por dentro en la mayoría de los casos. Un drama.

A esa edad tan tierna, es lógico buscar la validación fuera. Tu cerebro todavía está en construcción. Tanto tu personalidad como tu identidad no están cien por cien definidas. Cuando se acaba la «reforma cerebral» y las conexiones hormonales y neuronales están hechas, maduras. Con tu individualidad construida, es ilógico buscar tu valía en los demás. No cuadra. Si tu valor depende de juicios externos, pendes constantemente de un hilo. Te sientes una malabarista, siempre en la cuerda floja. No es vida, es agotador. Sobre todo, sabiendo que hay otra manera de vivir.

No importa quién seas, tu género ni tu edad. Si algo he aprendido en mis casi veinte años delante y detrás de las cámaras es que tod@s buscamos ser validados. Tod@s. Después de cada entrevista, el entrevistado, sea quien sea, da igual que sea el cantante de

Coldplay, Lenny Kravitz o el presidente de cualquier empresa, todos preguntan: «¿He estado bien?». Democráticamente, todos buscamos saber si lo hemos hecho correctamente. Es humano y natural.

Con todos mis pesos y en todas mis tallas he querido ilustrar que **todos «mis cuerpos», todas mis versiones, son válidos**. Algo hace clic cuando entiendes que no necesitas a nadie para sentirte suficiente. En mi caso, ha sido saber que me basto y me sobro para darme la validación que necesito, sin tener que oírlo de fuera. Sea como sea mi cuerpo, sigo siendo yo, y soy válida en todas mis formas. Espero que te tengas en la misma consideración.

No es egoísta, ni egocéntrico tenerme como número 1. Es supervivencia. Para sobrevivir a esta vida tan llena de pantallas, escaparates *online*, críticas y valoraciones externas que se me atragantan, solo necesito quedarme sola frente al espejo; eso acalla todo ese ruido que ensordece. Es sanador saber buscarme en mis ojos. Saber que soy más que mi reflejo, y sí, mi aspecto también es parte de mí. No lucho en contra de mi imagen, no la rechazo. La abrazo como parte de mí. No está reñido querer agradar y que se aprecie mi aspecto con saber que soy más que eso. Es gustoso gustar y agradable agradar, pero no se convierte en todo lo que soy. Y sí, ya tengo muy claro que soy más que una imagen, aunque viva de ella, pero no por eso descuido la mía. Defiendo la belleza natural y no por eso voy sin maquillaje, porque yo no me maquillo para nadie más que para mí. Me gusta verme bien, es una parte de mis cuidados mentales el ver mi reflejo y que me guste. Yo soy la número 1, yo me autovalido. Eso no me lo quita nadie.

Repite conmigo en alto: «Sea como sea mi cuerpo sigo siendo yo. Soy válida en todas mis formas. Estar cómoda en mi propia piel es mi auténtica revolución. Yo soy la re-evolución de mi piel».

Deja de buscar a la mujer
perfecta EN EL espejo.
Aceptar a la mujer
que vive la vida y está
DELANTE DEL espejo.
Deja de intentar ser perfecta.

2

Redes, filtros

y movidas móviles

«Es mucho mejor estar triste y sola que triste y acompañada.»

MARILYN MONROE

LA RESISTENCIA

Os doy mi teléfono: 4643408. No intentéis llamar, que es de 1989, cuando nos aprendíamos los números de las amigas de memoria y «¿Sí, dígame?» era la respuesta a una llamada al fijo de casa. No existían los móviles. Al fijo llamaba todo quisqui, pero eran llamadas sin identificar. No como ahora, que a casa solo te llaman las compañías de telefonía y tu santa madre. Chimpún. Nadie más. De hecho, actualmente muchas personas dependemos del móvil para todo. Y no tenemos línea fija. Somos cien por cien móviles. Pero, ¿qué consecuencias tiene ser dependiente del móvil?

Por favor, que levante la mano quien no vaya al baño con el móvil... ¡Felicidades! Recomendaré que te entrevisten en *La Resistencia*. Lo tuyo no es lo normal, te lo digo ya. Ahora que la levante quien directamente, como predica y practica mi padre, se niegue a tener un teléfono más inteligente que él. ¡Felicidades! Eres resistente. Por último, que levante el cuerpo entero quien consiga vivir hoy en día sin móvil. ¿Alguien? ¿Nadie? ¡Ah! ¡Tú! ¡En la última fila! ¡Tú directamente «ERES» LA RESISTENCIA! ¿Qué se siente? ¿Cómo te mueves sin móvil en un mundo tan digitalizado, domotizado e idiotizado? Deja que te felicite por tu libertad.

No quiero móvil

Yo también fui de la resistencia, ¿eh? Nunca quise móvil, pero ahora sin él estoy perdida. Literal. Cuando salieron, los odiaba porque me conectaban involuntariamente a mis padres cuando yo los detestaba. De adolescente, mi propósito al salir de casa era perderme. Pero era y soy mujer de costumbres, como buena vasca, así que siempre iba al mismo bar, al difunto El Lonko. Así que mis padres no tenían que ser Einstein para saber dónde encontrarme, aunque no tuviera móvil... Sonaba el teléfono fijo del local y los camareros gritaban: «¡Taniaaaa, es tu madre! Que dice que vayas a ordenar tu cuarto...». Yo me moría de vergüenza, y eso que no soy vergonzosa. Momento «tierra, trágame». Así que para mí el móvil era el peor invento del mundo porque me tenían localizada allá donde fuera. Llevaba dieciocho años viviendo sin él y ya me iba bien, gracias.

Me resistí todo lo que pude, pero me fui a estudiar la carrera a otro país, se volvió imperativo. «NECESITAS UN MÓVIL». Punto pelota. Puse la mirada en el cielo y accedí con algún rechiste a un armatoste que medía 35 cm y pesaba casi 1 kg. Eso sí, duraba cargado casi una semana, ya que solo se usaba para llamar y que te llamasen. Aunque ahora sea difícil de creer, la vida premóviles era muy parecida a la de ahora, pero más dura. Y más sencilla también.

Para quedar con alguien, había que hablar por teléfono y citarse a una hora en un sitio. Si no eras puntual, te perdías el plan. Era una vida en blanco y negro, menos flexible, más lenta, más simple. En la tele daban lo que daban y no había mucha elección: un puñado de canales y los obligatorios anuncios. Había más contacto cara a cara, más abrazos, muchos tiempos muertos y esperas, como las cartas, de esas con sello, no *e-mails*. La paciencia era entonces la madre de toda ciencia. Los que no teníamos móvil, nos sacamos un máster en frustraciones diarias. La vida era más literal y menos extraña. Vivíamos más enfocados, estábamos más presentes en el ahora.

Como me pasó con aquel chico que conocí en Lekeitio de veraneo. Se llamaba José, era madrileño y tendría unos diez años; yo unos ocho, oriunda de Bilbao. Era mi primer amor, tan puro como escondido. En forma de trozo de papel de cuaderno de cuadrícula, me dio su dirección postal para cartearnos. Ay, el amor... Guardé aquel preciado papelito en el bolsillo del pantalón. Y fue directamente a la lavadora de Mi Madre. ¡Horror! Mi tesoro convertido en un pastoso mejunje. Así que, llorando como una magdalena, conseguí que me ayudaran a descifrar el código postal y escribir al amor de mi vida del momento. Alivio.

Él cantaba en un coro que televisaban, y en sus escuetas cartas me avisaba, como en un telegrama, de la hora y el día para verle «por la tele. Stop. En la misa. Stop. De La2. Stop». Así que yo me armaba de paciencia y esperaba a veces uno o dos meses para verle un segundo largo, a veces ni eso, en la eterna retransmisión de la misa. Pero me recordaba a Jorge Sanz en *Valentina. Crónica del alba* y estaba profundamente enamorada de él. Como una niña, vaya. Y ese primer amor, que nunca llegó a ser más que epistolar, me enseñó a esperar y esperar. A una carta o a una misa. Lo que haga falta.

Amén a la cultura del ¡ya!

Por Dios, anda que no han cambiado las cosas... La comunicación de antes era L-E-N-T-A y, por supuesto, unidireccional. Atendíamos a los medios de información de manera pasiva, como las vacas miran un tren cuando pasa. Los tres medios —prensa escrita, radio y tele— ofrecían información veraz y veloz, pero no había respuesta posible en tiempo real. Era imposible, impensable, otra manera de comunicación. ¿Recordáis la canción *Video killed the radio star*? Pues hoy en día son nuestros teléfonos los que están matando la tele, aunque creo que jamás morirá. Pero apareció internet, cambió las reglas del juego y dio la vuelta al tablero. Ahora la interactividad forma parte de la familia. Los nativos digitales son ya mayores de edad. Y hasta yo, que soy de la generación X, me comunico de manera activa, interactiva y reactiva a más no poder. Antes éramos meros **espectadores**; ahora somos **usuarios**. Cuidadito con nosotros. Sobre papel, la sartén la tenemos por el mango, ¿no? Y eso tendría que ser muy positivo... En teoría, mejorar la comunicación implica mejorar nuestra vida, pero parece que, en vez de darnos libertad, nos hace dependientes de un cacharro.

La cruda realidad es otra. Los móviles dominan el mundo, por lo tanto, la cultura de lo inmediato manda. La tolerancia a la frustración no existe, porque todo ocurre cuando tú quieres. **Vivimos en un ahora o nunca.** La paciencia ya no se ejercita igual, brilla por su ausencia. Es un hecho. Vivimos inmersos en una sociedad que no anda, sino que vuela (y en todos sentidos). Se ha instaurado la cultura de la compulsividad gracias a la velocidad de internet. Y a veces obstaculiza el pensamiento propio, el individual. La información nos llega en tal cantidad que es casi imposible filtrarla para digerirla, y confundimos ser informadas con ser manipuladas. ¿Os dais cuenta? A veces, yo no.

No es noticia que, en internet, la información es una mezcla de verdades y mentiras. Y aunque lo que leemos lo tomamos como la palabra del Señor, internet no es Dios. Miedo me da que os creáis a pies juntillas todo lo que veis o leéis. Sin cuestionarlo. Palabra de internet. Te alabamos, oh, internet.

He vivido las mentiras sobre mí en prensa y redes sociales, y que otros medios se hicieran eco de ellas una tras otra. Sin contrastar nada. Ni una llamada. Palabrita. Cortar y pegar. Como una empresa de venta de píldoras milagrosas para adelgazar que utilizaba mi imagen como caso milagroso de antes y después. Lo más sangrante es que las imágenes estaban cronológicamente al revés para hacer creer que había perdido peso en vez de ganarlo. Es gordo el tema.

También se publicó hace poco que había sufrido abusos sexuales, y no es verdad. En una entrevista en un *photocall* dije que había sufrido maltrato psíquico y hubo medios que lo publicaron cambiando este término por «abuso sexual», cosa que ni dije ni es verdad. Muy *heavy*. ¡Es horrible que asuman que es lo mismo! Te ves impotente. Por mucho que publiques la verdad en tu perfil, mucha gente no lo ve y, lo que es peor, no te cree. Te sientes tan poco poderosa en ese momento... Frágil, impotente, débil... Estos adjetivos se quedan cortos. Te hace sentir mal que la gente crea mentiras sobre ti y que las difunda como verdades. Duele.

Es importante que contrastemos la información en varias fuentes y que aprendamos a formar nuestra opinión teniendo claro qué postura defendemos, además de enriquecerla con lo que nos brinda internet, pero siempre desde un pensamiento crítico y propio. Recuerda: internet no es tan *divine*, es más humano, con todo lo que implica. **Vivimos en la oscuridad, cegados por las pantallas de luz azul.**

Muero sin mi móvil

Los teléfonos se crearon para comunicarnos, para unir a los seres humanos, pero creo que ahora que son tan listos nos vuelven tontos. Por ejemplo: escribo estas líneas en un tren repleto de zombis entre los que me incluyo. Vamos atontados por las pantallas en vez de mirar un atardecer pintado en rosas, celestes y violetas que invade el cielo en este momento.

Los móviles se sofisticaron a toda pastilla. Llegaron los *smartphones*, o teléfonos inteligentes, y cambiaron nuestro mundo. Asumo con naturalidad que la última función real de mi teléfono es hablar por él. Lo que más uso son las redes sociales, la música, los chats, las *apps* de los bancos y el *e-mail*. Por ese orden, además. Mi iPhone de última generación es un pepino tecnológico... Mi secretario tiene que ser poderoso. Necesito que funcione a las mil maravillas porque no me da vergüenza admitir que dependo de él para T-O-D-O.

Amo mi móvil. Lo digo honestamente, lo adoro. Me convierte en un ser todopoderoso: miro el saldo, hago el Wordle diario, consulto al doctor Google, me entero de las noticias o informo a mamá de que he llegado sana y salva. Puedo ganar un debate en un bar con un clic en internet. Y todo desde la palma de mi mano. El móvil es una parte integral de nuestra vida. Indispensable. Me acompaña hasta al baño, somos íntimos, lo nuestro es personal. Pero a veces el amor es peligroso. Es difícil pensar que una herramienta tan aparentemente inofensiva pueda hacernos tanto daño. **Aun así, yo, sin mi móvil, hoy me muero, para empezar, de hambre.**

Uso y abuso

Se plantea un dilema: al llevar el «despacho» en la palma de la mano a todas horas cada día se funden los límites entre vida *online* y *offline*. Las cómodas barreras físicas de antaño de «Ahora estoy en el trabajo y ahora en casa, con la familia» han dejado de existir. Para bien, pero también para mal. Todo es para ya o, peor, para ayer. Está mal visto que no contestes a un *e-mail* a las once de la noche encabezado con la mera excusa de «Perdona las horas, pero...» o que te tilden de maleducada por no contestar a un mensaje a las mil y monas porque saben que ya lo has leído. En esta crisis de borrosas limitaciones, la mala noticia es que **tu tiempo no te pertenece**. No se respetan las horas libres, las vacaciones ni los cumpleaños. Todos tus temas se funden en un único bloque interminable.

De hecho, no sé vosotras pero mi cumpleaños es uno de esos días que intento «aparcar» el móvil porque encuentro muy invasivo que me bombardeen a felicitaciones hasta los bancos. No me interesa ser como mi abuela, que contaba cuánta gente la llamaba el día de su cumple y competía en felicitaciones recibidas con mi abuelo. Debía conseguir más felicitaciones para ganar y estar contenta, así que había que llamarla de manera individual para que computase como una más, aunque todos estuviéramos en la misma habitación. Siempre lo encontré muy cómico.

Por culpa de los móviles —o, mejor dicho, del uso que hacemos de ellos— las relaciones sociales de proximidad están en peligro de extinción. Somos animales sociales, y conectar cara a cara tiene un valor incalculable para sentirnos acompañados, escuchados o no. Si sacas el móvil mientras hablo contigo, recibo el mensaje de que hay algo más importante que nuestra conversación. Y posiblemente tú, que estás mirando la pantalla, te perderás el ver que me acabas de desinflar. La compañía de calidad escucha más que habla y te mira a los ojos, es así. **La atención es ahora el bien más preciado.**

Hablemos, por favor, de lo asociales que nos vuelven las redes sociales. Cuando paso mucho tiempo ante las pantallas, casi se me olvida cómo hablar. Es como si mis habilidades sociales se oxidaran cuanto menos las uso. El habla, la conexión personal, «es un músculo sano pero necesita acción». Y estas habilidades intangibles que son ese «extra con queso» de la vida que te llevan lejos, te distinguen del cerebrito del de al lado, que saca mejores notas que tú pero le falta «lubricante social». La «etiqueta social», el saber qué decir con quién según el contexto, se gana con la charla en persona. Muchas veces se aprende metiendo la pata, no en *chat rooms*, foros o redes sociales. El *offline* hay que trabajarlo tanto o más que el *online* para saber lidiar con el mundo real, el mundo del CON-TACTO. Cuando el **uso** se vuelve **abuso** y te pasas el día colgado del móvil, esa relación deja de ser sana. El exceso, como en casi todo en la vida, hace que un trasto sea más dañino que útil.

Por si os ayuda: mi mayor etiqueta telefónica, incluso hoy con los teléfonos inteligentes, es **intentar recordar que están para conectarnos cuando estamos lejos, no para desconectarnos cuando estamos cerca.** Sencillo, ¿no?

LAS REDES AL RESCATE

No me gusta tocar el tema de la pandemia del COVID-19, pero es obligado al hablar de las redes. Ha habido más pandemias sí, pero nunca las habíamos vivido con recursos como internet en la palma de la mano. ¿Aburrimiento por confinamiento? Las redes al rescate. Los datos hablan por sí mismos: «En ocho semanas de pandemia avanzamos el equivalente a cinco años en adaptación digital».[10] Vuelve a leer la última frase porque es *heavy*. Merece la pena.

Durante aquellos tres meses confinados, los memes, retos y *sketches* de humor salvaron mi salud mental gracias a verlos por las redes. Y, como yo, muchas personas más. Las redes me rescataron. Empecé llorando en el trastero por agobio, ansiedad y miedo, y terminé adaptándome y normalizando el hecho de llorar delante de mis hijos, sin esconder la naturalidad de algo que supera a mamá. Mamá no puede con todo siempre. Mamá no puede más. Mamá peta. Y eso también lo pude compartir en las redes, ayudando a arrojar luz sobre las emociones más oscuras del confinamiento. 56 días sin salir de mi piso ni una vez.

10. Estudio de la consultora McKinsey de mayo de 2020. Fuente: <*https://www.newtral.es/pandemia-redes-sociales-digitalizacion-covid-19/20210317/*>.

Durante la pandemia, el número de usuarios aumentó un 50 % en Instagram y casi un 40 % en Facebook y TikTok, que fue la gran favorita.[11] Desde entonces, han normalizado las reuniones por Zoom, el teletrabajo, la teleeducación y la teleformación... Jamás se le ha visto la jeta a tanta peña, es una movida grande.

Pero nadie está listo para verse la cara veinticuatro horas. No es sano mirarse tanto a uno mismo. Ningún ser humano, ni siquiera yo —que me gusto, me caigo bien y me tengo megaestudiada—, estoy lista para observar tantísimo mi rostro. No es natural la de horas que nos vemos forzados a mirar nuestro jeto.

A ver si os sorprende este párrafo... ¡8 de cada 10 habitantes de nuestro país está presente en alguna red social! Durante el confinamiento, el número de usuarios de redes sociales en España creció un 28 % (8,1 millones, lo mismo que el sueldo de Ana Botín en 2021, nada menos), llegando a los 37,4 millones de personas que utilizan las redes sociales a enero de 2021.[12] Para que os hagáis una idea, esa cantidad de gente llenaría más de setecientos estadios de San Mamés. Y lo que más me alucina: el número de horas que los usuarios pasamos con el móvil ha superado a las horas que vemos la televisión. Eso quiere decir que nuestro *smartphone* gana el premio a la primera pantalla de conexión en las casas. **Nuestra pantalla de referencia n.° 1 es nuestro móvil.** Y no me sorprende, porque me paso el día pegada a él, mi lacayo, mi luz, mis estrellas, mi todo. Pero no deja de alucinarme que un aparato tenga tanto control sobre mí.

11. Estudio de la consultora McKinsey de mayo de 2020. Fuente: *<https://www.newtral.es/pandemia-redes-sociales-digitalizacion-covid-19/20210317/>*.

12. Según datos recopilados por la agencia *creative* We are Social.

No somos conscientes del nivel de apego que tenemos a la tecnología hasta que no nos obligamos a cortar ese «hilo invisible» que nos une a ella. Alguna vez he apagado el teléfono y los primeros dos días sigo oyendo la vibración fantasma de las notificaciones y los mensajes. Imposible, está apagado. Es como eso que dicen del «miembro fantasma». Desde el primer minuto echo de menos postear, compartir mi rutina, los comentarios y quejas habituales del día. Extraño a mi tribu, a mi gente, a mis seguidores, todo lo que me aportan, su ayuda cuando tengo dudas, sus comentarios ingeniosos, sus sugerencias y, ante todo, su compañía, aunque no sea física. Se agradece saber que, si los necesito, están allí. El vicio de refrescar el *feed*, a ver qué pasa en la vida de las personas a las que sigo con fervor... Y quiero postear, *joé*. Quiero compartir. Estoy enfadada. Frustrada. Siento que soy yo la que está apagada, no mi móvil.

¿Distracción o atracón?

De media, dedico al móvil dos días a la semana. Es un buen atracón. Estoy viciada. Dicen que las redes son más adictivas que el alcohol y el tabaco. Me lo creo. La mentira más común que me digo es: «Solo un ratito». Y es que te metes para «matar el rato» y acabas «cargándote horas de tu vida». Empieza como una distracción y suele acabar en atracón. Es como un estupefaciente, se han convertido en mi droga y la busco con la misma compulsividad. La ruleta rusa del *feed* me tiene viciada. Me permite viajar gratis, conectar mundialmente y aprender sobre todo lo que me interesa desde la cama. Las redes están diseñadas para crear adicción, siempre en busca del siguiente chute de dopamina. Deslizar el dedo por la pantalla en espera de algo mejor que lo que estamos viendo. Siempre más... Es un poco lo que pasa con las tragaperras, pero en vez de perras nos roba la atención, los datos personales y, en el peor de los casos, las ganas de vivir.

Mi Madre define sus redes como una revista que no acaba nunca pero mejor, apostilla. Quizá tenga algo que ver que paguen mi alquiler, pero creo que paso demasiado tiempo en ellas con esa excusa. Y es que, como todos los fenómenos, no hacen distinciones: da igual tu edad, educación, inteligencia o madurez. Si entras, estás dentro, enganchada. Que no tiene porque ser malo, ¿eh?

> *Me aburro… Mmm, a ver qué pasa en la redes. ¡Ah, mira, qué guapa, se va a una fiesta! Jo, yo aquí en pijama y ella de gala…* Next! *¡Uy, qué casa más ideal, pero qué mal canta!* Next! *Ja, ja, ja, este meme me hace mucha gracia.* Next! *Esta canción la está bailando todo el mundo… A ver si la bailo un día… Bueno no, que se me da muy mal acordarme de las coreos.* Next! Next! *¡Uy, qué buen truco para pintarte el* eyeliner*! Porque a mí se me da fatal... Guardar. Archivar. Siguiente: ay, este con las recetas, a ver qué hace hoy… [a los 10 segundos] ¡Qué pereza! A ver, ¡uy, Rosalía! ¡Qué mona está! Arquitectura* vintage*, amo. A ver… [Tres casas de famosos después] Manualidades con un tetrabrik, mola, me lo guardo.* Next! *Siempre serás hortera, Llasera, mira que te gusta la mezcla de colores… Ay, sí… Captura de pantalla… ¡Anda, mi ex! Que te vaya bien, adiós, te dejo de seguir. Pero, ¿por qué le seguía todavía? ¡Uy, la reina sonriendo! ¡Mira… un directo de la psicóloga esta! ¡Allá voy!*

¿Os suena? Es mi diálogo interior, algo parecido a mis pensamientos durante una de mis muchas incursiones diarias en una red social. Os recomiendo que intentéis oír vuestro monólogo al navegar por las redes. Escuchad atentamente y sed conscientes de vuestros pensamientos y emociones mientras estáis en las redes. Para muchos son un entretenimiento, pero influyen en nuestro sistema nervioso.[13] Nuestro *feed* de redes despierta emociones, luego nutren nuestro ánimo. **Si somos lo que vemos, debemos cuidar lo que consumimos por el bien de nuestra salud mental.**

De hecho, escribo el libro de madrugada en la mesa del comedor, de noche en noche, porque de día es imposible: trabajo, niños y teléfono (y no por las llamadas precisamente) me tienen «*tol* día liada». Imposible concentrarme en otro horario que no sea cuando los demás duermen.

Si hablamos de redes, no podemos olvidar el famoso FOMO (*fear of missing out*), el miedo a perderte algo, la sensación constante de que los demás están viviendo experiencias chulas y tú no las ves. Ser *voyeur* es un vicio que no tiene fin. Te conviertes en una cotilla viciada a saber lo que está pasando 24/7. La clásica de la pandilla que está siempre «¿Qué pasa? ¿Qué pasa?», así, preguntando dos veces. También se da cuando, en una fiesta, te pones a hablar con alguien que, claramente, se muere por oír la conversación de los de al lado, la gula de querer estar en todas las conversaciones, en todo lo que pasa. Cada vez es más común y me genera ansiedad. Creo que habría que ir pensando en sustituir el

13. Desde una perspectiva biológica, se ha demostrado que las redes sociales provocan cambios en neurotransmisores como la oxitocina, la adrenalina, la dopamina, la serotonina, la testosterona y el cortisol. Fuente: <*https://as.com/deporteyvida/2017/07/28/portada/1501239837_452100.html*>.

FOMO por el JOMO (*the joy of missing out*), la alegría de saber que te lo estás perdiendo. La satisfacción de no estar. Feliz. En pijama. Con tu serie. Con tu libro. Con tu música. Bien acompañada para perderte mucho y hacer poco, y con una sonrisa y una taza de algo calentito. Esa es mi propuesta. ¿Te hace?

LA FAMA FÁCIL

El poder es de los famosos, y los nuevos famosos son los *influencers*. Lo bueno y lo malo de las redes sociales es que son democráticas: cualquiera puede ser lo que quiera. Maravilloso o trágico.

En la generación de mis padres y abuelos, el anonimato era expresión de libertad. Por la calle, la gente huía de las cámaras de la tele. A partir de cierta edad, la gente no quiere que se la vea públicamente, pero los jóvenes se te acercan para ver qué haces, para dónde es, cuándo sale y te preguntan si, por favor, pueden salir para ser famosos en su barrio, en su cole, etc. El artista *pop art* posmoderno Andy Warhol se quedó corto con sus quince minutos de fama para todos. El péndulo de la fama está a favor de la democratización de la popularidad. Hoy cualquiera puede ser viral y, de esa manera, ser conocido mundialmente gracias a internet. Además, desde la comodidad del anonimato, de un alias, incluso desde el sofá. Es un lujo al alcance de todos.

Mamá, quiero ser famosa

Seguro que os suena lo de «Mamá quiero ser...:

a. influencer».
b. *streamer*».

c. *gamer*».
d. *youtuber*».
e. famos@».
f. todo lo anterior».

Actualmente, la fama se valora más que nunca. Parece que fama sea igual a éxito, así de sencillo. El atajo es muy tentador, las puertas de la fama están al alcance de tus dedos, literal. Es muy atractivo pensar: «¡Bah! ¿Para qué voy a estudiar si puedo vivir del cuento (lleva más trabajo del que imaginas), forrándome y con un ejército de seguidores?». Lo entiendo. También lo pensaría si no supiera todo lo que sé ahora. Si las redes hubieran existido en mis «años pavos» habría sido la pava real del reino, una petarda de premio Icono, os lo aseguro. Con una ventana tan grande como internet, mi nivel sería **cien por cien peligro de pava**.

El precio de la fama

Nunca he valorado mi privacidad tanto como cuando la perdí. Al trabajar en la tele, al aparecer en el salón de las casas de la gente, pasas a ser una cara conocida y amiga. Todo el mundo piensa que puede espetarte lo que piensa de ti y de tu trabajo. Y lo hace, os lo aseguro. Prepárate para las críticas: te van a llover sí o sí. Hagas lo que hagas, te pongas o no bragas.

Una vez, trabajando para *La Voz Kids*, me escondí fuera de una mercería en Sevilla para darle a un niño la sorpresa de que había entrado en el programa. En estas que se me acerca una mujer y me pregunta: «Hola, ¿tú eres la de la tele?». Le respondí que sí con la mejor de mis sonrisas, sin saber lo que me iba a escupir como si nada: «Pues dicen que la tele engorda, pero a ti te veo más gorda en persona». Me dejó patidifusa y ella se quedó tan ancha. Si eres una persona conocida estas cosas pasan. De hecho, la mejor definición de ser famosa es «todo el mundo te conoce y tú no conoces a nadie». A veces da miedo. Pero es el precio de la fama, el peaje de la exposición. En mi caso, es una consecuencia de mi trabajo, que adoro, así que me lo tomo como una parte más de mi curro. Pero no siempre tienes la madurez, la fuerza o las ganas de sonreír ante este tipo de comentarios. De corazón, ser famosa implica que te evalúen, exponerte a las críticas.

Ser famosa es difícil. ¿La fama está envuelta en glamur? Sí. ¿Te ponen un conductor para llegar? Sí. ¿Se te regala de todo? Sí. ¿Es fácil? No. Y no por ser conocida eres mejor. ¿Y la salud mental? Buena pregunta. Tus marrones, tus pajas mentales, tu caquita... siguen ahí, incluso son más grandes cuando te expones. Como en la casa de *Gran Hermano*, la fama lo multiplica todo, lo bueno y lo malo. Eres observada, no puedes esconderte. Vives en un aparador y casi todo es un disparate.

Las redes han hecho mucho al acercarnos a nuestros ídolos y romper mitos: una ventana a su realidad diaria. Entramos en la vida de nuestras estrellas y, al saber más sobre ellos, también vemos sus meteduras de pata. Por accidente, Paula Vázquez compartió su número de móvil después de un golpe con el coche. Rafa Nadal es humano y mató a Nelson Mandela seis meses antes de su muerte dando el pésame por Twitter. Yo misma publiqué sin querer los teléfonos de Tamara Gorro y Ezequiel Garay al subir su invitación de boda a mis *stories*. Luego seguí con mi mudanza y no miré mi móvil en un par de horas. Cuando lo cogí, lo tenía frito a mensajes de «¡Bórralo! Has publicado sus números de teléfono». Lo pasé fatal. Sudor frío. Era información privada y encima no era mía...Lo peor.

La Gorro estuvo encantadora, menos mal, y muy comprensiva. Se lo tomó con humor y se lo agradezco mucho, porque el agobio fue grande. Todos la cagamos alguna vez pero ahora es público. Las redes, como los niños, no vienen con libro de instrucciones... Los famosos somos humanos, así que menos endiosarnos. **Somos estrellas, pero nos estrellamos.**

Lo feo vende

Es curioso, los años que me han perseguido los *paparazzi* casi siempre han vendido fotos feas, aquellas en las que salgo poniendo caras, con una mala postura o llena de celulitis. Corría el año 2010 y presentaba el programa *Fama* en su quinta edición cuando toqué fondo. Las redes eran todavía bebés lactando pero las revistas tiraban fuerte. El *aarg*[14] estaba en la cresta de la ola y los fotógrafos vivían de buscar el *aarg fácil*. La foto fea, vamos, porque era la que vendía.

Entonces yo tenía una perrita, Milagros, a la que debía pasear sí o sí varias veces al día. Bajar a la calle se convirtió en lo mismo que nadar en una piscina llena de tiburones. Además, salía en la tele en programas en directo, se me vio una teta y tenía la horrible sensación de que todo el mundo hablaba de mí. Estaba un poco

14. «*Aarg*»: rótulo corrosivo nacido en la revista *Cuore* que se convirtió en su seña de identidad. Indicaba que la revista se reía de la famosa o el famoso sobre el que aparecía, ya fuera por celulitis, postura reveladora, gesto, etcétera. El «*aarg*» murió en 2020, cuando se dieron cuenta de que no era correcto reírse de las personas, por famosas que fueran. Pero en 2010, cuando presentaba *Fama* y bailaba en directo... En fin. El precio que hay que pagar por trabajar en el escaparate televisivo eran los *paparazzi* en las calles.

paranoica, pero era un sentimiento real. No tragaba la fama ni lo que venía de su mano. El precio de la popularidad me parecía caro. Total, empecé a frenar mi vida, a negarme a los planes divertidos para no salir a la calle. Me encerraba en mi ático como si fuera Rapunzel en su torre, pero con el pelo corto. Mi día era estar en casa las veinticuatro horas, y encima me recluí, me metí en mí misma. Me daba miedo salir, me avergonzaba que alguien me conociera, que me pidiesen una foto. Mi Madre me aconsejó que buscase ayuda.

Mi terapia duró nueve años: entró una niña que necesitaba digerir la fama repentina y salió una madre y mujer de los pies a la cabeza, bien amueblada y con vistas al mar. En ese diván nació una mujer libre. Ahora que estoy lo que yo llamo «trabajada», no hay quien me pare.

«Bellecitis», queridas

Lo feo vendía revistas, pero ahora la belleza invade las redes. Hay una epidemia, y la he bautizado como «Bellecitis». Se trata de una especie de furor por valorar la belleza por encima de todo lo demás. La belleza como prioridad. Este fenómeno es una ola social y una cultural de lo superficial en claro aumento. A las mujeres de todas las edades se nos exige que vivamos un machaque constante de expectativas fantásticas. Y lo hacemos: vivimos al filo de lo imposible.

Gastamos más en belleza que en educación o salud mental, pero de largo. Crear expectativas irreales de belleza y juventud es una industria muy lucrativa. Debemos buscar la mejor versión de nosotras mismas sin parar. Pero es una batalla que nunca ganaremos. Siempre habrá algo nuevo que cambiar, una moda nueva, una nueva tendencia. Y eso consume mucho tiempo y dinero; y a nosotras, no lo olvidéis.

Todas queremos gustar, es sano y normal, pero puede convertirse en una obsesión en busca de *likes*. Se nos atiborra de imágenes de perfección física, perfección de casa, perfección de vacaciones, perfección de pareja, perfección de niños... Perfección general. La situación se nos está yendo de las manos. La presión por la perfección nos ahoga. La búsqueda de la belleza te chupa la energía. Además, ser perfectas es misión imposible: puedes parecerlo, pero serlo, jamás. Somos humanas, lo contrario a divinas, y llenas de imperfecciones. Y el caso es especialmente sangrante con las mujeres ya que desde niñas se nos programa para pensar que **si no somos bellas, si no somos perfectas, no somos poderosas.**

Como dice mi maquilladora, Ana Renedo, **«Al sentarnos en la silla de maquillaje, todas, por guapas que seamos (de hecho, las mujeres más bellas que he visto han sido las peores), pedimos perdón (por no ser perfectas)»**. Siempre hay un «Ya, lo siento, hoy tienes trabajo», «Mira qué grano», «A ver si puedes arreglar esta nariz torcida» o «Mis bolsas no tienen solución». Nos disculpamos por no ser suficientemente guapas, ideales y perfectas. Y eso es porque nos saturan con tanta perfección que llegamos a pensar que es el estándar de belleza normal.

Y por si fuera poco, ahora la «Bellecitis» es terreno de todas. Ya no es exclusiva de celebridades y modelos. La industria de la belleza o las estrellas de cine ya no están solas en esta venta de guapura y juventud eterna. Con la aparición de las redes sociales, se ha democratizado la inflación de expectativas irreales de perfección por toda hija de vecina. Cualquiera puede ser *influencer*. Solo necesitas un móvil, acceso a internet y tiempo. Pero recuerda que **la belleza tóxica no es belleza, es presión social.**

Cuando me dicen: «¡Ay, qué guapa eres, sales bien en todas las fotos!», contesto entre risas: «¡Claro! Porque elijo cuidadosamente entre muchas y subo las buenas, no las malas». Cuando normalizamos el ver solo belleza, orden y lo bonito de la vida, empieza el desorden mental. Estandarizamos algo que no es normal, nos creemos una mentira. Hay un filtro, un embudo, que quita lo feo de la vida y deja solo lo que apetece ser visto.

La lista de indeseables es agotadoramente larga: granos, arrugas, kilos, celulitis, grasa abdominal, papada, varices, flacidez, labios finos, narices aguileñas, poco o demasiado pelo, bolsas, cejas finas o gordas, mostacho, pelo en zonas indeseadas... Es interminable. Todo lo que te haga distinta, ha de ser borrado, eliminado, distorsionado hasta ser *mainstream*, parte de La Masa. Te exige estar segura en tu estética, como las demás, camuflada entre las otras ovejas del rebaño.

Y, sí, mujer, debo mencionar los filtros que nos salvan el careto a primera hora pero que en poco tiempo los echas en falta al mirarte al espejo, incluso maquillada. Te vuelves «filtrodependiente» más rápido de lo que esperas. Y es que muchas somos las que querríamos un filtro para la vida: tener siempre buena cara, ir maquilladas sin coger una brocha, operarnos sin ir al cirujano o probar distintos tintes sin ir a la peluquería. Todo fácil, un *click&go*. Los filtros son un vicio. A veces pienso que ir sin filtros a publicar en redes es de valientes: te desnudas, te quitas las máscara... A pelo, señoras.

Existen filtros de todo tipo: de risas, donde puedes ser desde una caca a un limón; de distorsión; los que te convierten en caballo o bruja; y los que te ponen ojos de *anime*, entre otros miles. Hay filtros para todo, no se me ocurre nada que no exista en filtro virtual. La moda comenzó en Snapchat y rápidamente fue imitada por Instagram, TikTok y otras redes. Los filtros son de esos intangibles que te parecen una soberbia bobada hasta que los pruebas y luego te preguntas qué hacías antes, a cara cruda. Es un poco el mismo fenómeno que el móvil.

Hoy mismo he hecho un directo en pijama sin maquillar, en mis jugos y sin lavarme ni siquiera los dientes. Un directo al natural, sin ficción ni producción ninguna, con el Dalsy encima de la mesa. Y he tenido respuestas positivas de seguidoras agradeciéndome la honestidad estética, pero también he tenido alguna *hater light* que me ha reprochado: «Vaya, lo que hace la chapa y pintura...». **Y es que ir natural en las redes es ya antinatural, retro incluso, posmoderno, *vintage*.**

La distorsión digital no es algo nuevo. Sucede en televisión desde hace décadas: la gente se ve distinta. Por ejemplo, hay personas que parecen altas y no lo son, y al revés, hay presentadoras que son mucho guapas en persona que en cámara, y al revés. Hay de todo, pero la cuestión es que la cámara distorsiona... y mucho. No te puedes fiar. Las pantallas nos achaparran, nos hacen más bajitas y anchas a todas. Y con nuestro rostro pasa lo mismo: el que se ve en televisión o en cualquier pantalla no es tu rostro real, está deformado por la simetría del espejo. **Tú no eres como te ves. Existe una brecha entre quién eres y cómo se te ve.**

¿Y qué me dices de los selfis? No nacieron con las redes sociales, pero se les dio nombre gracias a ellas. Sí, antes había autorretratos que nos sacábamos con la Kodak de usar y tirar, pero no pretendían ganar *likes*, como ahora. Y que conste que escribe la reina de los selfis... Os ilustro mi nivel: de 149.307 fotos que tengo en el carrete, casi 28.000 son selfis. Lo mío es grave. Pero cuando posteas un selfi, no dejan de ser tu reflejo en un espejo colgado en internet para siempre para que todos te admiren, ¿no? Como dicen las hermanas Kite en su libro: «El aumento de la cantidad de selfis puede tener relación con el aumento de cirugías entre las mujeres jóvenes».[15]

Muchas son las clínicas de cirugía que usan como reclamo «La mejor versión de ti» y lo que más miedo da es esto de verte «cambiable», restando validez a tu imagen sin mejora, bautizándote como alguien «mejorable», como poco. El subtexto: tu imagen real tiene fallos, ¿sabes? Peligroso. De hecho, a partir de la pandemia cada vez mas chicas jóvenes piden alterar sus rasgos para parecerse más a sus versiones con filtros de las redes. «Quiero la nariz como se ve con este filtro», le dicen al cirujano.

Hay un punto en el que la belleza se vuelve tóxica y aparece el **trastorno dismórfico corporal**. El mundo digital ha exagerado su aparición, campa a sus anchas y goza de bastante anonimato, ya que muchas todavía no saben ni lo que es. Os lo explico: es un trastorno de salud mental que consiste en una preocupación obsesiva por algún defecto, ya sea imaginario o real, de tu imagen. Provoca una fiebre por corregir los defectos hasta límites extremos. Toda su energía se consume en mejorarse. Y cada vez es más frecuente y más grave porque puede/suele ir de la mano de un trastorno de alimentación.

Existe un desequilibrio al interpretar nuestra imagen que nos hace ver lo real como feo y lo digital como ideal. Y esto está generando una importante distorsión sobre nuestra percepción de la realidad. Además, nadie —repito, **nadie**—, está listo para ser meticulosamente estudiado por cientos, miles o millones de personas. Ser juzgada por tanta gente es antinatural: no tenemos las herramientas emocionales necesarias para gestionar algo tan gordo.

15. Lindsay y Lexie Kite, *More than a body*, Mariner Books, 2020.

Estoy muy a favor y reclamo urgentemente que se marquen las imágenes retocadas. Por favor, Ministerio de Sanidad. Por nuestra salud mental, gracias. Noruega, Francia e Inglaterra ya lo hacen. Francia, como siempre, precursora en derechos sociales: desde 2017, hay una ley que obliga a las publicaciones a indicar si una imagen ha sido modificada. Noruega se suma a esta maravillosa cruzada de belleza real y va más allá, pues ha diseñado una etiqueta que aparece en todas las imágenes modificadas. La guerra a Photoshop ya está en marcha, y en España llegamos tarde. No sé a qué espera nuestro Gobierno para hacer algo parecido. Sobre todo teniendo una tasa de suicidios adolescentes tan alta, la principal causa de muerte entre los jóvenes por delante de accidentes o enfermedades. Es descorazonador. Por todo esto, la salud mental debe ponerse sobre la mesa. Impartir en los institutos y colegios cursos sobre un buen uso de las redes sociales también ayudaría a la salud mental colectiva. Todos los que nos asomamos a las pantallas tenemos el deber y la obligación de lanzar mensajes adecuados, ser coherentes con lo que predicamos y ser honestos con la imagen que proyectamos. De ahí mi crítica al uso de los filtros. **La búsqueda de la belleza puede resultar tóxica, y más cuando es por presión social.**

Retocar es la norma

Para salir en la tele tengo una maquilladora que me deja ideal, una peluquera que me peina y una estilista que elige lo que me pongo. Hay todo un equipo tras de mí para que esté perfecta. Además, dispongo de un cámara que utiliza una lente y un ángulo favorecedor y de un técnico de luces que me ilumina para eliminar imperfecciones. Hay una broma dentro del mundillo que dice que no hay gente fea, solo mal iluminada. Siempre me hace reír.

En las redes nos convertimos en la mujer circo, todo lo haces tú: producción, guion, luces y acción. Tú eres el producto en venta. Tu piso es tu plató. Asusta a la vez que libera y, además, da mucho trabajo. Os juro por mis hijos que jamás la he utilizado, pero la aplicación que más se baja, tristemente, es Facetune. En esta *app* editas y alteras tu imagen, la distorsionas. Aprendamos de una vez que no te puedes fiar ya ni de tus ojos. **Lo que ves en el mundo virtual no es real.**

Afrontemos que esto no es nuevo. Antes de que existieran las redes, una vez no me reconocí en la portada de una revista muy conocida de lo retocada que estaba mi cara, mis piernas, mi silueta. Más flagrante aún: fui a la sesión de fotos de una modelo para un catálogo y ella era tan delgada que la engordaban para que tuviera una imagen más saludable. Pobrecita mía.

Hay un abismo entre las fotos reales de una sesión de belleza y lo que se publica, una brecha casi imperceptible entre la realidad y la fantasía que vende, entre nuestra estética *online* y *offline*. Insisto. La belleza nos divide en dos, igual que en el espejo: la realidad de cada una y la venta de su reflejo, distorsionado, eso sí, para que parezca ideal. Retocar es normal. Alterar tu imagen real, es natural. **Ser antinatural es natural.** Nada nuevo, el peaje para gustar. ¿El resultado? El deseado: millones de *likes*.

Photoshop y yo

Para las que no me conozcáis mucho, voy bien surtida de polémicas centradas en mis kilos de confianza y mi peso de mujer yoyó. ¿La culpa? Siempre de mi cuerpo. Algunos dicen que soy una «pirómana bombera», con mis polémicos kilos. Se me tacha de que soy la primera que habla de ello y un largo y cansino etcétera que podéis imaginar, si no lo sabéis ya. ¿La verdad para mí? Solo intento ayudar a las demás.

Hace poco se publicaron unas fotos en lencería para Carrefour en las que claramente se me había retocado un poco la barriga, que es la de una madre de dos niños. Por casualidad (no tengo tanto poder como para controlar cuándo se publican mis entrevistas), salieron el día en el que se publicó una entrevista en *The HuffPost* en la que había afirmado lo siguiente: «Siempre me he visto igual de guapa en todos mis kilos y mis tallas. Y a quien no le guste, que se rasque. Estoy buena y me veo guapísima. He vuelto a engordar y no pasa nada. No me mido, no me peso, es el vaquero el que me lo dice. No me preocupa y no entiendo por qué les preocupa a los demás. Es un síntoma de sociedad enferma. ¿Por qué criticas un cuerpo que no es tuyo?». Y claro, se montó parda en redes porque dijeron que mi mensaje era contradictorio. Que era muy pesada con el tema de las tallas y la belleza natural, y luego dejaba que me *photoshopeasen*.

A ver, ¿por dónde empiezo? Es cansado pasarse el día dando explicaciones, y más sobre mi cuerpo. Para mí, la primera. Ya sé que no tengo por qué darlas, pero lo hago no por mí, sino por mis compañeras. Siempre pienso en las demás mujeres, niñas y abuelas que siguen lidiando con sus complejos y en las mujeres con el valor de serlo aun cuando no nacieron con vulva. La de ataques y críticas con los que tienen que lidiar. Lo mío no es nada. Por eso me lleno de coraje y valor. La lucha será eterna, pero no seré yo la que desfallezca. No, señora. A ver si ahora se me entiende, a ver si lo lee toda la población femenina, incluso la masculina. Porque esta silenciosa guerra se lucha en grupo.

La belleza no es tu legado en este mundo. No eres solo tu apariencia y si una compañía te paga para que seas imagen y diseñadora de una línea, se la cedes. Soy parte del producto que se vende, y parte del peaje es ceder. La campaña ha de ser bella e inclusiva en tallaje. Se tiene que ver bien el producto: la lencería y yo. El mensaje está claro: pijamas para dar el pecho, ropa cómoda y elegante a buen precio y con un tallaje para todas. Les pedí que me retocasen lo justo y así lo hicieron. Supongo que la gente cree que me he retocado yo. Pues no, debió de ser el fotógrafo o la compañía, yo no. No me ofendo, ofusco o enfado, pero me cansa tener que dar explicaciones. Me lo tomo con humor porque es la única manera de quitar hierro a un asunto que en realidad tiene gracia. ¿Cuántas veces he de decir lo mismo?

La belleza es una actitud, un brillo en los ojos, estar cómoda en tu piel y disfrutar de la vida. Y eso no se consigue con filtros, retoques ni maquillaje. Aunque la industria nos diga lo contrario, la belleza no se compra. Se trabaja y se obtiene con esfuerzo. Además, no es importante. De verdad que no. Pero es fundamental que estés contenta. Haz lo que te haga sentir así.

¿VIVIR PARA POSTEAR O POSTEAR PARA VIVIR?

La frivolidad gana terreno en lo digital. Estamos ante una crisis de valores. El sistema digital es el que manda, y sus valores los componen los *likes*, *shares* y la viralidad. Ahí está el dinero y lo que llaman la «economía de la atención». La cantidad de atención que acapara cada persona es proporcional a su «alcance», a su valor para las marcas según sus *followers y su engagement* (su compromiso contigo, su fidelidad en su atención hacia ti). Es la nueva jerarquía del poder: el imperio de los *likes*. Pero no olvidéis, *darlings*, **las redes también influyen en el *influencer***.

Todos perdemos el norte. Lo peligroso es que —y me ha pasado— si al refrescar los datos no obtienes el efecto que deseabas, la cantidad de *likes* que esperabas o los comentarios que preveías al postear a tu «hora buena», te sientas mal contigo misma, te creas impopular, insuficiente. Obtengo chutes de felicidad de la dopamina que me da recibir muchos *likes*. Y bajones si tengo menos seguidores. Son como las notas del examen, como la audiencia de un programa al día siguiente. A mí, que tengo el culo pelado de trabajar en tele, la falta de *likes* me afecta como a todas. Es de locos. No solo somos esclavas de nuestra imagen, sino también del valor que nos dan nuestros seguidores. Ponemos nuestro valor, el ser validadas como personas influyentes en manos de gente que ni conocemos. **No es normal que una red que se define como «social» mate tus ganas de socializar.**

Es triste, pero nos medimos en *likes*, *followers* y viralidad. Inconscientemente, también yo valoro por sus estadísticas a personas que no conozco. Por ejemplo, cuando descubro a alguien en las redes suelo mirar cuántos *followers* tiene e inmediatamente tiendo a compararme con cada cuenta. Es casi inevitable. Y no siempre salgo bien parada, claro. Pero ahí reside parte del problema: **las redes están cambiando nuestro sentido de identidad**. Ya no solo soy la Tania Llasera a la que puedes ver andado por la calle o se toma el café en un bar. Ahora también soy esa persona que crea contenido que te hace más o menos gracia. Las redes están cambiando cómo valoramos a los demás y qué valoramos en la vida. Estamos inmersos en una crisis de valores que se estudiará en los libros de historia, seguro.

Las redes son puro postureo. Su finalidad casi fundamental es el escaparatismo de ver y ser visto. Mezclan a personas con influencia con otras que quieren tenerla al frenético ritmo de *posts* y *stories*. Creamos contenido de nuestra vida minuto a minuto, como si de una película se tratase. Y tú eres la protagonista. En tu propio *show* de las redes sociales todo se puede compartir. Queremos gustar y ser virales entre desconocidos casi antes que gustar y ser queridos entre los nuestros. Y eso genera un claro desequilibrio.

La vida *online* marca la vida *offline* en vez de lo que sería natural: al revés. ¿Vivimos para publicar o vivimos y, si eso, subimos algo a redes? **La vida *online* se desequilibra con la *offline*. Ambos conceptos se mezclan y nos dividen: la mujer que vive para publicar y la que vive su vida sólida y real cada vez un poco menos**. Y, además de perder fuerza al dividirte, súmale el extra de amargo añadido por ser juzgada por cientos, miles o millones de personas que, como guinda a la mierda que precede, **no te conocen**. Ni tú a ellos.

La crisis de valores empieza cuando aspiramos a aparentar antes que a vivir. Y acabará cuando recordemos que vivir es la razón de estar vivos.

Postureo, eo, eo

Además, hay algo de **falsa felicidad** que transmitimos en redes. Desde que me gano la vida como *influencer*, hay muchos días que tengo por contrato crear contenido o publicar y no siempre me va bien. Tengo que sonreír y estar presentable aunque en ese momento sea lo último que me apetezca. A veces no he dormido, otros tengo preocupaciones serias, broncas con personas cercanas, situaciones desagradables y momentos en los que no quiero exponerme porque el cuerpo me pide que me esconda en un rincón. Los días de bajón están permitidos, pero son contados. La verdad más sólida es que lo que pasa *offline*, lo que se palpa. Y muchas veces no subimos ese contenido: equivocaciones, problemas, lo feo de la vida, lo que queremos esconder bajo la alfombra (o al menos no contarlo a los cuatro vientos). **La realidad no siempre es publicable.**

Si algo se nos vende en las redes sociales es **felicidad**. Nos bombardean con ella como si fuese la panacea y la meta final. La perfección que se muestra es tal que no existe, lo que obliga a fingirla. A veces parece que sea más importante aparentar que ser feliz. Nos preocupa compartir *flashes* de felicidad: un concierto, una fiesta, un cumpleaños... Muchos están tan pendientes de publicar cada instante que se olvidan de desenchufar y vivir el momento, el presente. Además, la felicidad está mal emplazada. Como bien dice Fito Cabrales (un grande de Bilbao, como yo): **«La felicidad no es tan fácil. Eso es lo que te venden, pero no es así. No aspires a la felicidad, estate contento».**

El estudio «Global Happiness 2020» afirma que solo el 38 % de los españoles dicen ser felices (y muchos me parecen para ser del año de la pandemia). Ser feliz por decreto ley me toca la fibra. No es una obligación vivir la vida como si de una fiesta se tratase. Hay días que no son buenos, y es normal. Las redes sociales dan la impresión de que toda la gente a la que sigues es más feliz que tú. Esta falsa felicidad puede ser tóxica para afrontar los momentos malos.

De hecho, hace poco una famosa *influencer* anunciaba que dejaba las redes para ponerse en tratamiento psiquiátrico y psicológico. Entre los motivos que daba para explicar su estado incluía el fingir felicidad continua en las redes. Pocas cosas hay más tóxicas que una felicidad impostada. Dame apatías, dame caras de no poder más, dame momentos de bajón. Dame la verdad. Tengo sed de verdades, por feas que sean. No somos tan felices como mostramos en las redes. Suelen ser instantes fugaces que compartimos en *stories* para alardear de lo felices que somos en ese segundo. Al minuto siguiente quizá estemos llorando desconsoladas, pero eso no lo grabamos ni lo subimos a internet. Parece que hay capítulos vitales que enseñar y otros que esconder. Existe una brecha entre lo publicable y lo que no lo es.

La felicidad no está en venta, aunque las redes te la vendan todo el rato. Además, está sobrevalorada, es el nuevo producto. Nos presionan para ser perfecta, tener la vida perfecta, ser la más profesional, la mejor madre, esposa, hija, etc., y si no puedes serlo... **¡FINGE, MUJER!**, que no lo van a notar. Sonríe, dientes, dientes.

Mala salud mental

Existen miles de artículos sobre la relación entre las redes sociales y la mala salud mental. **Aparentemente, muchos micromomentos suman un macroproblema.** Al abrir las redes, el algoritmo te ofrece una selección de contenidos *top* donde los demás enseñan su micromomento del día de felicidad o su contenido gracioso, y tú te comparas, porque todas tendemos a hacerlo. Ese instante parece su estado permanente, pero es mentira, un *flash* de felicidad congelado en el éter de internet. En realidad, seguramente esa persona a la que tanto envidias al ver su foto esté ahora en pijama, agotada después del estrés del día. Como tú. Pero ni por esas. Cuando ves esas imágenes, se masca la tragedia y se crea #feedenvy (envidia de *feed*). Siempre sales perdiendo. Estas comparativas crean mucha ansiedad que enlatas por no saber qué hacer con ella. Y lata a lata, tenemos la despensa mental llena de rabia, ansiedad, frustración y envidia. Nada bueno para guardar sin fecha de caducidad. Te acabará dando la lata, te lo digo como lo siento.

¿Qué nos hace estar constantemente conectados? ¿No lo hemos planteado? ¿De dónde surge esa necesidad? ¿Es posible que lo que en principio resulta tan positivo pueda ser tan peligroso para nuestra salud mental?

El precio en salud mental es proporcional a las horas de navegación/distracción. Es así de chungo. Las redes nos están despertando ansiedades nuevas, sumiéndonos en fosos de crisis existenciales, depresiones oscuras y una salud mental de mierda.

Mierda mental

No se puede decir que estemos viviendo el mejor momento de nuestra historia por lo que a salud mental se refiere: el confinamiento, el maldito virus, un mundo parado, un volcán en erupción, la calima, el posible apagón energético, y ahora los rusos que invaden Ucrania... ¡Cuánto miedo! ¡La de catástrofes naturales y antinaturales! ¡Es como para entrar en una crisis de ansiedad total! Me pone triste tanta desgracia.

Lo único bueno es que pone el foco en lo invisibles que son las enfermedades que afectan a nuestra salud mental. Pensadlo. ¿Recordáis que alguien nos hablara de depresión? ¿En vuestros colegios algún compañero se suicidó? A veces me da miedo pensar en lo rápido que mis hijos se enfrentarán a todas estas cuestiones en comparación con lo tarde que nuestra generación se enfrentó a lo referente a la salud mental. Aunque igual es una bendición crecer con ese «saber»...

Encima, las soluciones que propone nuestro país a este problema son más que escasas. Es vergonzoso, por no usar otro adjetivo, que en España haya 6 psicólogos clínicos por cada 100.000 habitantes, una tasa muy inferior a la de los 18 de la Unión Europea. En cuanto a psiquiatras, hay casi 10 especialistas por cada 100.000 habitantes, lo que coloca al país por detrás de Polonia, Finlandia y Bélgica, con 24, 23 y 20, respectivamente.[16] Vamos muy retrasados en salud mental, familia.

16. Para ayudar a las personas que atraviesan situaciones de este tipo y mejorar su salud emocional existen servicios sanitarios, de urgencias y recursos comunitarios. El Teléfono de la Esperanza es uno de ellos: 976 232 828 - 717 003 717.

El Orfidal, el Lexatin y el Diazepam están a la orden de día. Incluso Lolita Flores el otro día sacó su estuche en la tele, en el programa *Tu cara me suena* y tenía de todo, allí dentro. Lo enseñaba como si fueran aspirinas. Y no me parece mal. Pero creo que se ha estandarizado que tomar una benzodiacepina es normal. Y a ver, mejor que opiáceos ya es.

España es también el país donde tenemos el dudoso honor de medicalizar más la ansiedad. Encabezamos el consumo de ansiolíticos en Europa. Los expertos coinciden en que la ansiedad y la depresión han aumentado y siguen en aumento, lo que ha disparado el uso de ansiolíticos y sedantes. Que tomemos tantos medicamentos para mitigar nuestra ansiedad tiene que ver con atiborrarnos a pastillas como reacción a emociones negativas: frustración, sufrimiento, rabia o pena se «matan» a pildoritas. Según Guillermo Lahera, «Hemos desarrollado una intolerancia al sufrimiento que tratamos de calmar con fármacos»,[17] en parte por falta de acceso a tratamientos e intervenciones no farmacológicas, como mi psicoterapia —que no es más que conversar con tu psicóloga— u otras opciones más accesibles para todas: hacer actividad física, dar paseos por la naturaleza, meditar y acompasar la respiración, respirar en una bolsa, escribir, tener sexo con uno mismo o con otras personas...

Nos pasamos la vida en las plataformas *online* que tienen el potencial de despertar problemas mentales porque promocionan sueños y fantasías, para muchos inalcanzables.

Las plataformas *online* tienen el potencial de despertar problemas mentales porque promocionan sueños y fantasías. Todo está

17. Profesor de Psiquiatría en la Universidad de Alcalá y miembro de la junta directiva de la Sociedad Española de Psiquiatría y Salud Mental (SEP).
Fuente: <*https://www.larazon.es/sociedad/20220213/ke3zpasukza3taihsc7tconsxa.html*>.

editado, medido y guionizado hasta un punto casi de ficción. Las redes sociales están unidas a una baja autoestima por el uso de imágenes manipuladas, que son una constante. En particular, la noción que repasamos en el primer capítulo, el estándar idealizado del cuerpo femenino. Cuando no cumplimos estas expectativas, nos afecta, como es natural, y no para bien. Si caes en comparar tu vida con la de los demás por redes, te frustras. El postureo es tan falso que se convierte en una presión social, como tener un chalet con piscina, tal coche o tal *gadget*. **Nos perdemos entre necesidades que nos creamos nosotras mismas.**

LOVERS & HATERS

Entiendo a los *haters*. **Amar-odiar es un fenómeno muy humano.** Admito que sigo a gente por redes que no me gusta. Sus *stories* son mi *guilty pleasure* (placer culpable). Es de masocas, lo sé. Soy consciente de que la sigo porque amo odiarla. A ver, «odio» no es la palabra, no odio a nadie. Pero le tengo tirria, vaya. No me gusta cómo se expresa, me resulta cursi o remilgada o hay algo que chirría en mí, pero a la vez me da gustito. Recibo un chute de esa manía que les tengo. Aun así, sigo a diario a la gente que me disgusta. ¿Y por qué no dejo de seguir a esas personas? Sería lo lógico.

Después de mucho meditarlo, he llegado a la siguiente conclusión: sigo su contenido para sentirme mejor. Vergonzoso, pero es así. Ser *hater* es no tener compasión por alguien, ya sea por sentirte impotente ante esa persona, por envidia, porque te sientes superior de algún modo o porque te has sentido humillada y maltratada por esa persona. Hay muchas razones para odiar, es un sentimiento humano. Y una necesidad.

Amar-odiar es normal: van de la mano. Científicos que estudian la naturaleza física del odio han descubierto que algunos de los circuitos nerviosos de nuestro seso responsables de odiar usan el mismo «cableado» para amar. El amor y el odio parecen opuestos naturales, pero en realidad son íntimos. Los circuitos del coco encargados del odio son, y no es broma, el putamen y la ínsula. Y curiosamente estas dos partes del cerebro también se activan durante el amor romántico. Lo más sorprendente es que en el amor perdemos más la cabeza que durante los procesos de odio. Así que el odio es más racional que el amor. Fíjate tú.

Be a lover, not a hater

Las redes no son buenas ni malas, son una herramienta, pero el uso que hacemos de ellas las torna mejores o peores. Y aunque son relativamente nuevas, inundan cada instante cotidiano. Todo es susceptible de ser compartido por las redes. Y lo más peligroso es que están cambiando el **sentido de la identidad** (incluso antes de haberla desarrollado), los valores y nuestra definición de éxito.

Por supuesto, las redes esconden mil peligros y falsedades. Es necesario encontrar la mejor manera de usarlas, y debo decidir a qué me expongo en ellas, pero no podía cerrar en el capítulo sin darles las gracias por el poder transformador que tuvieron en mí en uno de los momentos más oscuros de mi carrera profesional. Las redes no se van a ninguna parte, seguirán ahí, y por eso debemos aprender a enfrentarlas de la mejor manera, sacarles todo el jugo que podamos mientras, de paso, las usamos en nuestro beneficio, amplificando con ellas los mensajes que queremos mandar al mundo y recibir de él. Tengo un gran poder, puedo escoger qué entra en mi vida, hacer de filtro. Y elijo siempre el **AMOR**. *Be a lover, not a hater.*

Deja de preocuparte por
lo que piensan los demás.
Los demás
no viven tu vida.
Así que eso
no tiene importancia.
Lo fundamental:
¿qué piensas TÚ?

3

I + D Personal

«Por encima de todo, sé la heroína de tu vida, no la víctima.»

NORA EPHRON

COPENHAGUE
Vetusta Morla

#YOUDOYOU

Desde pequeñas, a las chicas se nos ha enseñado a soñar con el día de nuestra boda, no con nuestra vida. Nos llenan la cabeza con princesas que esperan ser «elegidas» cuando, en realidad, de las pocas cosas exquisitas de ser mujer, la capacidad de elección personal es lo más importante. Obviamente funciona en ambos lados de la pareja, pero en líneas generales no debemos esperar a que nos escojan de forma pasiva. Somos nosotras las que elegimos cómo y con quién de manera activa. Y si elegimos seguir solas y estar solteras es una elección nuestra. De nadie más.

Uno de los días más importantes de mi vida fue mi boda. Mi boda. ¡Ja, ja, ja! Dejo al novio de lado porque no le gusta que hable de él. Pero ¿quién pidió la mano a quién? Nadie. Más bien yo la suya. Sentados en una butaca de mis padres, yo en su regazo, le comenté: «Ya tengo el anillo —era el de mi abuela—. ¿Qué te parece si nos casamos?».

Fue muy relajado, improvisado y natural, como nosotros. Él dijo que le parecía bien, y cuatro meses después nos casamos como quisimos. Los dos teníamos claro que queríamos celebrarlo en una playa. De hecho, nuestra invitación fueron dos chancletas hawaianas, una azul para él y una terracota que me simboliza a mí. Tierra y agua.

En realidad, nos casamos por lo civil en el matadero de Madrid y nuestro viaje al restaurante para celebrarlo fue en autobús... Lo recuerdo con mucha ternura. Una semana después hicimos un paripé de fantasía junto al mar portugués con dieciocho damas de honor vestidas de los colores del mar, mi padre me llevó del brazo y todos nuestros íntimos nos vieron intercambiar nuestros votos derramando emoción en cada palabra. Recuerdo decirle que no creía en las medias naranjas, pero que con él haría zumo todas las mañanas. Más tarde, dos invitados nos regalaron una máquina para hacer zumo como regalo de bodas que todavía disfrutamos hoy.

Una gran amiga de la infancia, Bea, al terminar el fin de semana de celebraciones de mi boda portuguesa, me llamó para felicitarme por la celebración y me dijo el mejor cumplido: «Tania, creo que vuestra boda es en la que más libre me he sentido. He podido elegir mi vestido de dama de honor: no estaba impuesto, solo nos diste el tema de color marino. Me he sentado donde me ha parecido y con quien he querido —no puse dónde sentarse—, he comido del *buffet* lo que me ha dado la gana —les pedimos en el chiringuito que hicieran la comida que mejor les salía y un *buffet* de quesos, embutidos, aperitivos, etc.—, he bebido lo que he querido —había barra libre, *of course*—, he bailado todo y más y sin tacones —bailamos sobre arena y regalamos calcetines— y he sido completamente feliz. Enhorabuena».

Las bodas, como la vida que eliges, deberían reflejar el carácter de los novios. Es importante que seas fiel a ti misma. Independientemente de cómo lo hagas te van a criticar, es un hecho, y no pasa N-A-D-A. Está superado. Celebramos nuestra boda como quisimos y me resbala lo que piense nadie. La única opinión que me debe de importar es la mía y, como mucho, la de mi pareja. Fin.

Lo mismo pasa en la vida. El *hashtag*, la etiqueta #youdoyou básicamente quiere decir «Haz de ti», lo que viene a ser como lo que dijo Oscar Wilde: **«Sé tú mismo, porque todos los demás están cogidos».** Da igual lo que hagas, lo que digas o lo que pienses. Las personas van a hablar, comentar y, por supuesto, criticar. Es indiscutible. Sobre todo en redes, me han cosificado, juzgado, insultado, manipulado, perseguido e incomodado en el plano personal y laboral. Por desgracia, no hay mucho que pueda hacer por cambiar a los demás, pero hay algo que está en mi poder y muy a mano: yo misma, queridas mías.

Todo lo anterior me ha afectado y me ha obligado a desarrollar mi propia manera de resistencia al juicio ajeno. No es infalible, no voy a negarlo, pero el hacer oídos sordos al ruido se puede trabajar, filtrar a quién escuchas, escoger solo a un puñado de personas —no muchas, pero sí suficientes—, para mantener bien nutrido mi ánimo.

Ser fiel a mí misma, a mi criterio, me ha salvado innumerables veces de las críticas y menosprecios a lo largo de mi vida, tanto en el terreno laboral como en mi vida personal. Todas tenemos personas alrededor que nos hacen sentir menos de lo que somos. Pero saber quién eres y qué quieres te ayuda a procesar de manera mucho más fácil esa caca vital.

Cada una de nosotras es diferente, única. De su padre y de su madre, vaya. Por eso llamo a este capítulo «Investigación y Desarrollo, I + D». Somos distintas, nuestras gestiones emocionales difieren tanto como nuestros armarios, tiramos de diferentes elementos y recorremos caminos dispares, pero el fin es siempre el mismo: estar más cómoda en la piel que habitas, por dentro y por fuera, para ti primero y después para los demás. Pero **primero vas tú. Siempre**. El 1 va antes que el 2, y por algo será. Aquí aparece la primera grieta de muchas, la batalla entre los demás y yo. Me abro en canal para enseñarte mis grietas, mis roturas, mis brechas. Mi ingeniería emocional.

INGENIERÍA EMOCIONAL

A veces hay que romperse y rasgarse para ser una mujer de rompe y rasga. Aspiro a ser una de esas mujeres que se hacen notar por su fuerte carácter, valientes y resueltas, y que hacen lo que se proponen con decisión y sin miramientos ni miedo a los prejuicios y convenciones sociales. O sea, una mujer que sabe quién es y lo que quiere. Oh, es que me emociono y todo. Me rompo y me rasgo lo que haga falta.

Brechas y punto

Hasta ahora, las brechas han sido una constante en cada capítulo. En la introducción, la división entre lo que se espera de nosotras y lo que queremos. En el capítulo 1, la brecha entre el reflejo del espejo y la mujer que vive su vida. En el capítulo 2, la brecha entre la Tania *online* y la *offline*... ¡Y las brechas que nos quedan!

Las mujeres vivimos existencias divididas. Hay brechas invisibles por todas partes, es como un campo de minas. La brecha entre la Tania que fue, la que es y la que será. Nos pasa a todas. La brecha entre la mujer antes de ser mamá, descansada y en plan «Le voy a dar quinoa» y la madre agotada que lleva Phoskitos a sus hijos para merendar para que la dejen tranquila un rato. La brecha entre la pantalla y tú. Entre tu belleza real y tu belleza retocada. La vida es como un juego de rayuela, saltando de casilla en casilla intentando no dar con las piedras.

Vivimos entre brechas, y punto.

Si hay brecha, hay espacio, luego hay sitio para invitar al cambio. *Voilà!* En estos abismos, algunas verán vacío, pero yo veo oportunidad. El espacio invita al fértil pensamiento, de ahí salen los brotes verdes de tu mente. Digamos que soy como una «ingeniera emocional» e identifico en el espacio de cada brecha la posibilidad de construir puentes contigo misma, piedra a piedra.

No puedo cambiar lo que ocurre, pero sí cómo me lo tomo. A mi ritmo. Paso a paso. Y mientras haya brechas, habrá espacio para evolucionar, crecer y trabajarnos. Hay mucho que no podemos cambiar, ¿verdad? Así que cambio lo que tengo a mano: a mí misma. Porque, como mínimo, nos tenemos a nosotras. Te invito a investigarte, a descubrir tus brechas personales y tus soluciones individuales. Pasa y ponte cómoda...

¿El primer ejercicio de la investigación? Es sencillo: **muérete**.

Muérete

Muérete ahora mismo, tal cual estás en este momento. Estás muerta. Ahora, imagina tu funeral. ¿Quién ha ido a despedirse de ti? ¿Qué dicen de ti? ¿Lloran? ¿Qué recuerdan de ti? ¿Sonríen al hacerlo? ¿Quién va fijo? ¿Quién no va ni muerto?

Venga, voy a hacer el ejercicio de dejar de respirar ahora mismo. Muérete, Llasera. Muerta. Me muero, da igual de qué. He muerto. Imagino mi funeral: la iglesia está petada.

En la primera fila están mis padres y mi marido con mis hijos, mis hermanos, sus mujeres y un batiburrillo de niños inquietos. Mi esposo está ido, no sabe qué hacer sin mí. De cuerpo presente, pero ausente. Mis hijos son pequeños y no entienden lo que entraña que su madre haya muerto. Pepe dice que tiene hambre y Lucía quiere ir al baño. Mi madre está descompuesta, no parece ni su cara, se le han desdibujado los rasgos de tanto llorar. Mi padre está perdido, jamás imaginó que moriría después que yo. No llora en público, pero se ve que jamás volverá a ser el mismo. Siempre le faltará alguien: yo. Mi hermano Nico está enfadado con la vida por dejarme morir, tiene cara de pocos amigos. Mi hermano Tomás ha volado desde Inglaterra y está muy afectado, pero más preocupado por mis padres. No quiere volver a dejarlos solos en España.

También están mis amigas del colegio, todas menos las que viven lejos. Paula, como vive en China y no ha podido venir, será incapaz de quitarse mi fantasma de los ojos. Me verá cada día de su vida en casi todas partes. Andrea, pegada al pañuelo, se abraza a su no marido Manuel y se refugia en su hija de un añito, Isa. María, la más religiosa, es la que más tranquila está, dentro de la tristeza por mi pérdida; ella al menos tiene su fe. A Elena se le ve el corazón en los ojos, roto. Llora callada, lo cual no es natural en ella, que no calla ni debajo del agua. Ella es vida, y la muerte la ha dejado muda. Alicia llora mientras ríe, su humor siempre a flor de piel. Me recuerda con risas y llantos entremezclados. Itzal la abraza. Está más entera. Se le da bien controlar la situación, pero está cabizbaja y tiene muy mala cara, pobre. Comparten *kleenex*. Lucía es una plañidera profesional, pero hoy se controla. No quiere montar el «espectáculo». Es la que mejor conoce la muerte, pues su madre murió y sabe de qué va la vaina. Está serena, pero por sus mejillas ruedan enormes lagrimones gordos. Joana no para de llorar, tierna, abrazada a su hija mayor, que la acompaña. Mi amiga más reciente está rota. Mayris me llora desde casa. Quizá es la que mejor me conoce. Sabe que no me importa si va, mientras se vista de mil colores para celebrar mi vida, nada de negro. Se queda en casa, porque ella es todo corazón, y sabe que llora tanto que no aporta nada en un funeral. Me celebra con una buena botella de vino blanco con hielo y un vaso para mi altarcito, pues me habrá hecho uno para llorarme en condiciones y que sus niñas entiendan que la tía Tania ya no está. Ha muerto.

Están los padrinos de mis hijos, que se sientan en segunda fila, pero igual de afectados. La iglesia está llena de personas que no me conocían, pero cuyas vidas toqué de alguna manera gracias a las redes sociales. Gente que me llora porque me apreciaba, aun sin haberme conocido en persona. La redes son un regalo.

Tras la misa —de la que no soy muy fan a pesar de que mis primeros escarceos amorosos estuvieran rodeados de santos y grandes retablos eclesiásticos—, irán a comer, beber y celebrar mi vida, espero. Beberán y reirán, y me gustaría que se organizasen para que mis hijos reciban todo el sirope de amor que van a necesitar ahora que ya no estoy. En el cielo, estoy tranquila. Sé que elegí bien a sus padrinos, y que dejo una huella digital en forma de entrevistas, programas, pódcasts... durante años. Hay cientos de mensajes claros y rotundos, incluso en forma de artículos en revistas, y libros como este. Mis hijos se acordarán un poco de su madre, pero el mundo se encargará de que me recuerden siempre y tengan a mano mi memoria. Y mi amor, como una manta que los cubrirá eternamente. Todos los que quise, lo saben. En la radiografía de mi vida, que es la foto fija de mi funeral, no conservo piques tontos, enfados con familiares a los que quiero. No hay nada que no haya dicho, besos y abrazos que no haya dado. Hasta este momento todo está hecho, dado, besado y abrazado. Una vida bien vivida y exprimida.

Ahora tomaos un ratito para imaginar vuestro funeral. Cerrad los ojos y usad la imaginación. Solo vosotras sabéis qué vidas habéis cambiado con vuestra presencia y quién ha tocado la vuestra. Amigas, vecinas, madres, padres, primos, colegas y compañeros. Todos son bienvenidos en este ejercicio.

Todas vamos a morir. No sabemos cómo ni cuándo, pero el final es inevitable. Y eso me da cierta tranquilidad. No tengo miedo a la muerte. Temo al dolor, pero no a dejar de vivir. La certeza de mi fin me llena de relax. Al menos hay algo seguro en esta vida: la muerte, un día u otro, llegará. Y no hay nada que pueda hacer para evitarlo. Nada. Y menos mal, vivir eternamente sería una condena, chicas.

Este ejercicio no es por ser negativa ni morbosa. Intento evaluar cómo estamos viviendo nuestra existencia. La huella que dejamos en el mundo al irnos dice mucho de cómo vivimos. Al hablar de algo tan tabú como la propia muerte, pretendo que nos tomemos un café con nosotras mismas. Que nos tomemos la molestia de conocernos. No solo estudiarnos en el reflejo de nuestro espejo, sino invertir el tiempo en escucharnos, entendernos. Empatiza contigo, tía.

Igual que en el capítulo anterior os pedí que escucharais vuestro monólogo interior mientras navegáis por las redes, es importante prestar atención a cómo nos hablamos, cómo nos tratamos. Lo que Oprah Winfrey (la Ana Rosa de Estados Unidos) llama su «GPS personal» no es más que saber escucharte, hacer caso a tu sexto sentido, a tu instinto; escuchar tu voz interior, tu brújula sensorial interna, para ver si estamos alineando lo que pensamos con lo que hacemos. Es una gran parte de la autoestima: comprobar qué tipo de marca estamos dejando en el mundo. Al final, es de lo que se trata vivir. **Vivir es agarrar los momentos, disfrutarlos con**

ambas manos y tocar corazones por el camino. A veces hay que pararse a pensar si hemos de reconducir la vida. Porque se puede y hay tiempo. Nunca es tarde para cambiar. Jamás. Estás a tiempo, aunque sea el último día de tu vida. Tranquila, al menos hoy no te has muerto, así que aprovecha para cambiar.

CIRUGÍA ALTERNATIVA

Ahora me doy cuenta de cosas que de joven me pasaban desapercibidas. Cuando lo vives en presente, no siempre te das cuenta, por juventud o falta de conocimiento, no lo sé. Empecé a trabajar en la tele detrás de las cámaras pero cuando pude pedir estar delante y hacer imagen, el jefe de la productora para la que trabajaba, un italiano muy peculiar llamado Amato, me dijo lo siguiente: «Oye, si quieres salir en la tele, ¡tendrás que adelgazar diez kilos y entonces yo te invitaré a comer!». En ese momento ni me planteé plantarle cara. Lo hice, adelgacé diez kilos.

En 2006 por fin me invitó a comer para celebrar mi bajada de peso. Pero ni corto ni perezoso me pidió otros dos cambios físicos como quien pide unos espaguetis del menú: «Y ya que estás, podrías pasar por el cirujano, y hacerte una rinoplastia para ponerte la nariz recta y de paso ponte más tetas». Con eso sí que no tragué, nunca me operé. Mi nariz torcida es la perfecta combinación de las narices de mis progenitores, y me gusta como es. En toda su imperfección para otros, es perfecta para mí. Y sobre mis pechos solo diré que, aunque siempre están enfadados —cada cual mira hacia donde le da la gana— y que en ese momento eran muy pequeños, me gustan tal como son.

Me alegro mucho de no haber hecho caso a ese señor, porque estoy convencida de que, si hubiera pasado por el aro, no hubiera trabajado tanto. O quizá más, nadie lo sabe. Mi intuición me dice que habría perdido mi esencia, lo que me hace diferente. Y como dice Meryl Streep: «Lo que te hace diferente o rara, esa es tu fuerza». Imaginad si Rossy de Palma se hubiera operado la nariz y se hubiera puesto una de botón pequeñita: no tendría la fuerza que la caracteriza.

Nos pasamos la vida retocando nuestra imagen con filtros y Photoshop, intentando controlar cómo nos perciben los demás. ¿Por qué invertimos tanto tiempo y dinero en algo tan superficial, cuando lo que realmente necesita urgentemente salud y belleza es nuestro interior? La mayoría de las veces es cuestión de evaluar y priorizar. Filtrar y desaprender.

Os propongo un plan: ¿y si pudieras ser tu propia cirujana? Observa qué te duele, qué te acompleja, qué te llena de tóxicos la vida... Te regalo un bisturí metafórico. Ábrete en canal para cortar y pegar, dispuesta a restar y sumar a tu vida, alterando tu estado presente. Hagamos cirugía en lo realmente importante, lo que no se ve, pero se siente a cada instante: **diseccionemos nuestro amor propio**. Además, es mucho más barato. 😉

En casa todo bien, gracias

El bisturí me pide cortar por lo sano en la tela cultural que nos hace daño, que no se ve, pero se siente siempre.

Tengo dos primas americanas que no hablan mucho español. Cuando vienen a España, siempre les choca que aquí se saluda con un «Hola» y acto seguido, en el mismo aliento, se pregunta: «¿Qué tal estás?». Lo que les chirria es que es totalmente retórico, no se espera respuesta, y menos sincera. Nadie espera que digas la verdad. Nadie contesta en plan

«Pues mira, la verdad que estoy mal, porque llevo un día de mierda y hoy no tengo ganas de sonreír. Estoy de mala uva/estoy triste». Lo correcto en España es decir «Bien, gracias». A mis americanitas siempre les choca. Intenté explicárselo y teníais que ver su cara de asombro y levantamiento de cejas. Y es que en el mundo latino existe un no dar que hablar, una cultura sabida, no escrita, donde siempre se contesta: «En casa todo bien, gracias», aunque estés a punto de separarte y tu hija se haya metido en una secta. Aunque pase lo peor en tu casa, siempre, siempre, siempre niega la mayor, está todo bien, es más, está colosal, ideal y fenomenal —los tres adjetivos más pijos y menos afectados que se me ocurren—. Y eso no es sano. Es un comportamiento dañino, incluso tóxico. Una protección ante la crítica y el chismorreo que no siempre viene bien.

Entiendo que no podemos mostrarnos vulnerables y abrirnos a toda hija de vecina, pero según con quién, chica, se puede decir la verdad, y te sinceras y te sientes aliviada. La caca emocional hay que sacarla sí o sí o se enquista. Amiga mía, es así.

Hay un *hashtag* americano maravilloso por todo lo que engloba: #itsoktonotbeok («está bien no estar bien»). Léelo despacio: está bien no estar bien. Me doy permiso, y espero que tú también, para no estar bien siempre. Se puede contestar a qué tal estás con un «Mal», y no pasa nada. Es más, sería importante empezar a normalizar no estar bien siempre.

A veces nos rompen, o nos rompemos. Se crean brechas que no tienen posibilidad de sutura. Y está bien saber que no estás bien. **En todo tiene que haber bajos para que haya altos, silencios para valorar la música o valles para que haya montañas.** Es el equilibrio lo que todas buscamos. Al final, en casa no siempre está todo bien, pero gracias por preguntar.

T'estimo

No sé tú, pero yo detesto la palabra *autoestima*, no sé por qué. Con «amor propio» me pasa tres cuartas partes de lo mismo. Estos términos me hacen torcer el morro. Están desgastados en pegatinas de Mr. Wonderful, manidos, vacíos de sentido. Como diría la más grande, Rocío Jurado, «se nos rompió el amor de tanto usarlo». Ahora añádele: «Se nos desgastó la palabra «autoestima» de tanto manirla».

Tu autoestima no deja de ser la opinión que tienes sobre ti. Tu amor propio condiciona tu salud mental, que se ve afectada si nuestra opinión de nosotras mismas no es buena. La autoestima no es solo cómo nos hablamos, nuestra voz interior, sino cómo nos valoramos, cómo percibimos nuestras capacidades.

Las personas que tenemos una buena autopercepción, que nos sentimos positivas respecto a *nous* y la vida, somos más resilientes, capaces de manejar la montaña rusa de la vida. La gente que no goza de buena autoestima tiende a no tomar decisiones, y luego se siente peor. Es un círculo vicioso de sentimientos contaminantes que ha de romperse en algún momento o te tragarán. Las emociones negativas de «no valgo para nada», «no se me da bien nada», «soy una mierda» solo lo empeoran todo. La falta de amor propio puede influir en cómo nos comportamos, y hasta en lo que conseguimos en la vida.

Lo primero sería cambiar nuestro dialogo hacia nuestras capacidades. La actitud, cariñas, lo es todo. No puedo expresar lo importante que es el prisma de tu mente, cómo tu actitud cambia tu comportamiento y cómo te perciben los demás.

Estoy casada con un catalán y amo profundamente su lengua. Siempre me ha hecho gracia que «te quiero» en catalán sea «*t'estimo*». *Estimar* es reconocer el mérito de alguien, sentir cariño u afecto por alguien. Pues bien, yo intento tenerme en alta estima o al menos estimarme válida. «*T'estimo*, Tania.»

No puedo contar las veces que me han tildado de egocéntrica, incluso amigas que me conocen muy bien. Algunas que han resultado ser bastante tóxicas me espetaban: «A ti lo que te pasa, Tania, es que vas de diva. Eres muy artista, muy torturada, muy exagerada, muy dramática. Anda, no me seas tan teatral, no todo va de ti, Llasera...». Mil comentarios así desde pequeña que implicaban mi «ombliguismo» exacerbado. De niña oí tantas frases como estas que me lo llegué a creer. Pensé que quizá era muy narcisista, que me quería demasiado, que prestaba demasiada atención a mí misma con mi «mecanisma».

Pero no. Con el tiempo te haces más sabia y ves que se equivocaban y que hacían que me equivocase. Da pena la confusión que existe entre el egocentrismo y la confianza en una misma. Para mí, la confianza empieza en la voluntad de cambio personal, de mejorarme, de evolucionar. De educarme a base de aprender sobre el mundo y mi sitio en él justo para no ser el ombligo del mundo. No creo que sea el centro del universo, pero sí del mío. Porque, por supuesto, vivo el mundo a través de mi cuerpo, de mí. Eso es impepinable. Y parece que siempre habrá gente que quiera hundirte por ello, quizá porque les recuerdas lo poco que están evolucionando, mientras tú avanzas con paso firme. Es mejor que las dejes atrás. No pasa nada. Es un «aporta o aparta» de mi camino. Habrá personas en tu camino que te aporten, te empujen a avanzar y te hagan sentir bien. Te lo prometo.

Ojalá la confianza en una misma se pudiera comprar empaquetada en tiendas, con un lacito para ti, pero no es así. Sin embargo, podemos hacerla crecer, como si fuese un músculo. Se puede ejercitar tomando decisiones, sintiéndote cada vez más capaz. Confía en ti. Eres la que mejor te conoce. La confianza no es un «yo soy mejor que ella», sino un «yo soy la hostia, y ella también».

Quererse es darse espacio. Poner límites. Protegerse de lo que te hace daño, decir que no. Abandonar lo que no nos hace bien si es necesario, desaprender conductas si hace falta. Quererse es dar pasos para ti, a veces hacia atrás y en ocasiones hacia delante. A veces hay que perder para ganar, ¿sabes? **Fracasar no es malo, ni es de débiles, es de gente vulnerable, que se equivoca, pero sigue y persigue lo que busca.**

No soy infalible ni tengo todas las respuestas. Me pierdo y tengo dudas, momentos de mierda y otros en que no confío en mí. Hay días en los que estoy más sensible de lo habitual. En esas ocasiones no me meto mucho en las redes sociales, o si sé que los comentarios que hay debajo de uno de mis vídeos en YouTube van a ser dolorosos, los evito. A otra cosa, mariposa. Me protejo porque sé que no me hace bien, si no me fustigo. Hay amistades que son posesivas o que me ahogan y no me dejan nutrirme de otras amigas... De esas me alejo porque no quiero que nadie sea posesivo conmigo. Nadie me posee más que yo. He perdido amistades por ganarme a mí. En los votos de mi boda no juré obediencia a mi pareja porque me es imposible. Conociéndome, que yo obedezca a alguien es una fantasía, los mundos de Yupi. Soy indómita por naturaleza. La gente que me quiere bien entiende que necesito libertad para brillar.

Conocerse es un trabajo vital, no termina nunca. Ni tampoco el darse tortas con la vida sin parar. Evolucionar pasa por buenos y malos momentos, y he tenido de ambos. El más duro quizá fue perder a mis abuelos en la misma semana. Mi madre también se perdió en la niebla de quedarse huérfana de golpe. Me quedé semisola en un suspiro. Además, la última conversación que tuve con mi queridísima abuela fue: «Ay, abuela, no quiero hablar más, hoy estoy de mala uva». Había sido por el trabajo, pero la corté de mala manera y siempre me quedaré con esa espinita clavada. Me entran ganas de llorar al escribirlo, fíjate. Todavía me duele y han pasado ya más de 5.000 días: catorce años. Tuve que encontrar amor hacia mí misma y perdonarme, pensar que mi abuela me adoraba y yo a ella. Teníamos una relación muy especial que jamás se podría jorobar por una sola conversación, aunque fuese la última vez que hablásemos. Haría lo que fuera por cambiarlo pero no puedo. Por tanto, le doy la vuelta a esa experiencia fea o la intento convertir en algo bonito. Para sacar lo positivo, ahora siempre me despido de todo el mundo que amo de buena gana, no vaya a ser que sea la última vez que lo vea. Que no vuelva a pasarme. Aprendo de mi error. Les digo a todos que los quiero antes de coger un avión o de decirles adiós.

MIS TRUCOS PARA VENIRME ARRIBITA

No he inventado nada nuevo, sino que acudo a los grandes clásicos:

- Cantar música que me gusta, que me emociona, MUY ALTO.
- Dar un paseo bajo la lluvia sin paraguas y mojarme (depende de la temperatura, que luego no quiero culpas).
- Saltar en general: es imposible estar tensa si saltas.
- Tomar el sol desnuda.
- Pisar la tierra, la hierba o la arena descalza.
- Bañarme en agua fría (preferiblemente desnuda).
- Un buen baño caliente antes/después de masturbarme (ocurre a veces y libera tensión).
- Aferrarme a algo que me dé fuerza, que me recuerde mis raíces. En mi caso es acordarme de que soy nieta de mis abuelos, hija de mis padres y ahora madre de mis hijos... No sé por qué, pero me ancla y me da un contexto que me saca un par de ovarios de mujer valiente que expresa lo que quiere, que es profesional y más fuerte que el acero.
- La piedra de la gratitud. Es una bobadita importante para mí. Lo vi en un documental. Mi hija Lulu es muy fan de las piedras, como yo. En cada parque o playa siempre encuentra una piedra

que regalarme. «Toma, mamá, para ti» suele ser la frase. Siempre las guardo en el bolsillo de la chamarra, en todas tengo una. El juego del agradecimiento consiste en que, cada vez que tocas la piedra en el bolsillo, digas en voz alta algo por lo que te sientes agradecida. Me sorprende la cantidad de cosas que me hacen feliz a lo largo del día. Os lo recomiendo. Damos por sentadas tantas cosas que es agradable recordar que es de bien nacida ser agradecida. Me sube la moral encontrarme una piedrecita de mi Lucía en un bolsillo, me aporta más luz de la que puedo describir. Siempre me saca una sonrisa y un pensamiento calentito.

Si con mis trucos no te sale lo de venirte arriba, no te fustigues. Nadie nace sabiendo. Igual los míos no te funcionan, pero busca los tuyos. ¿Qué te llena? ¿En qué momentos sonríes más a la vida? ¿Qué te hace venirte arriba? Recuerda que está bien no estar bien, que no pasa nada por transitar tus penas mientras buscas la manera de retornar a las alegrías.

Yo la cago casi a diario. Esta es la historia favorita de mi hija Lucía: *El día que Mamá robó*. Con más o menos la edad de Lulu, unos seis años, mi madre me llevó a la papelería a comprar unas cartas. Había dos que me gustaban, unas de Peter Pan y otras de unicornios. No conseguía decidirme porque ambas me flipaban, así que me guardé unas en el bolsillo de mi chamarra roja y las otras se las di a mi madre para pagarlas. Fui a casa, y lo primero que hice fue juntar ambos paquetes de cartas en «mi cajón de los tesoros». Mi madre, que imagino que se dio cuenta de todo el percal, ¡me pilló con las manos en la masa! Casi muero de vergüenza. Tuve que ir de vuelta ese mismo día andando a la papelería, devolver las cartas y pedir perdón con la cara del mismo color que la chamarra. Pero jamás, en todos mis años de vida, he vuelto a robar ni un bolígrafo. Nada. Nunca. La Llasera será muchas cosas, pero ladrona nunca.

La cagué y aprendí la lección. Y, como esa, en la vida hay mil, si abres los ojos.

Ante todo, date un respiro, date crédito: has llegado hasta aquí, ¿sabes? Ya es mucho. Tú puedes. Cuando tengo que llenarme de poder, me repito: «Tania, tú puedes. Eres la hostia en vinagre. Y puedes con lo que la vida te eche». Como decía mi difunta abuela, la vida no suele darte más de lo que puedas masticar, así que dale. Cómete la vida a mordiscos, chata.

¿COMPLEJOS A MÍ? ¡TARARÍ!

Alguien dijo una vez que nos venden que existen distintas razas: asiática, aria, negra... En realidad, solo existe una: la raza humana. Todos somos personas, seres sintientes. Y lo mismo pasa con las mujeres. Nos venden que hay categorías, nos dividen en subgrupos —clase, religión, raza, estrato social...—, intentan hacernos olvidar que somos una tribu única. Somos mujeres. No dejemos que nos dividan.

Somos mujeres y humanas, y , además, complejas (con algún complejillo también). Complicadas de entender, dicen. Nos enseñan que es parte de nuestra naturaleza femenina, pero creo que la complejidad no está unida a un género. Pienso que hasta la persona más sencilla, género aparte, tiene sus complicaciones. Y hasta la persona más *gender free* también tiene sus complejillos. **Los complejos nada tiene que ver con nuestro género.**

Coloquialmente, se dice que una persona está acomplejada cuando piensa que tiene cierto defecto físico o psicológico, y subestima su capacidad, resintiéndose su autoestima y, en muchas ocasiones, sintiéndose inferior a los demás.

Con los años, los complejos, como las carnes, pierden firmeza. ¿Verdad que todas tenemos fotos de jovencitas en las que ahora, pasados los años, nos vemos más tersas, bellas y lozanas...? Cuando las ves, piensas: «Si me hubiera visto entonces como ahora, con estos ojos, sin todos los complejos de esa época…». Menuda estupidez. Vivir acomplejada me parece una soberana pérdida de tiempo. Dejamos de vivir ciertas experiencias para no ser vistas, comentadas o sentirnos expuestas. Es el clásico pensamiento condicional de «No iré a la playa hasta que tenga la tal talla o hasta que pueda ir en bikini». Ponemos condiciones a vivir experiencias. Es una pena vivir condicionada.

Por supuesto, tengo algún que otro complejo, pero elijo no inflarlos. Consciente de su existencia, los tengo castigados en una esquina y no les hago caso, no los alimento. Mis complejos están famélicos. No hay mayor desprecio que no hacer aprecio, incluso a un complejo. Y quizá por eso ahora casi no tengo, pero no siempre ha sido así. Voy a hacer acopio de todos los que recuerdo que me han causado problemas de autoestima a lo largo de los años, que han crecido hasta ser obesos en mi ser, sobre todo durante la adolescencia. Cuando acabes de leerlos, ¿te atreves a listar los tuyos, a ver cómo han ido cambiando (creciendo o menguando) contigo? Venga, valiente, saca la caca de complejos que tengas dentro… Si salen, como los miedos, asustan menos, son menos complejos si los hablas.

Lista de mis complejos

Físicos

1. Pies anchos y feos, con juanetes, además de «pantobillos», pues de la pantorrilla al tobillo mi pierna tiene casi la misma anchura.
2. Nariz fea, porque se ve mucho el interior de los agujeros.

3. Boca torcida: los dientes no se alinean con la nariz ni con los labios.
4. Ojos pequeños, enanos. Y demasiado juntos.
5. Manos feas, rechonchas. En las fotos, nunca sé qué hacer con ellas.
6. Piel llena de rojeces, poros como bañeras. Vamos, como una guiri más.
7. Venas muy visibles a través de mi piel, se me ve como un mapa de ríos en el cuerpo.
8. Poco pelo, no me crece.
9. Ojeras alrededor de todo el ojo, como un puñetazo.
10. Tripa, desde que soy madre. Si me como una aceituna, tengo la tripa equivalente a un embarazo de tres meses. Si me zampo un cocido, estoy de cinco meses de golpe.

Psicológicos

1. Tonta o no tan lista.
2. Mala amiga.
3. Mala hija.
4. Mala hermana.
5. Mala cuñada.
6. Mala esposa.
7. Mala profesional.
8. Mala madre.

Todo yang tiene su yin. ¿No somos españolas? Pues nadie mejor que nosotras para dar la vuelta a esta tortilla de complejos. Venga, al igual que giras una tortilla de ocho huevos, con confianza y agilidad. Démosle la vuelta.

Cómo he dado la vuelta a mis complejos físicos

1. De adolescente, mirando muchas revistas, me di cuenta de que la *top* más *top*, Cindy Crawford, también tiene un buen tobillo, y que las sandalias escotadas lo disimulan superbién. Siempre pienso que al menos sé lo que no se me va a romper. Mis anclajes a la tierra. Mi base es fuerte, amigas.
2. Mi nariz es la perfecta mezcla del torcimiento de la de mi padre y de los orificios de mi madre, que también tenía mi querida abuela Cintia. Aunque sigue sin convencerme, he aprendido a apreciarla. Es la pieza central de mi cara. Si la cambiase, no me vería tan yo. Soy un homenaje viviente a mis ancestros.
3. Una gran amiga pintora me dijo una vez que era curioso cómo mis rasgos, totalmente torcidos, funcionaban. Según ella, había magia en mi perfecta imperfección. A veces la perfección aburre y la imperfección es más interesante, más atractiva. El atractivo envejece mejor que la belleza, mi gente.
4. Mis ojos tienen chispa. Da igual su tamaño, la chispa no se puede comprar. Además, es imposible de cambiar. ¿Para qué perder el tiempo sufriendo? Con maquillaje se pueden disimular los ojos pequeños y camuflar lo juntos que están, maquillando más el exterior que el interior.
5. Mis manos son megamaxisuperhábiles y lo hacen todo por mí. Me dan placer de mil maneras: cortando con tijeras, pintando, cocinando, acariciando o rascando mi piel. ¿Qué puñetas importa una mano, fea o no? Lo primordial es que funcionen, y las mías lo hacen genial.

6. Me cuido mucho la piel. Uso una crema verde que neutraliza las rojeces. Tener la piel viva es sinónimo de estarlo. Cuando fumaba, la tenía como gris, sin vida. ¡Vicio a la mierda!
7. No hay mucho que se pueda hacer con la lotería de piel que te toca. Cuídala, mímala y límpiala con ternura. Trátala bien y ella hará lo mismo contigo.
8. Nunca he podido tener el pelo largo porque, por su finura o calidad, se me rompe por los hombros, se despide del mundo y muere. Así que hace mil años abracé el pelo corto. Siempre tendré que llevarlo molón pero corto. En realidad es genial porque aporta más rollo que el largo. Digan lo que digan. Y mi pelo de caca fino me beneficia, porque tengo mucha maña con mis feas manos para entenderlo y sacarle chispas. Querría haber sido peluquera pero no me dejaron. Siempre será mi profesión frustrada.
9. Aprendí la Estrella de Oswald del color y me ayudó con mis ojeras moradas: primero he de neutralizarlas con amarillo, y después un poco de tapaojeras color melocotón.
10. Vivo con mi tripita. Cuando como más de una aceituna, me desabrocho el botón del pantalón. O sea, siempre.

Cómo he dado la vuelta a mis complejos psicológicos

Aunque parezcan menos complicados, creo que los complejos mentales son más difíciles de arreglar. Los pensamientos tóxicos sobre ti no te ayudan, no son constructivos, te destruyen. No llevan a ninguna parte, desde luego. Voy a darte un consejo para todos ellos, en especial si dices «Tengui» a alguno de los míos. Intenta evitarlos. Cuando los escuches, cuando te oigas pensando algo negativo del tipo «No valgo para nada, soy tonta, soy lo peor, soy mala persona, soy huraña, soy envidiosa» o lo que más odies de ti, recuerda hablarte en alto y por cada pensamiento de caca dite cuatro cosas bonitas en alto, a poder ser delante del espejo, físico o mental. Desde ya. Empieza ahora. Aquí os explico cómo he dado la vuelta a la tortilla mental de mis pensamientos asquerosamente negativos sobre mí:

1. **Lucho contra el complejo psicológico. Tardé treinta años en saber, gracias a mi terapeuta —sí, mi madre me lo ha dicho mil veces, pero a veces necesitas a alguien de terreno neutral para creértelo—, que soy muchas cosas, pero no tonta. Ahora sé con certeza que también soy muchas cosas buenas: buena persona, apañada, creativa, todoterreno...**
2. **No me siento mal por sentirme mal. Hay ratos que, con mi mente —al igual que me pasa con el cuerpo—, en los que me siento mal, pienso que no hago bien las cosas. Pero no siempre es así. A veces somos nuestros peores jueces, incluso censores. En ocasiones soy más dura conmigo que con los demás. Entonces intento hacer el ejercicio de pensar qué me diría mi abuela en ese momento, qué me**

> **aconsejaría, y oigo palabras llenas de amor, entendimiento, humor y algún guiño final. Eso me ayuda a ver mis complejos de mala con otros ojos, más comprensivos y empáticos hacia mí misma.**

Déjate de tanto amor propio impuesto como obligación, por decreto ley, que te exige que te quieras a cada minuto de cada día, cada centímetro de ti. No solo es imposible, es tóxico. Si lo intentas, te frustrarás al ver que es prácticamente impracticable.

La sociedad nos tiene fritas a base de pósteres positivos sobre empoderarte tú sola, sobre la magia de la maternidad y un continuo universo de unicornios con brillantina que se me atraganta. A las mujeres se nos trata como crías, en vez de como a M-U-J-E-R-E-S con todas sus letras ganadas con sangre, sudor y lágrimas.

La positividad infantil de los calendarios de Mr. Wonderful que nos venden puede resultar tan colorida como tóxica. La clásica frase «Venga, al mal tiempo buena cara» y todo ese mundo de corazones cargados de buen rollo puede convertirse en una trampa para nuestra salud mental.

Mr. Wonderful no tiene la culpa, es solo un atajo visual a todo el concepto de la psicología positiva que nació hace décadas cuando Martin Seligman la popularizó. Muchas personas con las mejores intenciones han adoptado este discurso optimista hasta malinterpretarlo. Las redes sociales son un perfecto ejemplo de ello, con ese escaparate donde nos evadimos y nos damos de bruces con la realidad al apagar el móvil.

Al estar saturadas de optimismo, se silencia parte de nuestra realidad. Al rechazar la existencia de ciertas emociones negativas, poco amigas de las redes sociales —tristeza, miedo, soledad, frustración, ira, ansiedad...—, se crea un estado de negación tóxico. Es una bola que se nos atraganta con un montón de sentimientos reprimidos porque no son «instagrameables», no son lo suficientemente optimistas para ser comunicados y mucho menos transitados y trabajados para ser digeridos. Mr. Wonderful no es tan *wonderful*.

Auténticamente falsa

Muchas veces he oído eso de «odio la falsedad», «no me gusta la gente falsa», pero por mi profesión tengo que ser un poco bruja y engañar. Ser presentadora implica ser genuinamente falsa. Más de una vez he estado trabajando codo con codo con alguien que no me cae bien y no se me puede notar. No sería profesional por mi parte. ¿Y qué hago? Si no soy auténtica, si no soy yo, no comunico igual. Es importante ser tú misma para llegar a la audiencia. Por tanto, si alguien te cae mal, no se puede notar, has de ser falsa, pero sin dejar de ser tú. Es un arte que creo que controlo bastante bien. **Ser auténticamente falsa**.

Se me da bien ser bruja. Es una mezcla entre «Dientes, dientes, que es lo que les jode» de la Pantoja con «Que no puedan contigo», con ser real, con ser tú, siempre. Por encima de todo y de todas. Fingir para trabajar está mal visto, tiene mala prensa porque supongo que está relacionado con el trabajo más antiguo del mundo. Pero mientras otros venden sus ideas o productos, yo vendo mi manera de comunicar clara, sencilla y natural, sin florituras, y eso casi siempre pasa por la sonrisa, natural o impostada. ¿Finjo ser feliz o sé impostarlo? Ya no veo la diferencia, la verdad. Cuando sonrío, pocos saben diferenciar la risa real de la falsa. Soy buena, la mejor. No soy una bruja, pero hago magia. Tengo pócimas potentes. Lo más importante para fingir mientras eres autentica es que te la resbale lo que piensen los demás. Si solo valoras la opinión de un puñado de personas escogidas con cuidado —y la tuya—, entonces, por arte de magia, te la trufa lo que opine el resto. Te la trufa de costado. Te importa un bledo, la verdad. Magia.

Debemos apostar por vivir en mayúsculas, con autenticidad, con valor. Y para ello debes trabajarte. Y, sí, claro, tu imagen también tiene valor, pero dejémosla de lado un momentito...

Pongámonos serias: ¿cuánto sabes sobre ti? ¿Has invertido el tiempo en conocerte? Piensa en tu comida favorita. La mía es la tortilla de patatas poco hecha con cebolla y ensalada verde con mucha cebolla o cualquier plato de cuchara. Aprende a identificar tus valores, lo que rige tu vida con coherencia. Es superimportante que sepas qué parte viene de ti y cuál te la han prestado o impuesto los demás. Si lo diferencias, darás el primer paso para vivir de una manera más auténtica.

Me costó mucho escoger qué estudiar porque no sabía a qué me quería dedicar. Tenía miedo de equivocarme con algo tan importante como la profesión. En ese momento de juventud pensaba que el trabajo me definiría. Ahora sé que no. No eres tu trabajo. Eres la persona que escoges ser cada día. La vida es movimiento. Cada día que pasa aprendemos cosas nuevas y evolucionamos.

Conocerte bien te permite aceptarte de manera completa, tanto lo que te llena de orgullo sobre ti —a mí, por ejemplo, se me da muy bien filtrar lo importante— como lo que querrías mejorar —en mi caso, mi paciencia—. Si hay algo de ti que te moleste, siempre será más fácil ponerle remedio si sabes cuáles son tus habilidades y de qué estás hecha, ergo, cuál es tu naturaleza.

Muchas veces vamos por la vida a la deriva, haciendo lo que otros quieren que hagamos, rigiéndonos por baremos ajenos, con la inseguridad de buscar siempre las respuestas fuera y sin plantearnos las preguntas importantes: ¿quién soy?, ¿qué quiero de la vida? Si no tienes las respuestas, quizá vivas con un descontento que se convierta en la raíz de tu pena, y encima no sabrás cómo atajarla. **Vivir de manera cada vez más auténtica es un trabajo diario, un proceso, no un instante.**

Hace unos diez años que cada Nochevieja deseo lo mismo: ser mejor persona. Intento ser fuerte para dejar ir y sabia para esperar lo que merezco. Eso es lo que quiero, serenidad para aceptar todo lo que no puedo cambiar, valor para lo que soy capaz de cambiar y sabiduría para entender la diferencia. Como los que van a Alcohólicos Anónimos y los que están en proceso de desintoxicación, quiero evadirme cada día un poco menos, vivir en el presente y buscar respuestas. Y eso no es de brujas, eso es de mujer lista que sabe lo que quiere, es de mujeres que rompen y rasgan sin miedo a conocerse.

Autoentrevístate

Es muy importante aprender a **estar sola**. Fundamental. Saber estar en tu compañía, serena. Si no estoy un rato sola al día, me echo de menos. Mi sombra y yo, al revés de lo que le pasa a Peter Pan, nos llevamos muy bien.

Entre chicas, hay muchas que no pueden ir ni al baño solas. Por eso de que una hace pis y las demás aplauden. Si viven cerca de la familia, van al médico, al banco y a hacer recados siempre en compañía. No saben ni quieren estar solas. No saben lo que se pierden. El concepto de «ti misma» puede ser difícil de desarrollar, en parte porque la identidad es dinámica. Cuando quieres conocer a alguien pasas tiempo con él o ella, ¿verdad? Pues lo mismo pasa contigo. Tómate un café. Pasa tiempo de calidad en tu compañía. Invierte trabajo en ti. Te prometo que siempre ganarás, nunca será una pérdida de tiempo.

Para escucharte con claridad debes seleccionar qué preguntas te vas a plantear. Aquí te propongo algunas que considero importantes:

- **¿Para quién vives?**
- **¿Vives para el escaparate o vives para ti?**
- **¿Tus elecciones reflejan tus intereses o los de otros?**
- **¿Aceptas propuestas por hacer felices a los demás?**
- **¿Cuáles son tus capacidades?**
- **¿Y son tus valores?**
- **¿Los respetas?**
- **¿Qué te hace feliz?**

A más de una os costará responder. Es normal. Esta materia no se nos enseña en el cole, y deberían. Hay más desenfoque en nosotras del que imaginamos. Nos sumimos en el lado borroso de la vida. Encontrar el sentido de una misma es una tarea escurridiza, pero no tener clara tu identidad es más común de lo que piensas.

Seguro que tú, como yo, conoces a bastantes personas que consideras camaleones sociales. Gente que se camufla y cambia según con quién esté. Estar siempre mutando para intentar pertenecer allá donde vas debe de ser agotador...

La necesidad de ser una más entre «La Masa de Mujeres» es real. Formar parte del grupo funciona como lubricante en edades difíciles para nosotras mientras nos construimos como personas: durante la niñez, la adolescencia o incluso en la juventud adulta. Es normal y necesario formar parte de la cuadrilla de amigas. En esa época tan chunga tiene su función esconderse entre la gente para estar cómoda, camuflarse o, al menos, sentirte algo menos incómoda con tu existencia. Ser social y parte de «La Masa» engrasa las relaciones contigo misma hasta que tu identidad se forma del todo.

Se parece al fenómeno anglosajón del «*puppy fat*», «grasa de cachorro», que se produce durante las fases de crecimiento. Se caracteriza por esos mofletes que todas las amigas de tu madre apachurran. En el crecimiento se van alternando fases a medida que creces: fase grasa, fase crecimiento, fase grasa, y de nuevo estirón y así sucesivamente. Entonces llega la pubertad y te hinchas por fuera para formarte por dentro. Durante la edad del pavo todos tenemos la nariz muy hinchada, mientras se moldea su forma final adulta. Esa grasa desaparece cuando dejamos de ser cachorros, pero te ayuda y aúpa hasta que te conviertes en un ser humano adulto. La grasa de cachorro actual es como una crisálida. «La Masa» hace lo mismo, pero una vez crecidita hay que formarse como individua.

La **individualización** es el proceso mediante el cual desarrollas tu sentido único de ti misma, tu identidad, y suele comenzar en la infancia, la manera en la que te presentas al mundo, y lo que te diferencia de las demás. Eso es lo que describe nuestra manera única e individual de ser. Para llegar a ser individuos con criterio propio, los niños y las niñas deben tener el espacio necesario para explorar, aprender y expresar sus deseos y necesidades. Sin miedo ni vergüenza, es importante que los validemos.

Valídate: pon tus valores sobre el tapete de la vida

Buscar y encontrar tus valores es ultraimportante. Son los cimientos de ti, las bases de la construcción de tu nueva estima. Nunca te arrepentirás de estudiarte para conocerte y saber qué valoras en ti, y eso se traslada a los demás. No es perder el tiempo, es invertirlo en ti. Porque **es de listas alinear lo que valores con quién te rodeas**.

Define tus valores, en qué crees. Busca **TU BAREMO**. Te ayudará a crear límites en tu vida. Tus valores son el «esto sí, esto no» de la vida para crear tu propio equilibrio. Si crees en la honestidad no puedes estar con alguien que mienta. No hace falta que enumeres y encuentres todos tus valores a la vez, pero ve haciendo acopio de ellos. La vida te suele enseñar qué es importante para ti, pero debes estar atenta. Nada más.

Los valores de la Llasera

Pienso que si no tuviese familia ni nada material, si solo fuera yo... ¿Qué no querría perder nunca?

- Mi respeto hacia mí misma y mi palabra. El **respeto** también por los demás, animales incluidos. Intento rodearme de gente que me respeta y valora mis límites. Debe haber respeto, sobre todo cuando no estemos de acuerdo en algo.
- Que **mi palabra** sea verdadera es muy importante para mí. Salí muchos años con un chico iraní, refugiado en Suecia. Siempre

tenía muy claro que lo primero era ser una persona de palabra. De él aprendí que es primordial que cumplas tus promesas. Es importante para ti y para los que te rodean. Han de saber que pueden confiar en ti. Tu palabra es sagrada y eso es muy importante. Ser una persona de fiar es vital.

- Mi madre me enseñó a reírme de todo, pero ante todo de mí misma, aprender a «hacer el gamba», a tomarme la vida con **humor**, porque casi todo es gracioso si sabes darle la vuelta. Para mí, lo más importante es no tomarme demasiado en serio, en serio 😄. Saber reírme de mí es fundamental para mi salud mental y para sentirme humana. Cuando tengo un reto que no me sale, si no me río mal voy. Y siempre saco el lado gracioso a casi todo. Es un don. No me gusta la gente que no sabe reírse de sí misma. No me va.
- Desde pequeña, mi madre me ha tildado de mentirosa. No me cabe duda de que lo he sido, incluso llegué a decir en el cole que en casa tenía cachorros de perro rosas y azules. Pero era más «Marifantasías» que mentirosa, mentirosilla, contando mentiras blancas, tontadas. Hoy valoro mucho la **sinceridad y la transparencia,** y siempre intento ser lo más clara y veraz que puedo. También es algo que valoro mucho en la gente que me rodea. Con la fama te llegan personas interesadas que solo quieren dorarte la píldora, y a veces es difícil distinguir quién es sincero y quién no. Quizá por eso lo valoro más que antes.
- Mi padre tiene muchísimo **sentido común,** pero rollo Obélix. De pequeño debió de caerse en la marmita del sentido común porque no es normal lo bien amueblada que tiene la cabeza. Crecer y ser educada por una persona tan cabal te programa para la lógica de manera aplastante. Quizá por eso valoro muchísimo la falta de tonterías, lo práctico y pragmático en todos los sentidos vitales.

- Ser **todoterreno** me viene de mi abuela. Ella siempre decía que una mujer debía saber estar en todas las situaciones. Con una educación 360°, lo mismo podrías tomar el té con la reina de Inglaterra —recordemos que soy inglesa— que limpiar cacas de las aceras sin que se te caigan los anillos. Con la cara bien alta. Esa era una **buena educación** para ella. Saber estar en cualquier situación. Y ahora se lo agradezco a diario, porque sé que puedo estar en cualquier situación, sé estar, conversar...
- La **generosidad** la he heredado —o la tengo en común, como quieras verlo— de mi abuelo Jo, la persona más generosa del mundo. Siempre he pensado que es el rasgo más bonito que se puede expresar: la bondad de dar sin esperar recibir nada a cambio. Practico la generosidad desde siempre y para siempre.
- No puedo olvidarme de la **tolerancia**, hacia mí primero, pero también hacia todo aquel que sea distinto a mí. ¿Te imaginas qué rollo rodearte siempre de gente que piense y sea igual que tú? Receta para el aburrimiento asegurado.
- Intento también **sumar**. Quien me conoce lo sabe. Y ser **positiva**, ver el vaso medio lleno. Trabajo por ser maja con todo el mundo, creo que nunca sobra. Me esfuerzo por tener **empatía** siempre, ponerme en el lugar de los demás para entender lo que se siente desde fuera.
- Siempre intento **tomar mis propias decisiones**, elecciones que sumen, que nutran mi bienestar y el de los que me rodean. Si tienes hijos y pareja como yo, está guay que los tengamos en cuenta antes de decidir algo, pero también es vital saber que, si no estoy satisfecha, mis necesidades no se están teniendo en cuenta y tendré menos que ofrecer. Si, valga la redundancia, tomar decisiones grandes te viene grande, empieza por lo pequeño. Elegir el pan, una película o un libro también es decidir, amiga.

- Y por favor, **inteligencia emocional**. Tengamos en cuenta que pedir consejo no es malo ni está prohibido. Es supersano, incluso de sabias, hablar de decisiones difíciles con gente en la que confías. Lo importante es que hagas lo que mejor te vaya a ti, digan lo que digan.

FILTRANDO RÍOS, CONSTRUYENDO PUENTES

Cada temporada, las revistas nos hablan de esos «imprescindibles» que no pueden faltar en tu vida. Te sugiero que hagas lo mismo con las personas. Con tu gente. Crea una red de seguridad que te proteja si caes —que caerás— y ayuda siempre sumando a las redes de las que formes parte.

Como dice Anaïs Peces, mi amiga primero y antigua jefa después, en ese orden, hay que procurar «hacer mejor la vida de las que están en mi metro cuadrado», es decir, de las mujeres de tu alrededor a las que podemos ayudar.

La relación más importante que mantendrás en toda tu vida será contigo misma, sí, pero las dos relaciones que más impactan en nosotras suelen ser nuestros padres o nuestras cuidadoras o cuidadores primarios. Vi un documental muy ilustrativo sobre la infancia en el que explicaban que tu primer amor como bebé es, lógicamente, tu madre por motivos obvios y vínculos primitivos. Pero el trabajo de un padre es enseñar al bebé que existe más mundo fuera del abrazo de su madre. Nos abren al mundo. ¿Es bonito, no? Lo encuentro muy tierno. Obviamente, en el caso de tener unos padres así. Si tienes otro formato familiar es igual de válido, pero lo importante es recibir amor y comprensión, sea de quien sea. Las relaciones con tus cuidadores marcan un precedente en tooodas las relaciones que tendrás a lo largo de tu vida. Y son muchas. No solo contigo, sino con parejas, amigos, y todo su eterno etcétera.

Be water, my friend

Nunca entendí lo de beber mucha agua para evitar la retención de líquidos hasta que una amiga me lo explicó como si tuviese seis años: «Las mujeres somos como los ríos —me dijo—. La contaminación se atasca con la falta de cauce. Hay que aumentar el nivel de agua para que la toxicidad fluya y se vaya». Adiós a los agentes contaminantes del cuerpo. Adiós a la retención de líquidos.

Encuentro en esta explicación una magnífica metáfora para hacer un cambio importante: **filtrar amistades**, ahogar las voces que no me hacen bien. Es como si las opiniones sobre mí fuesen basura atascada que necesita que aumente el caudal de mi persona para tirarlas por el retrete mental. Hay personas tóxicas en tu familia, entre amigos y conocidos. Esa portera que siempre comenta tu peso como si fueses un cochinillo listo para la matanza de Navidad. Esa amiga que te llama «gordi» y en el mismo aliento te pide que le pases la fuente de patatas fritas mientras mastica. Esa madre que te organiza la vida y lo hace «por tu bien», te dice cosas «por tu salud», pero sin pedirte permiso. Es como el despotismo ilustrado: todo por el pueblo, pero sin el pueblo. Todo por ti, pero sin contar contigo.

Be water, my friend, fluye con la vida. Si algo tenemos las mujeres es cadera. Cadera para bailar lo que venga. Somos como el agua: frías como el hielo, dulces o saladas, con corrientes submarinas o aguas cristalinas, inofensivas como un arroyo... Pero cuidado con el tsunami. Cambiamos de un estado a otro en un pestañeo. Fluimos entre menstruaciones, sofocos tanto de embarazo como menopáusicos, síndromes premenstruales, y un largo etcétera.

Fuera de lo biológico bailamos el agua a quien toque: suegros y suegras, cuñados y cuñadas, madres y padres, jefes, vecinos, amigos de amigos, etc. Somos maleables, dúctiles, versátiles. ¿Por qué hemos de tener miedo a algo que se nos da tan bien? **Las mujeres somos cambio.** Nos pasamos la vida cambiando. Y ningún cambio tiene que estar tallado en piedra. Los cambios no son para siempre. Los cambios cambian. No tengamos miedo a cambiar. Y menos cuando los cambios necesarios son para nuestro bien. Ánimo, valientes. Vamos a tirarnos de cabeza con triple tirabuzón a las aguas profundas y oscuras del cambio necesario.

El amor propio debe ser flexible y amoldarse. Hoy puedes quererte tal como eres, pero mañana, y más siendo mujer, serás otra y deberás ajustar y adaptar tu amor propio a todas tus tús.

Desaprender lo aprendido es más difícil que aprender algo nuevo, pero merece la pena editar tu vida, te lo requeteprometo. De nuestras familias y gente cercana aprendemos a vivir, a tratarnos los unos a los otros o a ti misma. Pero no siempre lo aprendido te beneficia. Tú eres el número 1, así que piensa qué es lo que no te ayuda a evolucionar. Con delicadeza, intenta probar caminos alternativos.

Mantenemos relaciones tóxicas con nosotras mismas, con amigas, incluso con la familia. Madres, hermanas, tías o madrinas que te hacen sentir mal, te dicen o tratan de manera que te sientes una mierda. Te quitan la energía y no suman, más bien restan. Si tienes a alguien así a tu alrededor te recomiendo que minimices tu exposición. Habla con sinceridad y tacto con esa persona para que sepa que tal palabra, tal conducta suya, te afecta, y no para bien. Dile que necesitas verla o tratarla un poco menos por tu bien. Si te quiere lo entenderá, aunque le duela.

Hay una gran amiga a la que adoro que me hacía mucho daño llamándome «gorda» cada vez que nos veíamos. Empecé a quedar menos con ella para evitar el dolor. Un día me armé de valor y la invité a comer debajo de su casa. Me temblaban las manos y tenía sudores fríos porque la quiero muchísimo, más de lo que ella cree. Mi plan era decirle que ya no podía soportarlo más. Después de muchos ensayos, lo que me salió por la boca fue: «Tía, sabes que España entera, mis *haters*, las redes y quien sea puede llamarme gorda y me da igual, me la trufa de verdad, ¿eh? Pero si me lo dices tú me duele como si me rompiera por dentro. No sé por qué, pero tú, que nos conocemos desde la cuna, has de tener, por favor, cuidado con no herirme. Que tú me llames gorda me mata». Su cara fue de sorpresa total. Es una tía lista y, como me conoce, enseguida vio que se lo estaba diciendo en serio. Le estaba pidiendo a gritos silenciosos a la que toda la vida había sido mi mejor amiga que frenase con la gordofobia inconsciente que me procesaba. Me dijo, y la creo, que no era consciente de haberme llamado gorda. Que lo sentía.

Creo que ambas, pero sobre todo yo, sentí un alivio épico, una especie de borrachera emocional por haber guardado algo tan aparentemente tonto, pero que tenía tanto peso en mí en ese momento. Desde entonces, la relación ha vuelto a ser sincera, aunque no nos vemos tanto como antes. La vida y la maternidad tienen más culpa que nosotras. A veces hay que ser sincera con la gente que amas y que tiene comportamientos tóxicos contigo. En su caso, no era consciente de que 1, lo hacía y 2, me afectaba. Desde entonces no ha vuelto a ocurrir, lo cual le agradezco. Ahora me siento lenta por no habérselo dicho antes.

Es importante saber decir que no a las relaciones que nos dañan y que no nos aportan. Y, por supuesto, no confundir la discrepancia (que está bien) con la falta de empatía (que no lo está). Hay relaciones que tendrían que irse por el váter, con bomba de caca.

Be aceite, *my friend*

Cuando alguien te insulta o te falta al respeto, la reacción es una respuesta reactiva visceral, acción-reacción. Sin ponderar lo mínimo. Las respuestas son contestaciones pensadas, masticadas. Eso es lo que busco cuando los *haters* me escupen veneno. Respondo, no reacciono.

Mi estupenda abuela, que era actriz y estaba muy acostumbrada al *hate* de los críticos teatrales y de la gente envidiosa de su enorme chispa e indiscutible talento, siempre decía: «*Rise above it*». La traducción me la dio una seguidora. Resulta que su abuela también lo decía, pero en español: «Tú, como el aceite, siempre flotando por encima». Deja que el caldo se haga con los huesos de otro. Tú encima, arriba; no bajes al barro. Eso era lo que nos querían decir nuestras abuelas. Porque en el momento en que alguien se pone faltón o faltona, se retrata. Hay otra gran verdad española: **«No hay mayor desprecio que no hacer aprecio»**. No hay nada que dé más rabia que ser ignorado. Tu pataleta te la comes tú, vaya. Intenta no bajar al barro. No merece la pena. La única que se hace daño eres tú.

Con el tiempo, esta lección de mi abuela me ha servido muchísimo. Cada comentario de odio en redes sociales, cada escupitajo a la cara en forma de «Con lo guapa que eres de cara...» o cada deseo de muerte o insulto —me ha caído de todo—, los he cogido como la dueña de un perro que hace caca por la calle: no me bajo los pantalones para hacer caca con ellos, sino que, muy digna, me pongo una bolsa del revés en la mano, cojo su caquita de insulto y la tiro a la basura de la vida: al olvido. Donde tiene que estar.

Hay veces que quiero contestar y revolcarme en la mierda como una marrana, pero no me lo permito, al menos no sin un chubasquero de elegancia. Jamás con una palabra malsonante. Es posible arrastrar a alguien por el barro sin mancharte, como demuestro casi cada día en mis redes. Y en cuanto a la gente que tiene el valor de decírtelo a la cara, sonrío y me voy. No les daré más munición. Respondo o no, pero nunca reacciono.

Piel de foca

Allá en 2014, cuando estallaron mis polémicos kilos en prensa, un *hater* me llamó ballena y otro foca por mi evidente cambio de peso. Pesados ellos, lo sé. Y es lo que les dije: «Al menos lo mío tiene solución…». Desde ese momento acuñé lo que llamo con cariño mi «piel de foca». Tal y como la veo en mi cabeza es como un **«Déjales que hablen, bien o mal, pero que a ti te rebote»**. Y sí, mi piel no es infalible, tiene grietas y fisuras, pero el 99 % del tiempo me rebotan las opiniones ajenas. Soy la única que puedo dar permiso a alguien ajeno a mí a hacerme daño o a ponerme tierna. La vulnerabilidad tiene *on* y *off*, y no la enciendo con todo el mundo.

Me expongo mucho en redes. Si algo he aprendido en mi trabajo es que hay mucho idiota suelto entre gente maravillosa. Los que hacen pupa suele ser porque ellos tuvieron y tienen dolor en su vida e intentan trasladarte su ponzoña. Y no me da la gana de darles permiso para hacérmelo a mí. No, gracias. Ahí se queda tu caca. El ciclo de dolor acaba en mi piel de foca. No dejo que ese odio penetre en mí. Lo siento. Rebota y en tu culo explota.

Al final, la vida es como un parque infantil: los criticones son niños no validados, y no seré yo quien les otorgue esa validez haciendo caso a sus comentarios. Oh, no, estoy demasiado ocupada cuidando y limpiando mi propia y metafórica piel de foca, gracias. Espero que hagas lo mismo. No merecen tus lágrimas ni tu dolor. Llora y sufre por algo que merezca la pena, no por alguien que se dedica a escupir veneno a diario para sentirse mejor.

Biip, biip, construcción en marcha...

Gran parte del cambio necesario entre las mujeres se centra en sustituir la destrucción a la que nos sometemos entre nosotras por la construcción. A la mayoría nos han inculcado la comparación y la competición entre chicas a todos los niveles. Y la hermandad de la tribu, la sororidad o como quieras llamarla, pasa por construir puentes entre nosotras, atarnos con lazos de bondad y comprensión a todos los niveles. **Menos destrucción y más construcción, hermanas.**[18]

18. «A diferencia de los edificios, cuyo diseño está dirigido por los arquitectos, los puentes suelen ser diseñados por ingenieros. Esto se debe a la importancia de los requisitos de ingeniería, es decir, **salvar el obstáculo y tener la durabilidad necesaria para sobrevivir, con un mantenimiento mínimo, en un entorno exterior agresivo**» (<*https://es.wikipedia.org/wiki/Puente*>). Creo que queda claro a lo que me refiero, ¿no? Las negritas son mías y dan pistas...

Una de las primeras cosas obligatorias, un *must* si quieres llamarlo así, es que no te compares con modelos, actrices... Es absurdo, es vivir en la ficción, y siempre saldrás perdiendo. Deja de compararte. Puedes seguir haciéndolo, porque es necesario para avanzar, pero solo contigo. Me explico: la única comparación que deberíamos hacer todas debería ser con nuestro yo del pasado, la Tania de hace seis meses, o la de hace seis años. Esa comparativa es sana. De ese modo podrás medir cuánto has evolucionado. Pero tu rasero con nadie más, amiga mía. Nadie. **Admite tu realidad.**

La comparación es prima hermana de la competición, y la vida no es una carrera. Si queremos cambiar, dejemos de competir entre nosotras. **Consejito de Tania: cambia la competición por la apreciación.** En vez de estar siempre compitiendo con tu vecina, por decir algo —que si tiene un coche mejor, más seguidores, sus hijos son más educados... O Dios me libre, si su marido es más detallista o más guapo que el tuyo—, limítate a apreciarlo. Díselo y le quitarás hierro. Por ejemplo, muchas veces, andando por la calle, me topo con una chica con un estilazo imponente. Igual otra mujer la miraría de arriba abajo, se compararía con ella y se vendría abajo, o la criticaría por envidia. Yo no. Me acerco y le digo: «Tía, menudo estilazo tienes». Ella, por supuesto, siempre sonríe y da las gracias. A veces incluso rebota el amor que le das y aprecia algo sobre ti. Y es que las cosas buenas hay que decirlas. Y más entre nosotras. **¡Abajo la comparación y la competición entre nosotras y arriba con la apreciación!**

El secreto de mi éxito

Tu definición de éxito o fracaso no puede venir del exterior. Hay diferentes tipos de triunfo y todos son válidos. No es mejor aspirar a ser rica o famosa que a sacarse una oposición para convertirse en empleada pública. No es mejor querer ser madre que no desearlo. No es mejor tener una talla 34 que una 42. No es mejor una nariz chata que una aguileña. No es mejor conducir un BMW que un Seat, ni es mejor ser rubia que morena. No es mejor jugar al pádel que al golf. No es mejor el que puede permitirse el gimnasio que quien entrena con vídeos gratis por internet. No es mejor quien se divorcia que quien sigue casada, ni al revés. No es mejor quien es elocuente que quien no lo es. No es mejor persona la que lo parece. Deja de intentar complacer a los demás siendo la mejor. **Sé tú, y a quien no le guste, pues mejor... Adiós.**

ESTILO LIBRE: ENCANTADA DE CONOCERME

«Ay, mira esa, está encantada de conocerse...» se usa para tildar a una mujer creída, soberbia, con aires... Engreída, vaya. Pues yo estoy encantada de conocerme, pero de verdad. No hay nada que facilite más navegar la vida que conocerse por dentro y por fuera. Invertir ese tiempo en ti es un privilegio y una necesidad a la vez.

Me siento libre de encontrar el estilo que me funciona para trabajarme y llegar a ser la persona que quiero. Espero que tú también te sientas libre de encontrar tu estilo para estar encantada de conocerte. En realidad, la matemática de la vida es más sencilla de lo que la hacemos: se trata de sumar sonrisas y carcajadas, y llevar lo más dignamente posible los días de mierda y la caca de la vida, que también la hay. No hay más.

Evolucionar es un esfuerzo diario, un proceso que nunca termina. Nada es definitivo. Es agotador, pero merece la pena. Hoy estoy encantada de abrazar cada centímetro de mí, cicatrices y granos, lo que soy, lo que hay, ni más ni menos. No pretendo ser ejemplo de nada, solo vivir mi vida y habitar mi piel a gusto. No siempre ha sido así, pero, por favor, entérese el mundo entero: me gusto, me caigo bien, soy buena gente. Mi cuerpo es mío, de nadie más. Me pertenece, y su mantenimiento y cuidado son cosa mía. Punto pelota.

Sé que siempre hablarán bien y mal. Sé que no hay nada que pueda hacer porque vivimos en una sociedad que fomenta que comentemos el cuerpo ajeno, el físico de otra persona. Encima, por mi trabajo y mi personalidad, me expongo. El precio, lo sé, es que comenten todo lo que hago o dejo de hacer. Pero solo yo sé lo que hay aquí dentro, en mi alma, y aquí soy bella, sin que nadie me lo diga. Os quiero y os deseo la misma tranquilidad en la que yo habito. Sed felices con lo que hay, que es mucho. Confiemos más en nosotras, en nuestra capacidad de encontrar respuestas a nuestras preguntas.

Nuestra exigencia con nosotras mismas es siempre *heavy*, y daría para una ponencia enterita. Enterémonos de una vez por todas que la validación de «Tía, Tania, eres válida» solo te la puedes dar tú. Cierra los ojos y sé consciente de tu respiración. Es tuya. Sonríe y háblate bonito, porque está demostrado que el cuerpo responde a tus estímulos de manera celular. **Confía en ti.** Si te escuchas, te puedes aconsejar, porque eres la que mejor te conoce. Eres el testigo interior de ti misma. Averigua qué valoras y lo que tenga que ser, será. Y bienvenido sea, porque será coherente con tu manera de ser.

Conviértete en persona vitamina

Mi gran amiga Mayra me dice que soy su «medicina con patas». Afirma que le hago mucho bien, que respeto sus silencios y solo le digo eso de: «Estoy aquí si quieres hablar, si no, no pasa nada». Nunca la fuerzo.

El día que recibió muy malas noticias le regalé un pintalabios rosa ideal para que sonriera a la vida. Una mañana que estaba muy nerviosa por algo, le llevé unas gafas para que cuando le hicieran preguntas complicadas se acordase de mí, usase el dedo corazón para subirse las gafas y dijese un «*fuck you*» implícito. En casa todo bien, gracias. Cuando decidió dejarse canas, por lo visto fui la única que nunca le aconsejó que volviera a teñirse. Dice que la apoyé dándole mil ideas para pasar de la transición a canosa. Consigo que se ría de sus dramas e intento escucharla al máximo. Dedicarle toda mi atención es una forma de ofrecerle todo el amor que tengo y darle la vuelta al problema. Casi siempre se puede ver el lado positivo. Durante la pandemia estuvo muy malita, aislada durante cincuenta y dos días en un cuarto sin luz ni tele. En sus momentos de pánico extremo solo quería oír mi voz... Dice que le doy paz. Y le daba consejos extraños que funcionaban, como abrázate en la ducha, tócate la piel, dite que todo saldrá bien. Estoy aquí, no estás sola. **Cuando das la vuelta a tu vida y te sientes bien, puedes generar luz en los demás.**

Mi vitamina es **VITANIA**: vitamina de Tania. Ya no solo sumo, sino que intento multiplicar lo que tengo para dar siempre al resto.

Odio el verbo «empoderar». Es otro de los que se han desgastado de tanto usarlo. Prefiero pensar en lo que realmente significa, es decir, en buscar y encontrar qué te hace sentir poderosa, qué te llena de poder. En cuanto lo encuentras, nadie puede quitártelo. La buena noticia es que es tuyo. Busca de manera activa y encuentra qué te enciende por dentro para que, entre todas, llenemos el mundo de luz. Cómo dije en mi charla TED, «El peso de la fama»,[19] y

19.< *https://www.ted.com/talks/tania_llasera_el_peso_de_la_fama/up-next*>.

defiendo a diario: **«No apagues la luz de otra, hay luz para todas. Brilla como solo tú sabes hacerlo»**.

Deja de intentar complacer a todo el mundo. ¿Qué quieres TÚ?

4

Ser o no ser...

Esa es la cuestión

«La mujer es un círculo completo. En ella misma tiene el poder de crear, de nutrir y de transformar.»

DIANE MARIECHILD

AY MAMÁ
Rigoberta Bandini

LA DECISIÓN

Antes o después, «la decisión» que todas debemos tomar es si queremos o no ser madres. 2B OR NOT 2B. Y sí, esa es la cuestión. No es casualidad que una película cuyo título significa 'útero' o ´matriz' —sí, sí, hablo de *Matrix*— deje «la decisión» tan clara en su argumento: **¿pastilla roja o azul?** Ambas pastillas, ambos viajes igualmente respetables, son sin retorno. Elijamos la azul o la roja, este viaje de *mater* o *no mater,* nos transformará. Habrá una brecha entre la mujer antes de tomar «la decisión» y la que será después, **una grieta entre tu AM (Antes de ser Madre) y tu DM (Después de ser Madre).** Elijas lo que elijas, no eres peor, porque no existe una buena manera de ser mujer.

Socialmente, en cambio, parece que en esta dicotomía hay una opción buena y otra mala. Las mujeres (y ni siquiera todas) tenemos la capacidad de dar vida, de perpetuar la especie o de acabar con una dinastía. Eso hace que se interprete que el deseo de ser madres sea inherente a nosotras. *Spoiler*: no siempre es así. Por tanto, nadie debería hacernos sentir en la obligación de justificar la decisión que hemos tomado sobre cómo vivir nuestra vida. Y lo dice una que, como bien sabéis, optó por la decisión tradicional: soy mamá.

Seguro que te suena esta pregunta: «**¿Y para cuándo l@s hij@s?**». Te lo espetan las tías, las primas, las vecinas y las conocidas, muchas veces sin mirarte a los ojos. Si eres mujer en edad reproductiva, sabrás que **ser o no ser mamá** es la pregunta del millón. De manera colectiva te taladran con ella. Esto, por supuesto, tiene consecuencias. Nada divide tanto a las mujeres como tener o no hij@s.

No hay nada que te rompa más que la maternidad. Bueno, sí, perdón: querer ser madre y no poder. La maternidad o la falta de ella puede romperte el corazón. En esto, como en cualquier otro aspecto de la vida, por favor, tened empatía, no juzguéis, no deis lecciones, no queráis que el resto haga lo que os parezca mejor. No pongáis a las personas en un aprieto cuando no tengáis todos los datos. Paraos a pensar si podéis hacer daño al plantear una cuestión en apariencia tan sencilla y tan rematadamente complicada en lo personal. «La decisión» es tuya. De nadie más.

Pastilla azul: no ser madre

Enteraos bien, NO QUIERO HIJ@S. No se es menos mujer por no ser madre. NUNCA. No hay una buena o mala manera de vivir la feminidad. Sobre todo después de cierta edad, cuando se te presuponen ciertas casillas «correctas» satisfechas. Lo único que debes satisfacer, querida mía, es tu propia satisfacción. Nada más y, desde luego, nada menos.

Debe ser absolutamente agotador tener que estar siempre dando explicaciones a todos tus familiares y conocidos. Miras al cielo cada vez que te preguntan: «¿Y no quieres ser madre?», «¿Los niños para cuándo?». Y te hablan de arroz que se pasa y del tictac del reloj biológico. Y se convierte en una pesadilla para muchas mujeres que tienen claro que **NO QUIEREN SER MADRES**.

Cuando una mujer llega a la conclusión de que la maternidad no va con ella, lo hace desde la libertad. ¿Crees acaso que va a cambiar de idea solo por la opinión de los demás? ¿No sería mejor ahorrarse la charla y dejar que cada una haga lo que quiera con su vida?

Os confieso algo: **desde que soy madre, entiendo muchísimo mejor a las mujeres que eligen no serlo**. Los niños son 24/7, no se pueden guardar en un armario, no se les puede quitar la pila o silenciarlos con un botón. No hay vuelta atrás. Si tienes hijos, eres su madre. Y madre no hay más que una. Y por los siglos de los siglos, amén. A ver si pensáis que lo de ser madre se acaba cuando dejan el nido... Si es duro —durísimo— habiendo deseado y buscado con fervor tener hijos,, no me quiero imaginar lo que debe sentir una mujer que se convirtió en madre sin sentir «la llamada» o sin haberlo elegido. Ser madre no es una decisión que se tome a la ligera. **Respetemos a las que deciden no ser madres, porque es de valientes saber lo que quieres y lo que no.**

Piensa en la aplicación de fotos de tu teléfono. En la mía guardo sobre todo fotos de mis hijos, obviamente, porque son gran parte de mi vida, y selfis (muchos con mis hijos), vídeos y capturas de mis estadísticas de IG para el trabajo. Puede que tengas mil fotos de deporte, horticultura, platos, gafas, zapatos, manualidades, costura, recetas o quién sabe qué. Las elecciones no son ni mejores ni peores, son distintas. Tu vida y tus elecciones son tuyas.

Todas optimizamos nuestras vidas según nuestras circunstancias: personalidad, estilo, traumas, ambiciones, luchas y deseos. Debemos buscar nuestro equilibrio personal y eso, querida, es muy personal (valga la redundancia). Por tanto, nadie puede decirte si está bien o mal. Solo tú. Así que celébrate y felicita siempre a cualquier mujer que haya tenido los ovarios de escoger qué es importante para ella. Viajar o reproducirse es igual de válido. Celebremos que llevamos el volante de nuestra vida: muchas mujeres no tienen ese lujo, aunque la libertad de elegir nuestro destino debería ser un derecho universal. ¿Una utopía? Eso no.

Pastilla roja: ser madre

Tomas la decisión de tragarte la pastilla roja y esta te arroja por el túnel a la caza del conejo. Y, ¡anda! Llega la fase divertida. Si la haces a la antigua usanza —los viajes a clínica de fertilidad no son tan entretenidos—, buscas convertirte en madre, y para ello subes el pompis a una almohada y pones las piernas en alto hasta que se quedan sin sangre. Es imposible imaginar lo que te deparará esta ruta más allá de ambos pies dormidos por falta de riego. Es un viaje sin retorno que te cambia. Dile adiós a la mujer que eras, con tiempo para ir al baño sola. Aquella etapa en la que tu cuerpo era tuyo y solo tuyo llega a su fin. Buen viaje.

En mi cuadrilla de amigas somos trece, de las cuales tres no tienen hijos por elección, seis los hemos tenido sin ayuda externa, una adoptó una niña y tres tuvieron hijos gracias a las clínicas de fertilidad. He visto distintos viajes a la maternidad y a la no maternidad. Y ninguno es fácil.

Creo que no hay nada más bipolar que ser madre: frío y calor cada día en mis sentimientos. **Me apasionan mis hij@s, pero a ratos me aburre soberanamente.** La teoría de la relatividad temporal debió de escribirla una madre, porque los días pasan lentos y los años volando. Y no sabes cómo, pasa el tiempo y siempre piensas que no le has sacado suficiente jugo, siempre te parece que te faltan ratos con tus hij@s. **Admito que mi maternidad va de la mano de la culpa y está sometida al yugo del M-I-E-D-O.** Es un mundo de fantasía y pesadillas entrelazadas, tan agotador como precioso. Y muy difícil de explicar, pero allá voy...

No hay dos maternidades iguales porque no hay dos personas iguales, pero tampoco dos hij@s iguales. Y la mejor maternidad, para mí, es la que se adapta a cada hij@. Los días con niños pasan lentos, pero los años, literalmente, vuelan. Te preguntas qué tipo de adultos serán tus hij@s, pero para ti siempre serán tus bebés. Lo que más echarás de menos es lo que más loca te vuelve ahora. Necesitas un rato sin ellos, pero cuando por fin estás sola en tu habitación de hotel, los añoras. Ser madre es un ejercicio de masoquismo profundo. Lloras rota de cansancio y de plenitud cuando tienes a tus hijos en los brazos. Es lo que hay. No tienes ni idea de lo que haces pero es lo que deberías estar haciendo. Te sientes sola, pero sabes que hay millones de madres sintiendo lo mismo. **No te engañes, no estás sola.**

La maternidad tiene la fuerza de un tsunami, arrasa por donde pasa y nos deja arrastrándonos por la orilla, perdidas, diluidas. A mí se me olvidó quién era yo y qué buscaba en la vida. De sopetón, te colocan a tu bebé en brazos y dejas de ser la número 1 para ti. Aunque no para siempre, solo hasta que pueda valerse por sí mismo, al menos en teoría.

Ojalá la maternidad viniese con libro de instrucciones. Por si aún no sois madres, pero queréis serlo, y no lo sabéis, voy a daros el mayor secreto de las madres: **no tenemos ni idea de lo que estamos haciendo**. Ni la más remota. Hacemos lo que buenamente podemos y punto.

MI MATERNIDAD

Voy a hablaros de ser madre sin mentiras.

Nos venden una maternidad fantástica, una pura fantasía que luego se convierte en bofetadas de realidad. Os haré un mapa de mi maternidad y, con total sinceridad, escribiré sobre las luces y las sombras de mis dos reproducciones. La brecha del **melonazo reproductivo** que abro aquí es la batalla interna entre la madre y la trabajadora que soy, cegada por la venda de la invisible carga que, entre malabarismos, te lleva a la locura transitoria de la conciliación. Seré honesta al exponer la diferencia real que existe entre la madre de Pepe y la de Lulu. Lo admito, somos distintas. Ahora llegaremos a eso. Paciencia, que es la madre de toda ciencia. Ja.

No hay una historia de maternidad mejor que otra. Las hay más duras y más llevaderas, más bonitas o menos, pero todas son únicas. Esta es la mía.

Los niños me daban yuyu hasta los veintipocos años. Supongo que me inspiraban miedo por desconocimiento. Recuerdo que cuando cumplí los veinticinco leí un artículo en un periódico inglés que planteaba la posibilidad de no tener hijos para una mujer. Me quedé en *shock*. Jamás había pensado que no tendría hijos. Le di vueltas y me reafirmé en que, si era posible, sería madre. Pero sin prisas.

Tardé años en encontrar la pareja para formar equipo, y con ella vi viable tener descendencia. Antes de eso, había pasado por fases de soltería en las que, sin pensar, soltaba que sería madre soltera, que me congelaría los óvulos, que haría lo que fuera por ser madre.

Era una de esas bocazas que aseguran que, si no encuentran pareja, se harán una fecundación *in vitro* y, con suerte, tendrán mellizos o trillizos. Está claro que era una ignorante profunda en lo que a tener y criar un bebé sola se refiere, de esas bocachanclas que somos más de una antes de saber lo que significa criar a un hij@. Cuando pasas por la experiencia, piensas: «Qué tonterías decías y pensabas, madre mía».

Para mí, ser madre era un derecho fundamental. Pero no es así, no es un derecho. Tenemos muchos, pero ser madre no es uno de ellos. Y mejor así, que si no nuestro cuerpo femenino sería instrumentalizado y acabaríamos como en *El cuento de la criada*, vestidas de rojo. Terror.

Me costó años de terapia entender que podía ser madre viviendo como presentadora, ganándome la vida comunicando por la tele, en programas donde mi principal atractivo era el cuerpo. Lo sabía. Reconozco que me costó aprender que podría seguir trabajando sin ser una maciza normativa. La cosificación tiene un precio caro, a veces: la no maternidad o la maternidad tardía.

Las dos rayitas

No me fue fácil lograr el positivo en un test de embarazo. Mi madre me tuvo muy joven, con veintidós años, y toda la vida llevaba oyendo: «Como seas como yo, te miran y te preñas». Pues mira, mamá, no. Gonzalo y yo nos casamos con treinta y tres años y aun así esperamos doce meses para ir a por un bebé. Confiaba que sería como mi madre, coneja, que me preñaría con la mirada.

El primer mes que soltamos amarras estaba convencida de que estaba embarazada, pero tras un paseo en lancha con golpes fuerte contra las olas, me bajó la regla. No sabéis qué bajón... Ya llevaba unos días de retraso, y estaba tan segura que sigo pensando que la lancha interrumpió a golpes ese embarazo. Pasaron los meses y nosotros venga a intentarlo. No había manera. Me miré y remiré en ginecólogos y ginecólogas, pero no había nada fuera de lo común. *A priori*, ninguno de los dos teníamos problemas de bajos. La ingeniería funcionaba. Entonces ¿por qué no me quedaba embarazada?

Los meses se convirtieron en años. Recuerdo la agridulce sensación de que todas mis amigas se embarazaban a la primera sin problema. Los bebés me miraban por la calle desde sus carritos. Encima, todos los anuncios me hacían daño: desde los de test de embarazo —el dichoso ClearBlue— a los anuncios de compresas o tampones recordándote que todavía no tienes en tu barriga el bebé que sueñas. Te afecta a ti y afecta a tu pareja. Normal. A todos los niveles, es duro no conseguir algo que, en teoría, es tan natural y fácil para muchas privilegiadas que ni saben que lo son. No sabéis la suerte que tenéis las que os quedáis a la primera.

Mi ginecóloga me recomendó que dejase de fumar y que engordase un poco. En esa época yo era una raspa fumadora y trabajadora más nocturna que diurna. Así que aprovechando un viaje a Japón para pasar la Nochevieja de 2013 y descansar de *La Voz 2*, dejé de fumar con fuerza de voluntad y un bebé como meta. Engordé, pero seguía sin quedarme en estado.

Tardamos seis meses más en ver nuestro primer test de embarazo positivo. Recuerdo llorar por la bonita emoción que me despertó saber que, en mi cuerpo, ya no estaba sola. Ese día tuve una sesión de fotos y no podía decírselo a nadie, pero mi sonrisa lo comunicaba sin palabras. Estuvimos embarazados como auténticos novatos durante siete semanas. Tras muchos mareos y sueño en solitario, se lo contamos a toda la familia, ansiosos por compartir por fin la buena noticia.

Los sangrados comenzaron mientras estábamos de viaje por Murcia. El día de la coronación de nuestro rey actual. Teníamos la tele puesta. En la clínica murciana a la que fui de urgencias buscaron el latido y no lo encontraron. Con esa despreocupación de quien ve estas cosas a diario, el médico me dijo: «Esto es como las pipas, algunas vienen sin fruto». Me rompió el corazón.

Oficialmente, mi cuerpo pensaba que el embarazo seguía su curso. No había latido, pero sí sangrado. Perdí a mi primer bebé en junio de 2014. Ese verano fue durísimo. Abrazaba a mis sobrinas un poco más fuerte. Un poco más rota. Un poco más tía. Un poco menos madre. Lloro al recordarlo. 2014 fue una mierda.

En septiembre de ese año me sacaron aquella foto en la que estaba más gorda y explotó la movida de mi peso. En ese momento ni siquiera sabía que estaba embarazada. Pero así era. En cuanto me enteré, en medio de la polémica por mis kilos, guardé un silencio sepulcral. Esa vez no se lo dije a nadie más que a mi pareja. Era nuestro secreto.

Durante un viaje de trabajo donde presentaba en un escenario en Barcelona, empecé a sangrar de nuevo. Entre bambalinas, lloraba e intentaba convencerme de que no era nada, que seguro que el bebé estaba bien. No era así. Perdí otro bebé a las siete semanas. Pensé que estaba maldita, sentenciada a un vientre vacío. Un legrado tras otro. Me invadió una tristeza inmensa. En esa época solo podía pintar huevos vacíos sobre un fondo negro. Fue una etapa muy oscura y fría en mi vida. Lo poco bueno que saco de ese año maldito y de perder a mis dos bebés fue que me unió mucho a mi pareja. Los dos perdimos a nuestros bebés. No estábamos solos, nos teníamos el uno al otro. Y eso no es poco.

Comprenderéis que la polémica de mis kilos me pilló centrada en la misión de tener un bebé. Tanto la prensa como los *haters* en las redes sociales me hicieron *bullying* con mi físico, con mi antes y mi después. Sinceramente, yo tenía cosas más importantes en las que pensar. Sí, había engordado, ¿y cuál era el problema? Era un simple cambio de peso. Estaba muy sensible y todo me dolía, pero mis kilos no formaban parte de mi dolor. Lo que más dolía fue la ausencia de mi bebé calentito en mis brazos. Lloré a mares. Mi vientre vacío pesaba como el plomo.

Entre muchos «Mira el lado positivo, por lo menos te quedas embarazada», «Pues a seguir intentándolo, que es lo divertido» y un largo etcétera de despropósitos que te dice la gente cuando comunicas que has sufrido un aborto espontáneo, una amiga, Paula, me contó entre palabras de consuelo que su cuñada también perdió varios bebés así, y que al final había sido un problema de tiroides. Ya sabéis que soy un poco bruja y algo me dijo que era eso. Fui con esa cantinela a mi ginecóloga: «Mírame la tiroides», le pedí. Y *voilà!* Tenía hipotiroidismo. Eso estaba matando a mis bebés, ya que regula las hormonas.

Si alguna vez alguien os cuenta que ha sufrido un aborto, no digáis nada. Dadle un abrazo. Como mucho un «Lo siento mucho. ¿Cómo te encuentras?». Bastará.

Cuando pierdes un bebé, todo el mundo comienza a admitir que ha sufrido no sé cuántos abortos. **¿Por qué no hablamos más de ello? ¿Por qué lo escondemos?** ¿Por qué una realidad como que de todos los embarazos muchos no llegan a término se convierte en tema tabú? Hay mujeres que pierden a su bebé tan crecido que han de parirlo. Parir a tu bebé muert@ es una enorme tragedia. Otras tienen embarazos ectópicos, muy peligrosos porque se producen fuera del útero. ¿Por qué no hay más información? Unidas en el dolor de la dificultad, ¿por qué no hacemos piña entre nosotras? Es terrible la cantidad de cosas que nos pueden pasar durante el embarazo. Recuerdo mirar sentada a la gente en un aeropuerto o en la Gran Vía de Madrid, personas andando con prisa o sin ella, pendientes del teléfono o mirando hacia arriba... Todas ellas —pensaba yo— han salido de una barriga, fueron dadas a luz. **Todos somos milagros andantes.** Literal.

No sé por qué no se habla más de los **abortos espontáneos**: quedarte embarazada con toda la ilusión que supone, decírselo como una novata a todos tus amigos y familiares, feliz como una perdiz, y acto seguido comenzar a sangrar y que te digan que tu bebé ya no tiene latido, que es un embarazo ectópico o que tu bebé es incompatible con la vida. Sea como sea, la muerte perinatal es una **putada** como una catedral. No solo no se quiere hablar por ser algo triste y un drama, sino que además no tienes herramientas psicológicas para pasar el luto de una vida que fue, pero nunca llegó a ser oficial, digamos. No sabemos qué hacer con ese **dolor** mayúsculo. No hay un sitio donde abrazar el dolor, no tiene cierre oficial. Estamos perdidas, sin rumbo. Es muy duro escuchar eso de que «Si viene mal, mejor que no progrese».

Hoy me alivia pensar que si no hubiera perdido a mis primeros dos bebés no hubiera conocido a mi Pepe y a mi Lucía. Las cosas ocurren por algo. Aprendí de cada aborto y disfruto de cada momento con mis hijos. Visto desde ahora, no cambiaría ni una coma de lo que vivimos.

Mujer desesperada

No sé si tú eres tan «hierbas» como yo, pero creo en los traumas intergeneracionales. Los heredados, vaya. Quieras o no ser madre, debemos romper el ciclo del trauma generacional. Hay tanto dolor transmitido de generación en generación que es como si creásemos una receta para el desastre. Y nadie le pone fin. Nadie tiene las herramientas para hacer un alto. Es como una maldición. Las nuevas generaciones llevan el peso de todas las mujeres que las precedieron.

No quería perder más bebés. Quizá mis abortos hubieran sido una casualidad o la acción de las locas de mis hormonas por culpa del hipotiroidismo, pero en ese momento buscaba desesperadamente soluciones, y limpiar la energía familiar era una opción más, una puerta que podía abrir con facilidad para asegurarme el máximo de posibilidades de triunfo si volvía a quedarme encinta.

Probé la «brujería» y escribí una carta a mis «ancestras» perdonándolas por todos los traumas derivados de la reproducción: abortos, violaciones, muertes, etcétera. La escribí en Bilbao, con ayuda de mi madre. La leí en alto para ella, la rompí en pedacitos, la quemé, recogí las cenizas y las tiré en Puerto del Abra, delante del restaurante y hotel El Embarcadero. Recuerdo a un pescador que me miró como si estuviera loca al verme tirar cenizas al mar muy concentrada. Debió de pensar que serían de un animal doméstico, supongo. A mi madre y a mí nos entró un ataque de risa. Fue realmente cómico, la verdad.

A lo mejor funcionó la «brujería blanca» o quizá fuera porque mi ginecóloga nos pidió que, por favor no practicásemos el sexo con una agenda de ovulación, que no fuésemos tan clínicos, sino que hiciéramos, como su nombre indica, el **amor**, que nos relajásemos, que llegaría antes o después. En cualquier caso, llegó mi hijo Pepe.

EMBARAZOS MIL

Los embarazos son, como las personas, diferentes e individuales para cada cual. Veamos los de algunas de mis amigas:

Lucía (vive en Dubái, mamá de una niña): Mi embarazo fueron meses de ventanillas, solicitudes, formularios y montones de fotocopias compulsadas. El parto se produjo en un juzgado de Addis Abeba. Ese día un juez firmó y pude sacar a la peque del orfanato. Las lágrimas, la emoción, el miedo, la angustia, la paz... Lo viví todo. Mi embarazo y mi parto fueron duros, llenos de incertidumbres, obstáculos y sustos. Pero cada minuto y cada discusión con un funcionario valieron la pena.

Joana (vive en París, mamá de tres hijos): Jamás he llegado al hospital para dar a luz en un paritorio. Mi primera hija nació en la acera, cerca del centro médico. Su padre la cogió al vuelo con el abrigo. Nadie me había preparado para esa posibilidad. Pensé que la primera había sido la excepción a la regla... Pero no. Los otros dos nacieron en el mismo lugar.

Estíbaliz (vive en Alicante, mamá de cuatro niños): No recuerdo mucho de los embarazos, la verdad. Los tres primeros fueron *in vitro*. El de las niñas fue un poco agónico, pues eran gemelas. Siempre tuve miedo de que le pasara algo a alguna. Luego vino Nicolás. ¡Y después de tres hijos *in vitro*, me quedé embarazada de Bruno de forma natural! Si puedo elegir, creo que soy de las pocas mujeres que prefieren cesárea.

Laura (vive en Londres, mamá de tres hijos): Mi primer parto fue una cesárea mal prescrita: «Gano más si te hago una cesárea que si tienes un parto natural», dijo el ginecólogo que me atendió. Convertirme en mamá es lo más bonito que jamás me ha pasado, y pronto volví a quedarme embarazada. Mi segunda hija nació de forma natural porque me negué a otra cesárea y el médico se largó y me dejó allí, con la comadrona y las correas puestas. En mi tercer embarazo me recomendaron abortar, ya que con suerte el bebé tendría síndrome de Down o síndrome de Patau. Seguir adelante con el embarazo fue la decisión acertada. Con la llegada de la tercera sentí que mi familia estaba completa.

Gabriela (vive en Madrid y es mamá de una niña): Los dos sabíamos que buscaríamos ser padres de inmediato. No me casé superjoven, así que no había prisa, pero tampoco tiempo que perder. Le conté mi situación a mi ginecólogo: los años pasaban y no había tutía. Al final otra amiga me habló de una prueba que era para contar la reserva ovárica, prueba que mi ginecólogo me desaconsejo porque, según él, me saldría todo bien. Me la hice y me salió fatal. Me tuve que poner en manos de una clínica de reproducción asistida. A la segunda inseminación artificial me quedé embarazada y el embarazo fue de libro. El disgusto fue por todos los años perdidos, pensando que estaba en buenas manos. Si hubiese reaccionado antes, seguramente hubiera tenido otro bebé. Mi consejo a las demás sería siempre mirar una segunda opinión, no dejar pasar el tiempo confiando en un solo doctor.

Seguro que los embarazos de tus amigas no tuvieron o no tendrán nada que ver con los tuyos. No es cuestión de comparar, sino de COMPARTIR estos momentos maravillosos que os han convertido a todas en madres.

Estos son los míos:

1.er trimestre

Estar embarazada sin que nadie más lo sepa es muy guay. No te sientes sola ni cuando estás sola. Siempre acompañada. Hablas a tu bebé, lo tocas desde fuera, sonríes sola... Es bonito. Pero no fácil. Tuve náuseas desde el minuto uno en ambos embarazos, pero nunca llegué a vomitar. Era como estar constantemente en un barco, mareada pero sin vómitos. Lo único que me quitaba las ganas de potar era comer algo salado o beber algo muy frío.

Mi estado en el primer trimestre de mis dos embarazos se puede resumir en dos palabras: nauseabunda y agotada. Me alimentaba de galletitas saladas y yogur natural, y me pasaba dormitando. Esos eran mis dos únicos estados. Me dormía incluso delante de la tele, algo para mí IMPOSIBLE.

La nariz de una embarazada es *heavy metal*: lo hueles TODO. Recuerdo que el aroma de un perfume fuerte de pachuli de una vecina en el portal era suficiente para tener que meter la nariz en la manga de la chaqueta por no aguantarlo. Y ni os cuento el tabaco de la gente que fumaba por la calle; era suficiente para cambiar de acera. El café me daba asco, el aliento o un pedo de Milagros, mi perrita, era suficiente para encerrarla en su cama en otro cuarto. No podía con ningún olor fuerte. Era horrible ser una «superoledora». Es común en todas las embarazadas. Por lo visto, es un «regalo» que nos hace la madre naturaleza para no comer cosas que están en mal estado y salvaguardar nuestra salud y, consecuentemente, a la criatura.

Si como yo, te quedas embarazada a los treinta y cinco años o más tarde, serás llamada incesantemente por el colectivo médico: «primípara añosa», una etiqueta para llamarte «novata» y «vieja» sin que lo notes demasiado. Aquí una primípara-añosa muy orgullosa. Gracias, medicina moderna.

Por la mañana no tenía mucha tripa, pero por la noche los pantalones no me cerraban. A lo largo del día era como si todo mi cuerpo se agrandase. Sentía los pechos tiernos y empezaron a crecer. Durante este primer trimestre eres como un *transformer*: tus caderas tiran hacia atrás, se hunden en ti, y hay un brillo nuevo en tu piel. Por la noche estaba guapísima. Embarazada estaba megabuena. Los embarazos me embellecían a un nivel espectacular. Me veía *sexy* mamá total.

2.º trimestre: luna de miel

Ya es público. Estás de más de doce semanas y lo puedes proclamar a los cuatro vientos: «¡Estoy embarazada!». De repente, tu cuerpo es de dominio público. Nos miden, nos observan y las más osadas hasta nos tocan el bombo. Cada mujer te dará su opinión sobre si tienes cara de que sea niño o niña. Es muy cansino.

¡Vuelvo a ser persona! Ya no tengo nauseas y cada vez es más obvio el embarazo. Ya no hay duda de si estás gorda o embarazada. Me ha pasado mucho eso de estar gorda y que me den la enhorabuena. Durante los abortos fue muy duro.

En el periodo de luna de miel de mis embarazos me sentía físicamente cómoda. Al quinto mes empecé a notar los movimientos del bebé. Parecían los coletazos de un pececillo. ¡Me hizo tanta ilusión! Ya era oficial que no estaba sola: había comunicación entre nosotros. Cuando quería notarlo, comía algo dulce y... ¡Pa, pa, pa! Allí estaban sus pataditas. Sonrisa.

Te recomiendo que aproveches el segundo trimestre para hacer todo el trabajo: montar la cuna del bebé, comprar y montar el carrito, y ese largo etcétera que las mamás conocemos bien. En el tercero no estarás para esas vainas.

3.er trimestre

Tu cuerpo es tuyo... Y suyo. Y del ginecólogo, y de la comadrona, y de los estudiantes de prácticas y de todas las señoras que te tocan la barriga sin miramientos. Otros «regalitos»: te salen estrías, se te hinchan los pies y las manos, y la nariz, y la cara y la boca... ¡Ah! Y algunas delicias añadidas: el picor en las palmas de las manos.

Me sentía incómoda. Era un buque con la movilidad restringida. Recuerdo que un día, en la recta final de mi embarazo de Pepe, al levantarme y pivotar para ir al baño, sin querer tiré todos los vasos y aperitivos de una mesa con el barrigón. Porque, sí, te haces pis cada diez minutos ya que el bebé está sentado encima de tu vejiga y esta se queda del tamaño de una croqueta. Era un obús. Incluso sentarme y levantarme, ponerme las braguitas y los calcetines o atarme los zapatos eran tareas imposibles, al menos improbables.

Aparece el fenómeno del *birthsplaining*: todas tus amigas y conocidas se unen al carro de contarte su parto y su viaje a la maternidad con pelos, señales y, en algunos casos, hasta con cicatrices. Y te meten más miedo en el cuerpo, claro. Como si no supiéramos a qué nos enfrentamos... Al despedirse, te desean un parto rápido y sin dolor: «Te deseo la media horita», dicen. Parece que estén echándote una maldición. Brujas. ¡Ja, ja, ja!

A esas alturas empecé a tener insomnio. Dormir con alguien pateándote por dentro no es fácil. Además, empiezas a pensar en el parto, que se acerca sigilosamente. Te levantas a hacer pis sin parar, te cuesta dormir porque no hay postura cómoda, tienes acidez cada noche, estás «megamaxisuperlahostia» de estreñida, te dicen que andes, pero los relámpagos no te lo permiten... Y preguntaréis: «¿Qué son los relámpagos?». Imaginad que os nace un relámpago, una corriente eléctrica nada agradable, en el mismísimo coño, y que os sube por toda las vértebras, hasta la boca. Eso. Es superdesagradable. Con Pepe tuve mil millones. Con Lucía, ni uno. Caprichos de los embarazos, cada cual de su padre y de su madre.

Todas las mujeres tienen una opinión que expresan (a poder ser en público) sobre cuánto tiempo te queda, si tienes cara de parir bien o mal, si tu barriga está en punta o redonda, subida o baja... También se meten con lo de que tienes los morros como una Bratz para indicarte que te quedan pocos días de libertad. Te recomiendan que duermas, que descanses mientas puedas... Y todo, claro está, sin tú haber dicho ni mú.

La naturaleza es sabia. El duro y largo embarazo de cuarenta semanas, o sea diez meses, no nueve —nos mienten—, está diseñado así de largo e incómodo al final para que estés deseando algo tan *gore* como dividirte en dos. Lo deseas porque no puedes estar más harta ni sentirte más incómoda.

La gran diferencia entre mis dos embarazos fue que con Pepe me dormía por las esquinas y con Lulu tenía un insomnio que duró todo el embarazo: ella quería fiesta desde el principio.

Embarazo 1: Pepe Bowie

Tengo una amiga médica que siempre se ríe de mí por lo que os voy a decir. Muchos no me creeréis, y lo comprendo, pero en todos mis embarazos noté casi inmediatamente unas cosquillas en el momento de la concepción. Siempre supe que estaba embarazada. Con Pepe contuve la respiración hasta la semana ocho y oír el latido de su corazoncito... Me invadieron lágrimas de felicidad calentitas al ver que esa vez había vida en mi interior. En esa etapa estaba presentando la fase de las galas en directo del programa *La Voz*, y pude decirle a España entera que estaba embarazada. Se acabaron los secretos, meter tripa y hacer como si no tuviera náuseas constantes y sueño permanente. Ahora miro las fotos y me doy cuenta de que hay algo en los rasgos desdibujados en una embarazada que la vuelve borrosa, como si el cuerpo estuviera demasiado ocupado creando vida como para perder el tiempo manteniendo tus rasgos afilados. Eso me ha dado la capacidad de identificar los embarazos ajenos. Es magia, señoritas: **nos desdibujamos para dibujar a otros**.

Volved a llamarme bruja, pero con mis dos hijos me han pasado cosas extrañas durante los embarazos. Ya de unos cinco meses, vi en Instagram el perfil del hijo pequeño de la modelo Eva Herzigová. Era rubio, con rizos. En la foto estaba jugando con unos bloques, creo. Aún mantengo la captura que hice para enseñarle a mi marido cómo iba a ser nuestro Pepe. Porque de inmediato supe que Pepe sería así. Y así fue.

Dividirnos: Pepe y yo

El parto de Pepe fueron horas y horas de inducción con progesterona. Horas de espera y unas ganas locas de abrazar a mi hijo. Recuerdo que no me ponía de parto ni para atrás. Pepe salió de cuentas en la Nochevieja de 2015. Hasta la semana 41 más tres días no me indujeron el parto. Al parecer, se sentía muy cómodo en mi ya inmensa barriga. Llegué a pesar 100 kg y allí dejé de mirar lo que me decía la báscula. En el parto alucinaron de la cantidad de líquido amniótico que salía de mí. Era un constante «No puede ser, es imposible». ¡Ja, ja, ja! Me desbordaba. En mí todo suele ser exagerado y mi parto no iba a ser menos.

Recuerdo entrar a la inducción a las ocho de la mañana y haber desayunado un bollo de mantequilla de Zuricalday. Conduje hasta la clínica de Bilbao y pasé el día esperando algo que no sucedía. Esa noche no me dejaron cenar por si acaso y vimos por televisión *Granjero busca esposa*. Me dormí, y a las dos de la mañana Pepe se cargó la bolsa con una patada de karate y rompí aguas en la cama.

Los dolores eran muy fuertes, parecidos a los de una regla mala, malísima. Eran contracciones cegadoras por el indescriptible dolor. Llegué a morder las sábanas. La clínica era pequeña. Meses antes había ido a ver los paritorios con mi madre. Había cuatro. Me parecieron pocos, pero me aseguraron que casi nunca había más partos a la vez. Les creí. La noche que rompí aguas había siete. Así que grité como una auténtica actriz de Oscar, no solo porque el dolor me impedía hasta abrir los ojos, sino porque era mi manera de llamar al anestesista que, por lo visto, era una belleza de hombre, pero jamás le vi la cara. Solo sé que vino y todo se calmó. Llegué incluso a dormir y pensé —y siempre pensaré— que no hay suficientes homenajes, fuentes, bancos, estatuas ni reconocimiento al español que inventó la epidural. Os lo digo tal cual lo siento.

Descansé, pero en diez horas no llegué a dilatar más de 6 centímetros así que programaron la cesárea. Resulta que tengo el mismo problema que mi madre, lo que antes se llamaba una pelvis asiática. Traducido significa que jamás me pongo de parto, con lo ancha que soy. Mis bajos son estrechos y los bebés no encuentran la postura idónea para bajar.

Gracias al tajo en mi barriga, a las 12:40 de la mañana nació mi hijo Pepe, muy enfadado por salir al mundo. Al encontrarse con la bolsa, lo primero que vieron fueron sus labios. Según el médico, parecían los morritos de Mick Jagger. Yo estaba tumbada, con los brazos atados en cruz y una sábana que impedía que viese nada. Me lo enseñaron y me lo pusieron a mi vera. Le canté mientras lloraba de felicidad y alivio de verlo sano. Se lo llevaron para limpiarlo y a hacer el piel con piel con su padre mientras me cosían y cerraban las capas desde la barriga hasta el útero. En recuperación me lo devolvieron y le di pecho por primera vez.

Nuestro encuentro fue tan mágico como esperaba, la emoción de conocer por fin a quien ya conoces sin verle. Tras casi diez meses dentro de mí, ya éramos íntimos. Se llama Pepe Bowie porque su parto comenzó el día que murió el cantante David Bowie, y para hacerle un pequeño homenaje, además de haber sufrido una tormenta de relámpagos agradables de esos que te nacen en todo el *buyuyu*, pues *tate*: PEPE BOWIE.

NOTA: Cuando eres mamá novata vas a mil clases de preparto pero nadie te cuenta cuánto se secan las mucosas al dar de mamar. Necesitas tener un vaso de agua cerca porque la boca, los ojos y hasta el coño se te secan nivel arena en el desierto cuando lactas. De hecho, dando el pecho a Pepe se me abrió una úlcera previa en la cornea del ojo derecho. Dar el pecho a mi bebé se convirtió en lloros, después en un parche y al final llegaron a operarme y me hicieron un «raspado de ojo». Me recomendaron que no diera el pecho durante el postoperatorio, así que añade el dolor de la subida de leche al ocular. Prefiero el dolor de un parto y un posparto juntos. Lloré mucho. Cuando empezaba a disfrutar de la lactancia, me sabía todos los trucos y comenzaba a disfrutar, tuve que frenar en seco. La rabia me invadió. Fui una mami pirata durante meses. Me acostumbré a dar pecho en la oscuridad de mi ceguera. Con las manos, buscaba su boca y la unía a mi pezón. Fue bonito incluso con el dolor que apagaba hasta los momentos más bellos.

Embarazo 2: Lulu Lennox

Lulu fue valiente desde su concepción. En enero volví de las Navidades de 2015 y no me cerraba ningún pantalón. Pensé que era raro, pero que me habría pasado con el turrón —algo muy mío—, y no le di mayor importancia. Solo llevábamos dos meses intentando ir a por otro bebé. Confiaba en que tardaría.

Empezaron las náuseas y pensé: «¿No estaré embarazada?». Bajé a la farmacia a por seis test, uno de los buenos y cinco de los baratos. Pensé que si los baratos decían que sí, sería embarazo. Efectivamente, embarazadísima. Lucía ya estaba dentro de mí. Lo supe el día del cumple de Pepe. Cumplía un añito. Era el 12 de enero de 2016. Mis hijos se llevan veinte meses.

Recuerdo quedarme embarazada por segunda vez con un hijo gateando por los suelos del mundo y el miedo a no querer al segundo hijo tanto como al primero. Creo que es un temor muy popular entre las madres durante los segundos embarazos. Preguntaba a las veteranas y todas me decían que ellas habían pasado por lo mismo pero que el amor no se divide, se multiplica. Y tenían razón. Parece imposible hasta que lo vives.

Cuando estamos solteras, nuestro amor es como la habitación de Van Gogh, un estudio pequeñito. Al encontrar pareja, y con cada niño o niña que nace, la casa va añadiendo inmensas habitaciones de amor. Por lo que se refiere al amor, ahora vivo en un chalet familiar con piscina, trastero y parking. Tengo tanto amor que no sé qué hacer con estos metros**. El amor es lo único que no se resta al regalarlo. Aumenta**.

Con mi hija Lulu me pasó algo todavía más extraño, pero referido a su aspecto —soy una bruja, pero superficial—. El día que Lulu cumplía un año, el mismo día que comenzó a dar sus primeros pasos, estábamos en nuestra actual casa, en la que llevábamos tres días viviendo. Justo en ese momento me di cuenta de que su cara me resultaba familiar. Mucho. Pero no porque fuera clavada a nadie de la familia... La respuesta me vino de golpe: llevo pintando la cara de mi hija desde que era cría. Con papel y lápiz, al hacer garabatos, siempre me salía la misma cara: ojos grandes, rizos, una cara de diamante y una boca atractiva, una nariz más anchita... Era mi hija. Llevo toda la vida pintando la cara de mi Lucía Lennox. Muy fuerte.

Dividirnos: Lulu y yo

El parto de mi hija fue muy diferente al de su hermano. Di a luz en Madrid, porque es donde vivo y donde contaba con la infraestructura necesaria para que cuidasen de Pepe. Fue un parto programado por necesidades laborales. La agenda de la tele manda, y estábamos a punto de grabar *La Voz Kids*. Lucía nació en la semana 39 por cesárea porque tres semanas después su madre, que soy yo, estaba sobre unos tacones abriendo puertas y quitando nervios a unos niños que cantan en un escenario para tres *coaches* que son solistas de renombre internacional y que tienen unas agendas que mandan.

Lo bueno es que Lulu nació en un entorno genial. Esa vez mi marido pudo estar a mi lado, me dejaron llevar mi lista musical y nació con una canción de Sade de fondo. Salió llorando como su hermano, muy enfadada. De nuevo, lloré por la emoción de conocerla y por el alivio al saber que todo estaba bien. La dejaron sobre mi brazo, le canté la misma canción que a su hermano al nacer, y ella solita se movió hacia mi pecho y tomó teta por primera vez. Me dijeron que nunca habían visto una placenta tan grande como la de mi hija Lucía. Debía ser enorme, el doble que mi bebé. Me enamoré de mi niña bella.

Solo le di pecho un mísero día. El resto de su vida lactante fue a base de biberones. Miedo al dolor, miedo a volver a pasar por el quirófano. Muchas enfermeras y médicos me aconsejaban que lo alargase un poco más, pero no sabían el dolor por el que tuve que pasar dando pecho a Pepe. Otra decisión tomada. Punto y final.

¿Por qué Lulu Lennox? No quería volver a llegar a los 100 kg, así que me pasé todo el embarazo andando arriba y abajo, y conseguí coger solo 11 kg. ¿Y qué escuchaba durante mis paseos y para que se calmase la culebrilla que llevaba en mi interior? Eurythmics o a Annie Lennox, que me flipan. Yo me relajaba y Lulu dejaba de dar patadas, así que ¡dos por uno, señoras!

LAS MENTIRAS DEL PUERPERIO

Estoy indignada. Acabo de leer en Wikipedia que el puerperio, el posparto de toda la vida, dura entre seis y ocho semanas... ¡MENTIRA COCHINA! Dos años de puerperio, no dos meses. Seguro que lo ha escrito alguien que no ha tenido bebés, porque NO ES REAL.

Volver a conectar contigo después del parto no es fácil. Tu todo ha cambiado. A ver, por lógica: si tu cuerpo tarda cuarenta semanas —diez meses— en crear a otro ser humano, tardarás lo mismo o más en recuperarte . Aun así, es posible que jamás llegues a estar igual que antes. Sigo teniendo diástasis en la barriga (dos centímetros de surco entre mis abdominales). Y me cuesta ir al baño rápido, como si mi suelo pélvico nunca hubiera recuperado su fuerza.

Física y anímicamente, ser madre te deja hecha un cromo. Tener un bebé, reproducirte, multiplicarte y dividirte es lo más *heavy* que le puedes pedir al cuerpo femenino. Y no, recuperarnos no será rápido. Ya no eres la de antes. Ahora eres mamá.

Reproducirnos es una experiencia que hace que nos demos cuenta de lo animales que somos. Solo hay que olfatear la cabeza de un recién nacido —con ese olor compuesto por feromonas que huele a pan recién hecho...— para entender que la naturaleza nos ha diseñado para que nos enamoremos de nuestros hijos a primera vista. Es primario y bello. Para mí, la mejor definición de la maternidad es saber que fuera de tu cuerpo tienes corazones por los que lates.

En el postoperatorio de una cesárea te sientes tierna, llena de puntos, e intentas hacerte con el arte de dar el pecho (que, oh, *spoiler*, no es tan fácil como lo pintan) y la familia pulula por allí. Son sentimientos encontrados: estás deseando compartir el amor y la belleza del momento y al mismo tiempo te sobra todo el mundo. Tu bebé es tan tuyo como una pierna o un brazo. No quieres que nadie lo toque, y menos oírlo llorar. En cuanto gime, te sube la leche como a una leona. Es curioso lo animal que es. Me encanta y me asusta a partes iguales porque entiendes el sentimiento Esteban de «Yo por mis hijos ma-to». Real.

El tema de las visitas de amigos y familiares es muy personal. Cada madre tiene una familia distinta, un parto diferente y unas necesidades que no tienen nada que ver con las mías, pero recomendaría enviar un obsequio antes que visitar a una parturienta. Manda jamón y queso sin pasteurizar —todo lo que no podemos comer las embarazadas—, libros y revistas, la recomendación de un pódcast para los ratos nocturnos o un buen ramo de coloridas flores para alegrar la habitación. El bebé no necesita nada. La madre sí.

Recuerdo llorar a mares porque se me criticó en las redes sociales, e incluso hubo memes, por llamar Pepe Bowie a mi hijo. Me hicieron sentir «malamadre» nada más empezar mi carrera como mamá. Y si a eso le sumas la natural caída libre de las hormonas después de un embarazo, te sientes como si fueras de papel. Es imperdonable criticar abiertamente cualquier comportamiento de una madre primeriza. No estamos en condiciones de defendernos. No estamos fuertes. No es una justa batalla, tenemos todas las de perder.

La crítica disfrazada

Ser en madre te convierte en el blanco de todo el *feedback* que NO PIDES. Después de tener un bebé aparecen mil expertas cuya diana para sus dardos envenenados eres tú. En este apartado encontramos el típico «Yo que tú...» o el «No irás a...» o el «Ni se te ocurra...». En definitiva, todas críticas constantes en forma de sugerencias prácticas.

Por el mismo precio —gratiiiiiiis— te llegan *pospartum* juicios respecto a tu físico por todas las direcciones, con un lacito y sin cortarse ni media, vaya. SON CONTINUOS. Vienen de otras madres del parque, de tu cuñada o de una compi del trabajo: haces mucho deporte o no el suficiente, estás fofa, te has dejado, estás quedándote calva, te han salido granos... Es horrible sentir que no solo no te reconoces delante del espejo, sino que emocionalmente tampoco te sientes fuerte tras algo tan traumático como dividirse en dos. El parto te deja floja, y enseguida te cuelgan la etiqueta de «depresión posparto»... No, amigas, no estoy deprimida, estoy mal rodeada. **Hay una enorme diferencia entre estar de bajón, sentirte *ploff* o tener que cuidar de otro ser humano con padecer una depresión, una enfermedad mental incapacitante para levantarte de la cama y cuidar de nadie.**

Me fliparía ver que las mujeres con un foco público asumiéramos que el posparto es un estado natural y distinto en todas nosotras. Respetemos y normalicemos salir pimpante del paritorio, pero también hecha un cuadro. Esa presión por «recuperar la figura» o lucir igual que antes de gestar una vida en nuestro interior es inhumana. Una vez más, la tiranía del físico en las mujeres. Seamos responsables de lo que opinamos o criticamos, y desarrollemos un poco de empatía, un poco de «por favor». Y a los que opinan del físico ajeno, les pediría que nos dejasen criar en paz.

No creo que haya tenido más ni menos problemas con la maternidad por ser una persona pública, pero en aquel momento me sentí muy observada, tierna, casi emocionalmente desnuda. Con el tiempo me he dado cuenta de que me sentía criticada por mi cambio de imagen y mi aumento de peso. Me presionaban para volver a ser «deseable», sí. Mi trabajo era el que era, e hice lo que pude por recordar que lo importante me abrazaba cada noche en casa. Pero fue duro, y sí, a pesar de ello, volvería a hacerlo.

Es como si el mundo pensara que, aunque eres lo suficientemente responsable como para ser mamá y encargarte de un ser humano indefenso, no tienes derecho a tener tu criterio en cuanto a tu cuerpo o a tu peso. ¿Cómo se come que tengas capacidad para traer una vida al mundo y cuidarla durante años, pero no para decidir sobre tu peso? ¡Como si nuestro criterio y motivos para perder o no perder peso, cuánto y dónde, no fuese válido! La hostia.

Nuestra cultura de dietas y cambios radicales es tal, y estamos tan, tan, tan acostumbradas a ver en redes sociales los antes y los después, que si no hay un cambio físico ya no damos valor a las cosas. Si no hay transformación, no hay esfuerzo, no se valora. Y, perdonad que os diga, sociedad, petard@s que pensáis así: os traigo noticias frescas. **Crear un ser humano no es un esfuerzo importante: es puta magia.** Ni es tan fácil como una foto de antes y otra de después, ni es un *reels* con un salto de «ahora barriga» y «ahora bebé»... Se tardan más de cuarenta semanas, que se dice rápido. **El valor de crear vida es incalculable, porque es vida. La transformación de parir, de crear vida, no se valora igual a ojos de la sociedad porque es por dentro, no se ve.** Y lo que no crea impacto no tiene valor en nuestra nueva sociedad de inmediatez. Debería valorarse más, mucho más.

Valoremos que multiplicarte y dividirte, en definitiva, ser madre, es lo más bizarro y desestabilizador que viviremos nunca. **Es una guerra contigo misma y un amor desmedido hacia tu polluel@. Es un duelo por la vida que perdemos, y la adaptación al cambio familiar no es rápida ni fácil. La maternidad nos vapulea.** Hay momentos de mucho ahogo. Cuando tu cuerpo no es tuyo, cuando es suyo, cuando se te toca sin parar durante años piensas: ¿qué ha pasado con mi vida? Y no dormir tampoco ayuda.

Desde aquí, humildemente, vuelvo a pedir las fuentes más grandes y los bancos más cómodos en los mejores parques, y los homenajes y los reconocimientos que nos merecemos todas las mujeres. Nos damos por lo menos una palmada en la espalda, ¿no? ¿Mamis? ¿Abuelas (mamis × 2)? Yo creo que sí. No nos dejemos convertir en la diana de nadie. **No somos dianas, somos flechas, joder.**

M.A.M.Á.

La brecha entre la Tania AM y la Tania DM es bestial, lo cual no quiere decir que sea para mal. Nunca volveré a ver a la Tania AM. La chica despreocupada, valiente o inconsciente, vivaracha y fiestera se fue para no volver. Aunque no es lo único que me defina, hoy soy mamá de dos criaturas. Y aunque sea agotador y no haya fin a la vista, me llena los días y el corazón. Es la tensión innata de la maternidad, saber que tu trabajo nunca acaba.

Al tener familia en pareja, se crea una complicidad intrínseca: mientras nuestros hijos juegan, los miramos con orgullo, y compartimos en familia momentos íntimos y cotidianos. La sonrisa feliz de agotamiento es la guinda para un día completo en familia. Vaya siempre por delante que me siento una privilegiada en risas, en ruido, en vida. Pero la tan manida satisfacción de las redes sociales que resuena a postureo de «instamami» va acompañada de sentimientos en las sombras que también debemos normalizar y hablar abiertamente en redes y en la vida *offline*. Porque lo que se habla existe y lo que existe da menos miedo. Arrojemos luz a las profundidades de ser mami.

La maternidad tiene dos caras: A y B. **Ser mamá te transforma en otra versión de ti. Has mutado, es una realidad. Es un cambio radical absoluto. Ahora eres madre, forma parte de tu identidad.** Por algo al parto se le llama «alumbrar», «dar a luz»: multiplicarse es llenar el mundo de luz y amor. Al convertirte en madre, en muchos aspectos se te abren los ojos a la luz y a los reflejos, ya que tus hijos se vuelven espejos donde ves tu luz reflejada.

Aprendes cada día de lo que tus espejitos te reflejan. Incluso las sombras arrojan luz sobre los ti y los tuyos.

El bebé en casa... ¿Y ahora qué?

Recuerdo volver a casa después de dar a luz y saber que nosotros éramos los responsables de cuidar de un bebé. Era irreal, un sueño. Además la fatiga y el agotamientos hacen que todo lo recuerdes borroso, como en las películas antiguas. Ese momento GLUPS acojona a cualquiera.

Un sesgo absurdo es lo que hay entre la imagen que se vende de la maternidad —con mujeres peinadas y maquilladas, sin ojeras, vestidas con ropa blanca y limpia, con un bebé sonriente y mofletudo que aparece desde en los paquetes de toallitas húmedas (por cierto, menudo invento, lo quitan todo en segundos) hasta en los potitos de las farmacias— y la maternidad que yo he vivido en mis carnes nada tersas.

Mi maternidad pasó por no reconocerme en el espejo. De un abdomen plagado de abdominales sin hacer ejercicio AM pasé a una tripa ajena a mí, un *blandiblub* color faja, tetas de pezón oscuro que parecían piedra con la subida de leche (qué dolor) y pezones en carne viva que, literalmente, sangraban al lactar. Mis ojeras parecían fosas tatuadas, y al principio tardaba casi una hora completa en moverme con el bebé y el carro, los pañales, las toallitas, los chupetes, la mantita, el arrullo, el muñeco favorito, la sombrilla y mis cosas, claro: pintalabios, llaves, cartera, gafas de sol y la sonrisa, que no se te olvide. Recuerda tu papel es: eres madre, y eres feliz. Y luego quedaba bajar el carrito por el portal que, por supuesto, no está pensado para madres primerizas llenas de puntos. Es muy difícil expresar lo redundante que es el día a día con niños pequeños. La repetición es tu *best friend*. Cada día lo mismo, noches de dormir poco por lo que sea, biberones o teta... Paseo, parque, baño, y ooootra vez. Es como el día de la puñetera marmota.

Ni los meses paseando con un bombo ni los dolores del parto. **Lo peor de la maternidad llega cuando se acaba lo que todo el mundo comparte: la enhorabuena, el mandarte flores y el regalarte ropita para el bebé.** De repente te encuentras con la responsabilidad de cuidar de un ser de tres kilos al que tienes que criar. Es tuyo. Sí, lo querrás más que a ti misma, pero acojona a nivel experto.

La fatiga y la caída libre de hormonas es BESTIAL. Las horas de sueño las marca el bebé, desaparecen los ratos de ocio que antes formaban parte de tu vida y la soledad se apodera de ti. Y esto lo digo yo que, por suerte, siempre he contado con el apoyo de mi marido. Imaginad esas madres solteras que tienen que hacer el trabajo sin apoyo a la vista. Respeto máximo. Ni me imagino lo que tenéis que pasar las madres solteras o viudas, las madrastras y demás madres del mundo. Ser madre, sea como sea, es durísimo. Pero la compañía hace mucho. Espero que todas sepáis escoger la compañía que os ayude en vuestro viaje a ser mamás.

Este proceso no dura un mes, ni dos, ni tres. Esta soledad se alarga mucho. Y para más inri, justo cuando te ves en casa con el bebé, todo lo que te han contado o has leído los meses previos salta por los aires. Da igual cuánto te hayas preparado o cuántas amigas te hayan contado su experiencia: la sensación de vértigo de vivirlo en primera persona no te la quita nadie. Viéndolo con perspectiva, diría que es el pistoletazo de salida para escuchar tu voz interior, a la madre que llevas dentro. Muy bonito, sí, pero el vértigo que se siente es real.

Soledad en la maternidad

Me invitaron al pódcast de *Estirando el chicle* hace más o menos un año, antes de que ganasen el Ondas, y hablamos de manera sincera sobre la maternidad y la soledad. Y no sabéis la cantidad de madres con un carrito que, desde entonces, se han acercado a darme la enhorabuena porque por fin hable claro de lo que entraña la soledad de la maternidad. Me sorprendió.

La verdad: tu bebé es un apéndice de ti. Todo el día estáis pegados, siempre acompañadas. Pero, aunque parezca incongruente, la maternidad es **tremendamente solitaria**. Muchos amigos dejan de contar contigo. Montones de planes siguen, pero sin ti. Las llamadas brillan por su ausencia. A veces, la desaparición de algunas personas puede llegar a considerarse cruel. Te pasas las noches dando el pecho o el biberón, sacando aires, durmiendo al bebé... Y te sientes ajena al mundo. Nadie habla de lo solitario que es el paseo del carrito por la calle, y menos de cuando tienes que subirlo a peso por la escalera hasta la consulta del pediatra. Y no tanta gente se ofrece a ayudar... Pero ya no me corto, siempre pido ayuda. Con una sonrisa, claro, pero se la pido a quien sea, bien alto además, que lo oigan, que les dé vergüenza no haberse ofrecido. Si voy sin niños, siempre me ofrezco a ayudar. Y no es porque sepa lo que es, que también, sino por empatía, joder.

Recuerdo ser una mamá novata de safari por el parque en busca de una amiga con un bebé de la misma edad que el mío. Cuando encontraba a una que cumplía los requisitos y me parecía maja, rápidamente la invitaba a casa a merendar. Tenía sed de que alguien me acompañara en esa recién estrenada soledad que, en muchos momentos, es ser madre. El problema es que mi desesperación era obvia y salían por patas. Con mis técnicas de caza en el parque no conseguí ninguna amiga. Por eso, cuando veo a una mamá novata con el carrito en el parque, me acerco a hablar con ella. Soy su amiga por un rato.

Sé lo que un bebé puede llegar a cambiarte la vida... No son 180 grados, son 360 + 180 = 540 grados. Implica un cambio de 180 grados, pero además recibes sin avisar una bofetada que te hace dar una vuelta entera del sopapo que es multiplicarse.

Cuando me di cuenta de lo que entrañaba la maternidad —esa vuelta y media—, de que ser madre es un trabajo 24/7 todo el año, que no existen las exmadres, que no hay salida, que sí o sí eres su mamá, comprendí que ya no era una niña. **Después de ser madre pasas por un luto del que no se habla y que hay que pasar, es de obligado cumplimiento. Debes despedirte de la mujer que fuiste antes de dar a luz.** Tienes que cerrar ese tomo de tu vida, y eso también duele. Admitámoslo. Es un gusto tener bebes y un disgusto saber que no volverás a ser la Tania de antes. Samanta Villar lo dijo y casi se la quema en la hoguera por honesta.

Entonces, cuando más la necesitas, de alguna manera desaparece la gente que te acompañaba. Ojo, no es que no estén o no te cojan el teléfono. Pero de 24 horas que tiene el día, la madre pasa todas y cada una de ellas con su bebé; los demás solo un ratito. Vives encadenada a una personita que no puede vivir sin ti. Y eso agobia a cualquiera. Es bonito pero asfixiante al mismo tiempo. Y es normal.

SOS, mamá en apuros

Antes de ser mamá pensaba que ser madre o padre era lo mismo, con cambio de género y poco más. Después me di cuenta de que es completamente distinto. Por suerte. Con la fatiga que implica la lactancia y la caída libre de hormonas típica del posparto, al menos uno de los dos seguía siendo coherente. Recuerdo la época de dar el pecho a mis hijos como un momento de mi vida en que mi pareja hacía lo que podía para ayudarme: comprar, cocinar, recoger, tirar la basura... Me sentía una Thatcher, una mandona total desde mi trono de la lactancia, pero es lo que tiene dar teta a demanda. Como padre de nuestros hijos, mi pareja se encargó lo mismo de sacar la basura como de sacar aires a nuestros hijos, cambiar pañales, dormirlos y, fundamental, darme tiempo para ducharme o darme un paseo, pequeños lujos que hacen que vuelvas a sentirte persona. Los primeros días el uniforme de madre primeriza está formado por una camiseta que huele a leche rancia, pezoneras para que no te rocen los pezones escocidos, un chándal XXXL para que no te rocen los puntos y un *must*: el pelo sucio. ¿Por qué nadie te comenta que algo que antes era tan fácil que ni pensabas —lavarte el pelo o darte una ducha— se vuelve una misión especial con bebé. Todas las madres «primíparas añosas» nos duchamos con la hamaquita del bebé dentro del baño, delante de la mampara, para que te pueda ver... O tú a él, claro. Y el niño berrea y tú sales chorreándole encima. Muchas *duchas interruptus*, señoras.

Mi pareja siempre hizo lo que pudo por ayudarme, estuvo muy presente y me apoyó para que conciliase. Organizarnos fue difícil ya que los dos somos autónomos. Y lo sigue siendo; ambos somos de fuera de Madrid, donde residimos. Gonzalo es barcelonés y yo bilbaína. Nuestras familias viven a horas de distancia, y la paternidad y maternidad se siente solitaria sin abuelos, tíos y primos que echen un cable. Aun así, tenemos solo dos hijos pero somos una familia de cinco a la mesa. De lunes a viernes contamos con una mujer maravillosa que nos ayuda a criar a nuestros hijos. Nelly, no sé qué haríamos sin ti. Somos mejores padres gracias a tu ayuda. Eres indispensable, imprescindible y parte de nuestra familia por y para siempre. Eran uno, dos y tres los famosos mosqueteros: uno para todos y todos para uno. Entre los tres mosqueteros —su padre, su cuidadora y yo— nos manejamos. Los niños se sienten seguros, amados y cuidados. Y eso es lo que cuenta.

Divide y vencerás

En el fondo, al ser madre empieza a lucir la humanidad de cada cual. La división entre nosotras se hace latente. La maternidad es un poco como una reforma. Hay mil decisiones que ni imaginaste al empezar. Hagas lo que hagas, no será del gusto de todas, y prepárate: te criticarán. Existe mucha más gente de la que piensas que no se cuestiona nada. A estas personas les molesta —mucho no, muchísimo— que tus decisiones les hagan tambalear códigos que tenían integrados como lo «normal». Y ¿qué hacen para defender lo suyo? Critican. Es la única arma de quien no cuenta con argumentos. No tiene tanto que ver contigo como con ellos. Como siempre, dice más sobre quien critica que sobre quien es criticada. Paciencia, hermana.

Te expondrás a las «talimadres» (madres que siempre saben más que tú, inflexibles), que te dirán que lo suyo, por supuesto, es mejor. Si decides dar el pecho, las defensoras del biberón te atacarán. Si eliges el biberón, serás atacada por las defensoras de la teta como única opción. No entiendo por qué nos cuesta tanto aceptar y respetar que cada madre sea como le dé la gana. Al final, lo que subyace es la culpa: culpa si privas del pecho a tu hijo, culpa si le das pecho pero tu leche no es todo lo buena que debería... Culpa, culpa y más culpa que te inculcan desde todas partes y que te acompañará durante toda tu maternidad. Dejadnos vivir sin culpa. *Liberté* y *sororité* con una teta fuera, por favor, como en la canción de Bandini:

> [...]Paremos la ciudad
> sacando un pecho fuera al puro estilo
> Delacroix.
> Mamá, mamá, mamá...

De verdad, qué cansina es la batalla pezón versus biberón. Una elección.

Que si chupete sí o chupete no. Otra.

Que si BLW (*Baby-Led Weaning*, alimentación complementaria a demanda) o purés a gogó. Otra.

Que si colecho o cuna, o cuartos separados. Otra más.

Que si duermes al niñ@ en brazos, de puntillas y bailando la bachata o sigues el método Estivill y dejas que llore.

Que si les pones zapatos para todo o van descalzos. Otra puñetera batalla.

Que si le dejas mancharse o no.

Que si le dejas ir en tacataca o es mejor que gatee.

Que si los enchufes no están protegidos.

Que si te espetan que eres una madre helicóptero, que no dejas al niño a sol ni a sombra...

Que si van muy frescos, o muy tapados, ¿no?

La cuestión es siempre comentar lo ajeno.

Eres libre para elegir lo que es mejor para ti y, en consecuencia, será mejor para tu hij@. Voy a darte el mejor consejo que me regaló mi madre al nacer Pepe: «Hija, haz oídos sordos a los consejos ajenos. No escuches a nadie cuando se trate de tus hijos, sonríe y haz lo que consideres. Porque NADIE, nadie, conoce a tus hijos mejor que su madre: tú. Escucha a tu instinto maternal. Él te guiará como un GPS». Y eso he hecho. Siempre doy este consejo a todas las madres primerizas que me encuentro. Escucha a tu instinto, que para eso está. Somos animales. Funcionamos a muchos niveles que no se ven, se intuyen. Nada hay más animal que reproducirse.

Por favor, confiad y defended a muerte vuestras decisiones. Nosotras y solo nosotras sabemos por qué decidimos de ese modo, nadie más. La actitud es «A mí plin, que duermo en Pikolín». Que te resbalen sus comentarios, haz oídos sordos. Saca tu piel de foca. Ahora te vendrá bien.

Pero en vez de pasarnos el día defendiendo nuestras elecciones. ¿Y si empezamos a respetar las nuestras y las de las demás madres?

Y os pregunto, *fellow* madres: en vez de dejar que nuestras decisiones maternales nos dividan, en vez de dividirnos para ser vencidas entre nosotras, ¿por qué no dejamos que nos una la jodienda? Sería liberador, ¿no? Un mundo de mujeres libres para decidir su vida, su maternidad, su forma de plantear las cosas importantes para ellas. Defender tus valores y que te respeten sería la bomba de liberador. Un sueño. Y yo soy una soñadora.

Bailando con lobas

Para las mujeres, existe una brecha enorme, muy real y palpable, en cuanto a la conciliación: entrelazar vida familiar con vida laboral es tarea semiimposible. Aun así, lo hacemos a diario, pero ¿a qué precio, chicas? El tabú cada vez más tangible es que a veces, y según el sector donde trabajes, si quieres ser mamá tienes que bajarte del tren laboral. Es así. No lo camuflemos, no lo edulcoremos. Opciones: te bajas del tren y pides reducción de jornada, das trabajo a alguien que te ayude en casa o haces malabarismos con la logística de llevar la casa y los niños: menús, pediatras, cumpleaños, partidos, compra, extraescolares, idiomas, religión para quien la practique y un eterno etcétera. Algo se despierta con la maternidad, una especie de cabeza para la logística, una responsabilidad por encauzar la familia que antes no se había desarrollado. Nosotras miramos por todos, esa es nuestra carga.

¿Conoces la leyenda de los lobos de los cheroquis?

Comienza con una abuela hablando con su nieta delante de una hoguera. Le dice: «Dentro del corazón de cada mujer se desata cada día una batalla entre dos lobas. Es una guerra entre dos fuerzas: la loba que trabaja fuera de su madriguera y la loba que trabaja dentro de ella». El conflicto está servido, señoras: es la tan manida batalla de la conciliación. No sé cuál sería la loba negra y cual la blanca. Hagan sus apuestas: ¿la negra sería la loba laboral y la blanca la mamá loba? Qué más da... A mis lobas las he apodado cariñosamente Colgate y Beltza ('negro', en euskera).

La leyenda cuenta que, cuando la joven nieta le pregunta a su abuela qué lobo gana la batalla, la abuela contesta: «Ganará quien tú elijas alimentar». Solo puedo añadir que ojalá fuese tan sencillo, abuela.

En la vida real, lejos de las leyendas, debemos alimentar a ambas lobas. No es una guerra de fuerza, es una mucho más femenina y compleja: es un juego de equilibrios.

La dualidad ofrecida por estas lobas nos ilustra la necesidad de ambas partes de nosotras. No podemos ignorar a ninguna de las dos, no desaparece por falta de alimento, solo puedes evitarla un tiempo. Quedará escondida en un rincón oscuro y se abalanzará sobre ti cuando te muestres frágil o te sientas débil, cuando menos te lo esperes. No podemos elegir, es un imposible. Por eso, lejos de descartar a una loba, de eliminarla, hay que tenerla en cuenta y contar con ella para vivir en equilibrio. Hay que alimentarlas a las dos porque ambas son necesarias y se equilibran como el yin y el yang. La brecha entre la mujer trabajadora, y la madre o gestionadora del hogar ha de equilibrarse a diario. Cada día nos reinventamos, amigas.

El ciclo de la vida

Cuando conoces a tu hijo o hija al otro lado de la piel, te abre los ojos. La sociedad racionaliza el parto como si fuese un pispás, algo rápido. Nos hemos vuelto muy racionales y nos hemos alejado de nuestra parte primaria, de nuestros instintos.

Las embarazadas hemos pasado de ser tratadas casi como enfermas en las décadas de 1950 y 1960 a mujeres trabajadoras hasta la semana 40 en la oficina, sin bajar el pistón ni media revolución. Ni tanto ni tan calvo. Estar embarazada, parir y vivir el posparto se ha de valorar. No es moco de pavo. Hemos separado la humanidad de nuestros cuerpos. Y parir nos recuerda quiénes somos. Nos devuelve la carne.

Las mujeres tenemos la asombrosa capacidad de gestar una vida en nuestro interior y luego parirla, y pensamos que ese milagro de la vida es normal, pero no lo es. Es un milagro. Es curioso que todo lo que AM valorabas laboralmente, DM te importa un colín... Luego llega la posmaternidad y recuerdas tu esencia, que diluyó la maternidad primeriza, pero ya no eres la misma. **Has cambiado. Tu bebé te ha cambiado. El reflejo en el espejo no es el mismo porque tú ya no tienes nada que ver.** Tu realidad ha cambiado, arrastrándote a ti también.

Para mí, ser mamá fue recordar algo que nunca pensé (aunque siempre supe): somos mamíferos, seres que maman. Animales civilizados, pero animales al fin y al cabo. Y las mujeres tenemos el plus de ser un círculo completo: la creación es territorio femenino. En nuestro cuerpo tenemos el poder de crear, nutrir y transformar. Que no os engañen con versiones azucaradas de lo que es ser mamá. Gracias a mujeres valientes que plasman la realidad en vez de una versión edulcorada de la maternidad, las verdades son cada vez más afiladas. Y cada vez más mujeres comprenden que tienen en sus manos la decisión de ser madre o de vivir una vida plena sin serlo, sin sudarlo. Es otra excelente opción.

La maternidad es compleja y asombrosa, pero las mujeres también. Hoy he perdido de vista a mi hija en el parque no más de dos minutos y mi mente se ha ido a los rincones más oscuros y sucios. En ese corto plazo de tiempo he imaginado horrores que no quiero admitir. Os los podéis imaginar. Después, la he encontrado y la he abrazado y besado, y mi tono ha sido de alarma: «No vuelvas a esconderte, que mamá se asusta». Si ella supiera las oscuridades a las que puedo llegar, no volvería a dormir, angelito.

El miedo es el opuesto natural al amor. Cuando te conviertes en madre, entras en el círculo del miedo, **porque conoces la extensión del AMOR**. Es así, no hay que edulcorarlo. Cuanto más tienes, más temes perderlo. Y más si es en uno de tus corazones que laten fuera de tu cuerpo, de tu alcance, de tu control. Fluyamos en la tormenta emocional que es la maternidad o la falta de ella. Por favor, normalicemos que no siempre apetece ser buena madre, que no siempre queremos sonreír, ni jugar, ni columpiar, ni disfrazaros, ni cambiaros quince veces de *look* en una tarde, ni hacer un bizcocho, ni ver la película favorita por milésima vez con el mismo entusiasmo. Normalicemos el «Mamá no está, aunque me veas aquí».

Muchas madres nos preguntamos a diario: «¿Somos "malasmadres"?». El hecho de que te preocupe ser mala madre demuestra que algo estás haciendo bien: al menos te preocupas. **Ser buena madre implica sentirte «malamadre» a diario.** Da un paso y avanza hacia la posmaternidad amiga mía, evoluciona conmigo.

#posmaternidad

Lo que yo he bautizado como **#posmaternidad** es el momento agridulce de la maternidad que llega después de terminar la fase del túnel de total entrega a un ser dependiente como son los bebés. A esto se le añade recordar quién eres, reencontrarte con la mujer que vive con la madre. De repente vuelves a ser un ente individual sin dos apéndices colgando y demandando comida. Entonces cambiarán las reglas del juego.

Un punto extremadamente positivo de mi situación actual en la maternidad es saber que ya he terminado mi etapa reproductiva. Me ha costado años decir: «Venga, sí, vamos a por el tercer@», y un cuarto de hora después afirmar: «Mejor no, no puedo con los dos que tengo». Es un tira y afloja agotador. He perdido la cuenta de cuántas veces hemos soltado amarras y las hemos vuelto a atar. Con el confinamiento de 56 días en casa con mis polluelos de dos y cuatro años en mi piso del centro de Madrid sin terraza, decidimos zanjar la búsqueda. Y ahora, por fin, hemos chapado el chiringuito.

Eso quiere decir que mi cuerpo vuelve a ser mío. Ya no tengo que arrendárselo a una personita para creación, nutrición y cobijo. Y puedo utilizar TODA esa energía reproductiva en algo creativo fuera de la piel de mi cuerpo: en este libro, por ejemplo. De nuevo, puedo dedicarme un poco a mí. Un poco de **posmaternidad** para todas, madres y no madres, para todas las mujeres, que también es necesario pensar en nosotras un rato al día.

Siempre digo que la maternidad debería ir esponsorizada por vinos de Rioja, así que brindo con un buen vino por todas nosotras, y espero que tú también. Por todas y *todes*, sin excepción. Siempre digo que el vino se comparte: las amigas son fundamentales en mi vida, y espero que en la tuya también. Tengo varios grupos de amigas de los que me nutro, lo cual me ancla al surtirme de muchos puntos de vista reales, transparentes y honestos sobre la maternidad. Son mujeres que reflejan la realidad de su maternidad sin tapujos. Y no sabéis cuánto os lo agradezco, amigas mías, ya sabéis

> ***«Mis amigos, mis* hobbies, *las cosas que me gusta hacer sin un bebé son las cosas que me hacen ser quien soy. Y por un tiempo no tuve acceso a ellas.»***
>
> ADELE

a quiénes me refiero. Sois mis espejos, y validáis mi maternidad con la vuestra. Celebremos nuestra manera —cada una la suya— de ser madres. Ni mejor ni peor, solo madres. **Aprovechemos la vida que tenemos y la que creamos por el camino. A vivir, que son dos días, hijas mías.**

EL BORDADO DE LA VIDA

Antes de ser madre era una niña, daba igual la edad. Lo fui hasta la tierna edad de treinta y tres años, cuando di a luz a mi primer hijo, Pepe Bowie. Hasta entonces había sido una niña grande. Jugaba a ser mujer, como Peter Pan con su sombra. Jugué a casarme y convertirme en señora. Pero el hecho de multiplicarme me regaló el lado incorrecto del bordado y entender cómo se entrelazan los hilos de la vida, cómo está dispuesto lo que no se ve, lo que no se palpa.

En mi cuarto, encima de la cama, tengo un mensaje para mí misma en forma de pareo. Los pareos abrazan tu cuerpo desnudo. El mío adorna mi cuarto y abraza mi maternidad. Con esa idea en mente lo compré en Bali cuando mi marido y yo éramos novios. Es precioso, una tela de algodón gris que a un lado tiene unos puntitos de «colorinchis» y al otro el bordado, lo feo, lo que no se suele enseñar. El filósofo alemán Arthur Schopenhauer dijo:

> *La vida puede compararse con una pieza bordada en la cual, en la primera parte, una persona avista el lado correcto; durante la segunda, el lado incorrecto. El lado incorrecto no es tan bonito como el otro, pero es más instructivo. Te enseña cómo se relacionan los hilos entre sí.*

Al convertirme en madre llevé el pareo a enmarcar. Del revés, por supuesto. En la tienda me preguntaron varias veces: «¿Seguro que lo quieres del revés? Es más bonito por el otro lado». Entonces me vi obligada a describir el concepto Schopenhauer. «Ah, qué bonito» fue la respuesta. Para mí, la maternidad fue mi antes y mi después. Ser madre dio la vuelta a mi bordado vital. **Dale la vuelta al bordado de tu vida.**

Deja de pensar
que puedes TÚ sola.
La maternidad
o se comparte o te ahoga.
Saber pedir ayuda
es de buenas madres.

5

Mamma mia:

agarraos que vienen curvas

«Las niñas compiten, las mujeres se empoderan las unas a las otras.»

ANÓNIMO

LA CARA B DE LA MATERNIDAD: «TERRORCITOS»

¿Quién no ha visto la peli *Mamma mía*? Una mamá coraje tiene una niña y la cría de una forma fabulosa, todo el mundo canta y baila feliz en una aldea de ensueño perdida en un paraje idílico, lleno de magia, música y color... Podría parecerse a la idea que nos viene a la mente al tener a nuestro retoño en los brazos. Pero ¿ en serio es así la maternidad? ¿Viviré mi maternidad como un musical? ¿Bailaré el *Dancing Queen* cuando mi hija me pregunte mil veces por qué? ¿*Honey, honey* cuando empiece a decir «Puaj, qué asco, mamá»? ¿*I have a dream* cuando me responda descarada la primera vez? No, la vida no es un musical, y la maternidad menos. Ni somos tan fantásticas ni vivimos aisladas del mundo ni será todo tan armonioso. Todas hacemos lo que podemos para no acabar en un drama digno de Broadway. Y es que la crianza no es nada fácil. Agarraos, chatas, que vienen curvas.

Una noche me quedé mirando a mi marido y le pregunté: «Cariño, ¿tú te preguntas alguna vez si eres un buen padre?». Sin pensárselo demasiado, me respondió sorprendido: «No, ¿por? ¿Tú sí?». Obviamente, le dije la verdad: «Cada día, casi cada vez que estoy con nuestros hijos, me pregunto si lo estaré haciendo bien, porque tengo miedo a ser mala madre, a hacerlo mal». Es así. ¿Por qué él no se lo ha preguntado en sus seis años como padre y a mí me agobia esta pregunta cada día? ¿Por qué yo tengo esa losa, esos miedos, esa culpa y su padre no? Qué injusticia.

La maternidad no estaría completa sin tocar la **cara B** de ser madre, ver el otro lado de la moneda, lo que un día fuimos: niñas. En casa, mi marido y yo hemos acuñado el término «infartito» (de amor) cuando vemos a nuestros hijos hacer algo que nos derrite el corazón. Es un pálpito de amor. El clásico «se me cae la baba», vamos. Desde que di a luz, también uso un nuevo vocablo: «terrorcito». Tengo tantos que alucino... Casi todo me da terrorcito desde que soy madre.

Ahora confluyen los nuevos y los viejos miedos. Los viejos son elegir un buen cole, el *bullying* de las otras niñas, que se caigan y se hagan daño, que les roben, los secuestren, que les hagan daño, el miedo a cagarla, a que pierdan su peluche favorito —Coni, su coneja y Lobi, su lobita, se han quedado accidentalmente en Sevilla— y no parar de oír sus lloros al reclamarlo, perderlos a ellos en el supermercado y un sinfín de terrorcitos más. Los miedos más nuevos tiñen mi mundo de TERROR: el acoso en las redes, el *cyberbullying*, que no se sientan suficientemente buen@s, las comparaciones, las críticas, los tres mil consejos, la baja autoestima, los comportamientos autodestructivos, el suicidio infantil y otro oscurísimo túnel de barbaridades posibles para llenar mis noches de TERRORES en mayúsculas. Está claro que la crianza no viene con manual de instrucciones, pero ojalá hubiera un botón del pánico, os lo digo.

Tristemente, son las niñas las que más me preocupan. Debemos afrontar que nada es como antaño, que el lienzo ya no es tan blanco ni tan pequeño como antes. Las niñas han perdido algo de aquella pureza porque el camino de la vida está ahora plagado de competición allá por donde miran, agravado por el efecto magnificador del acceso a internet. Afrontémoslo, no es lo mismo caer bien o mal a un puñado de chicas de tu clase o de tu cole que a cientos o miles gracias a las aplicaciones del *smartphone* o del ordenador. Desde la aparición de las redes sociales, me preocupa su búsqueda de *likes* a base de exponerse y que vivan a merced del escrutinio de sus cientos, miles o millones de *followers*, o de los míos... Su lienzo ya no tiene un tamaño normal, no es un A4 o un A6... Es un teatro griego de dimensiones mundiales, una puñetera autopista del máximo de ancho de banda. Una tormenta de dimensiones del puto Caribe. Un tsunami de bien o mal. A eso nos enfrentamos hoy.

Existen nuevos miedos para las madres, pánicos multiplicados por la tecnología que no acabamos de entender. Supongo que a este miedo entre la crianza y la tecnología no tuvieron que enfrentarse las generaciones anteriores. Es difícil pedir consejo. ¿Cómo afrontar el miedo al mal uso de la tecnología si cuando yo era niña lo más tecnológico que teníamos era un *walkman*?

Sharenting

No me apetece abrir este melón, pero ya no sé qué hacer: ser madre en una era tan tecnológica da miedo. Para la que no lo sepa, el *sharenting* es el dilema que envuelve el deseo como madre de compartir imágenes de tus hij@s en redes. El debate está servido: ¿es bueno o malo para ellos? El carrete de mi cámara está lleno de fotos de nucas, con mis hijos de espaldas. Lo triste es que ellos ya saben que han de darse la vuelta para los fotos. Y eso me llena de culpa. No acabo de digerir estas nuevas emociones que traen las nuevas tecnologías, no exentas de estos nuevos debates morales.

Es complicado pensar cómo será el futuro de nuestros hijos, cómo vivirán o en qué trabajarán. Intento imaginar los trabajos que traerá la tecnología, pero está claro que estos nuevos jóvenes tendrán una exposición a la tecnología sin precedentes.[20] Sin ir más lejos, mi hija, con solo dos añitos, me cogía el móvil y, jugando, decía que estaba trabajando. Esa es su idea de trabajo. Preocupante, lo sé. Soy consciente de que nuestros hijos nos ven pasar tanto tiempo pegados a las pantallas que creen que es lo normal. Al ser nativos digitales, personitas que nacieron en una era ya digital, ven lo digital como algo normal, dentro de su rutina.

La crianza se complica a un nivel 3.0, amigas. Pero si, como yo, estás a tiempo, la solución más evidente es atajar el problema ahora. No digo que las niñas sean supermoldeables, pero puedes darles un buen comienzo a su lienzo y ayudarlas a construir su autoestima desde *txiquis*, de manera que puedan enfrentarse al mundo *online* desde un punto seguro en la vida *offline*. De ese modo, regalaremos a nuestras hijas la oportunidad de aprender las lecciones que las formarán para gestionar la vida *online* mucho mejor. Empecemos por el principio: demos color a su infancia, llenemos su lienzo con un divertido arcoíris.

---

20. Fuente: <*https://saposyprincesas.elmundo.es/consejos/psicologia-infantil/caracteristicas-generacion-alpha/*.

ARCOÍRIS

Durante la fase de gateo, el juguete favorito de Pepe era un **Arcoíris** Montessori que aún conservamos. Es uno de esos con arcos de madera (seguro que muchas lo tenéis). Ese pequeño arco de colores siempre me pareció una metáfora maravillosa para la crianza en muchos sentidos, ya que ayuda a trabajar la imaginación y el equilibrio, dos pilares fundamentales en la vida.

El **Arcoíris** nace de la luz y de la lluvia, los dos elementos necesarios para crecer. Los rayos del **Arcoíris** son luz solar dividida en colores, como los valores que hemos de instaurar en sus cabecitas mediante una educación multicolor. Cuantos más colores, más diversidad y mejor preparado estará ese futuro adulto lleno de nubes de realidad y tormentas que capear. Para mí, los niños siempre serán luz, la luz del **Arcoíris** que debemos cultivar en ellos.

Seguro que estamos de acuerdo en que hay tantas maneras de educar como niños en el mundo, e incluso personas que los crían. Mi manera no es mejor que la tuya, solo es la mía. En este capítulo encontrarás frases y palabras clave para dar peso a los conceptos y valores que para mí es indispensable regalar en la educación de los míos. Cada cual tendrá los suyos, pero seguro que compartimos más de un valor. Intentemos conseguir un **Arcoíris** lleno de color de habilidades que regalar a nuestros hijos.

Criar es un rollo

Amo a mis hijos, pero criarlos es un rollo redundante, reiterativo y —¿por qué no decirlo?— aburrido. No es divertido aunque lo vendan como la panacea. La parte intrínseca de ejercer como madre es la crianza, que baña cada hora de tu día y casi cada pensamiento. Amamantar es el túnel de la demanda total, oscuro y soporífero: quitar gases a palmaditas y cambiar pañales llenos de caca. Criar niñ@s median@s es un ejercicio de paciencia pesado, plomizo incluso. Educar adolescentes debe de ser una pedazo prueba a todo tu ser, algo perverso, incomparable. Como se suele decir: «Niños pequeños, problemas pequeños; niños grandes, problemas grandes». Aun así, no cambiaba ni una coma de mi maternidad. ¿Cómo las madres podemos ser tan masocas? Criar humanos está repleto de luces y sombras, un contraste continuo, una brecha deliciosamente dolorosa. Los amas y los odias con casi la misma pasión, somos *lovers* y *haters* de nuestros polluelos. Increíble pero cierto.

Ser responsable de una vida te llena de preguntas sin respuesta. Claro que queremos lo mejor para nuestros pequeñ@s, pero ¿a qué coste? ¿Cómo gestionar la culpa que sentimos por casi todo lo que hacemos o dejamos de hacer? ¿Y cómo nos enfrentamos a la presión por hacerlo todo perfecto? Poco se habla de la responsabilidad de la crianza. Todas tenemos miedo a hacerlo mal, y la culpa está siempre presente con la guadaña al lado todo el día y toda la noche. Si queremos que nuestras hijas tengan otra experiencia al ser madres, **en la educación está la clave de cualquier cambio**. Y de cara a cambiar es fundamental cómo se trata y se ve a las mujeres. Por eso se ha de imponer un poco el ser responsable de educar a personitas pequeñitas. Hablemos, pues, de la crianza sin tapujos.

«Un gran poder conlleva una gran responsabilidad», le dijo el tío Ben a Peter Parker, más conocido por su *alter ego*, Spiderman. Estoy muy de acuerdo con él. Respecto a nuestras niñas, tenerlas y educarlas es una gran responsabilidad. Las madres nos encargamos de llevar a nuestras crías a cuestas, como la araña loba que somos. Una madre es un poco Spiderwoman frustrada, con el traje rojo sucio y lleno de remiendos, intentando llegar a todo, y con las mejores intenciones, pero sin poderes mágicos. **No somos perfectas, somos mujeres, que es más interesante.**

¡A la mierda!

Cuando no puedo más con mis hijos y estoy más tensa que si se me hubiera acabado la batería del móvil, siempre recurro a un grito de guerra: **«¡A la mierda!»**. Paro lo que sea que esté haciendo y me doy prioridad: me largo de paseo o me voy un rato a mi cuarto. Eso me da paz. Os lo juro. Al final, creamos vida y pensamos que educamos pero en realidad no es así. Recuerdo que cuando conocí a mis hijos y sus personalidades, eso me llenó de paz, ya que me di cuenta de que, desde el útero, vienen con una esencia natural de quiénes y cómo son. A la mierda la presión, regalemos bases para gestionar lo que se les viene encima. **Me tranquiliza pensar que, para bien o para mal, no hay mucho que yo pueda hacer para fastidiarla. A la mierda. Ellos ya son quienes son, yo solo estoy para guiarlos, para que si se caen tengan un lugar al que aferrarse: a mí.**

Al final, educar es ayudar a los niños a que sean seres humanos completos. Por eso conlleva un trabajo de guía. Siempre estamos buscando el equilibrio entre empujar y limitar. A veces solo has de estar presente para avisarle de que se ha apartado de su camino, y hacerlo de manera amable pero firme. Hay mucha, mucha, mano izquierda. Por suerte, conoces muy bien a los tipos y tipas que crías y encauzas cada día con sus noches (hasta que lleguen las hormonas y ni los reconozcas, amiga). Educar es el ejercicio más generoso que haremos jamás. Cualquiera puede dar a luz, pero educar es otro cantar. Francamente, necesitan herramientas para la vida y poco más. Lo más importante es disfrutarlos mucho y achucharlos sin parar. Estar tan presentes como podamos, mamis mías.

Sirope de amor

La idea de que a los niños hay que «domarlos» está ya anticuada. Me niego: **a los niños hay que amarlos**. Y es que cuanto más amor recibes de pequeña, más amor propio desarrollas de mayor. Mi madre siempre me dijo que se necesita auténtico sirope de amor para criar bien. Nunca entendí de qué diantres hablaba hasta que me convertí en madre. Hay un proverbio africano que afirma «Hace falta un pueblo para educar a un niño», un pueblo donde todos se conocen, se quieren, se interesan por los demás, donde los ancianos son sabios y los pequeños admiran a sus mayores y los quieren escuchar, donde los adultos cuidan de los niños con un código similar y llenos de amor. A eso se refiere mi madre: cuanto más sirope de amor haya, mejor criaremos todos en comunidad.

En concreto, las niñas se enriquecen al estar abrigadas por familiares o, en su defecto, por amigos y personas que se preocupen e interesen por su vida, sus problemas y sus esfuerzos. Con amor e interés se forman los cimientos que nos hace adultos redondos: autovalidados por nuestro amor propio. Recordemos que las adultas abusonas suelen ser niñas que no fueron validadas, así que, por lo que más quieras, valídala. Llena su cabeza de fuerza.

¿Conocéis la historia de Thomas Edison y su madre? Cuando él era pequeño, un día llegó del colegio con una carta del profesor para su madre. Los ojos de ella se llenaron de lágrimas cuando leyó en voz alta la carta que le acababa de entregar su hijo: «Señora Edison, su hijo es un genio. Esta escuela es muy pequeña para él y no tenemos buenos maestros para enseñarle. Por favor, enséñele usted».
Su madre decidió enseñarle en casa y él prometió que la haría estar orgullosa de él. Muchos años después, se convirtió en uno de los más grandes inventores del siglo, inventando la primera bombilla, por ejemplo. Un día, tras morir su madre, Thomas estaba ordenando unos papeles viejos y encontró aquella carta del profesor, aunque el mensaje era algo diferente al que recordaba: «Señora Edison, su hijo presenta un retraso mental. No podemos permitir que venga más a la escuela».
Lo que la madre de Thomas Edison nos enseñó es que si tienes a alguien en tu cuadrilátero que crea ciegamente en ti, eso te construirá una autoestima que te hará capaz de cualquier cosa, como inventar el telégrafo, la bombilla o el dictáfono.

Cada niño es distinto. No todos podemos ser Edison, pero la educación en cuanto a reglas y valores es la misma, sin importar el género. Son las personalidades las que marcan, no el sexo. Por eso siempre **educo según su personalidad, no según su género, y ese es otro regalo**. En mi familia, educo en igualdad a mi niño y a mi niña. Promuevo los mismos derechos y deberes caseros para Pepe y para Lucía. Busco que desarrollen una autoestima positiva y que se comuniquen con asertividad para que puedan hacer frente a cualquier reto en la vida.

Debo reconocer que, teniendo los mismos juguetes a su alcance, desde pequeño Pepe no ha dudado en coger coches y dinosaurios, mientras que Lulu es más de mamás y princesas. Cuando ella nació, le regalé a Pepe una cocinita que le flipaba. De bebote tenía un carrito con un bebé que le gustaba pasear por todo Madrid. Lucía jugó con algún camión y algún que otro dinosaurio, pero más por compartir juegos con su hermano. Intento no caer en distinciones de juguetes y género, para que elijan libremente. Pero tienden a lo que tienden y si fuera distinto me daría lo mismo, la verdad.

2 hijos, 2 madres

Ya os he dicho que la madre de mis hijos, que soy yo, es distinta con cada niño. Cada uno tiene unas necesidades propias y te saca un lado diferente. Intento dejar que mis hijos sean quienes son, educar de manera respetuosa (lo cual no siempre consigo, claro). Mi manera de ayudarles es variada: hay que echarle imaginación, abrir los ojos y tener los oídos siempre atentos. A su manera, cada niño te pide algo distinto. Pepe, desde pequeño, necesita sentirse seguro, y para ello cada día hacemos lo que mi cuñada americana llama *setting the scene* («preparar la escena», en castellano). Mi hijo se siente bien si sabe de antemano lo que va a suceder cada día. Le hago de secretaria y le explico qué vamos a hacer esa tarde, esa mañana o esa noche. Se lo cuento con todo lujo de detalles, y a él le va genial conocerlos. Pero justo hoy su profesora me ha dicho que le vendría bien algunas sorpresas en la rutina —si pueden ser positivas, mejor—, para que le dejen buen sabor de boca ya que tiene poca tolerancia a lo espontáneo.

¿Y Lulu? Mi hija tiene cero miedos y no necesita saber nada con antelación. La información que recibe su hermano no le sobra, pero le resbala, aunque le cae de rebote. Lucía es muy distinta. Ella, tristemente, se basa más en lo físico... Sarcasmo en *modo on*: ¿por qué será? Por ejemplo: tiene diástasis entre las paletas, mucha separación, vaya. De pequeña eso se convirtió para ella en un pequeño trauma ya que estaba convencida de que le faltaban dientes en los espacios. Gracias al cielo, mi amigo suizo le dijo que en los países de habla francesa a sus dientes se les llama «dientes de la suerte». Vi cómo sus ojos se llenaban de estrellitas al entender que lo que ella veía como un defecto podría ser una suerte. Desde entonces siempre sonríe orgullosa y dice que es una chica con suerte. Eso sí que es dar una vuelta a la tortilla de tu autoestima. Por naturaleza, cada niño necesita un empujón distinto. Pero podemos ayudarlos a aumentar su amor propio y la **resistencia a los juicios externos**.

Desde que trabajé en *La Voz Kids*, mi frase favorita es: **«Los niños son jóvenes, pero no son tontos»**. Todas y cada una de las veces que tuve que quitar los nervios a l@s niñ@s de medio metro que iban a salir por la enorme puerta del inmenso escenario de *La Voz Kids* fui real, auténtica, y les di todo mi cariño, el de verdad. Incluso sobre tacones tres semanas después de dar a luz a mi hija por cesárea, muerta de dolor, fui cien por cien yo. L@s niñ@s se merecen eso y más.

Debemos reforzar algunas conductas de nuestros peques. Pero cuidado no regales cumplidos o te excedas en las felicitaciones.

Que no suene falso, que no sea mentira. L@s niñ@s huelen la falsedad y será peor. Debemos reforzar siempre con verdad las actitudes, el progreso y, sobre todo, el esfuerzo, no tanto los resultados.

Siempre pienso que nuestro trabajo como padres es abrirles el mundo, que prueben algo nuevo. Esta semana mis hijos han ido por primera vez a esquiar: a una horita de Madrid, en una pista minúscula y en el mismo cursillo los dos hermanos. Volvieron chiflados; ¡no conseguía dormirlos de la excitación! Estaban tan emocionados por sus avances y por la sensación de haber probado algo nuevo que además les había gustado que se sentían poderosos. Felices. Satisfechos. Fuertes. Como si en ese momento todo fuera posible. Fue delicioso. Ayudarles a probar y a aprender cosas nuevas es guay. En cada fase de aprendizaje hay algo que aprender: dar sus primeros pasos, ir en bici, afeitarse o gestionar la primera menstruación.

Cuidado con el nivel, Maribel

Los retos no deben de ser demasiado duros (que no puedan alcanzarlos y se frustren) ni demasiado fáciles (que piensen que todo está chupado). El equilibrio es fundamental. Cada una conoce a sus hijos: a mi hija le gusta sentirse útil en la cocina pelando verduras, por ejemplo. Si tengo un evento, le encanta elegir mi ropa y mis zapatos. Disfruta al limpiar la pizarra o recoger los juguetes. Son tareas que la satisfacen. En cambio, a Pepe le gusta usar las sartenes de la cocina y preparar sándwiches con su padre, pero recoger no le apasiona. Eso sí, hacer limpieza de juguetes le mola, igual que ocuparse de que el cristal de la mesa de centro quede impoluto. A ambos les flipa jugar a pintar en la bañera y limpiarlo luego. Cada cual tiene sus gustos y su nivel, y yo los respeto.

Enfócate en sus talentos. Como madres, prestemos atención a qué hace bien nuestra criatura, lo que disfruta mucho, sus puntos fuertes. Creo que Pepe tiene un físico espectacular para ser bailarín, pero a él le interesa 0. Así que no le fuerzo. Aunque me encantaría que llegase a ser bailarín clásico, me aguanto y respeto sus gustos. Le apasionan el fútbol, los insectos, las matemáticas y las ciencias, y todo lo que sean inventos. Intento asegurarme de que tenga la oportunidad de mejorar en lo que le gusta y, sobre todo, en lo que le divierte. Eso le ayudará a mejorar su actitud. Por su parte, Lucía también tiene mucho talento para el baile, o yo lo veo así, y, como parece que le gusta, se lo potencio. Intento abrir los oídos con ellos, escuchar lo que dicen o muestran, estar atenta a sus acciones, empujar lo justo y ver qué les mueve. Dejo que decidan, y yo estaré para apoyarlos en la medida que pueda.

Cada fiesta de cumpleaños familiar es una oportunidad para que mis hijos sientan la maravilla que se aloja en tu interior cuando regalas. Puede ser un obsequio en forma de juguete, un vale por tiempo juntos, tareas de la casa o un dibujo. Dejo que mis hijos regalen, les permito dar, les dejo ser sus versiones más generosas. La **generosidad es un valor** importante para mí con el que intento transmitir a mis hijos las bondades de dar a los demás. Recibir es una alegría, pero regalar puede serlo más.

La autoestima es un músculo que, si se ejercita desde la más tierna infancia, funciona mejor. Si sus acciones importan, se sienten poderosos. Los valida, los llena de orgullo. Cuando eran más pequeños, les dejaba ayudar en casa siempre que querían, aunque yo fuera la que iba recogiendo detrás... Ahora, desde que hay paga, ya forma parte de sus tareas. Trabajo remunerado. También intento que se ayuden entre ellos. Por ejemplo, hoy Pepe ha ayudado a su hermana a repasar el alfabeto. Al ayudar de manera altruista, de manera simpática, se construyen buenos sentimientos. Les hace sentir que suman. Pepe ha disfrutado de su papel de profe, se ha ganado un abrazo familiar enorme y le he bañado con bomba de jabón incluida. Resumen: niño limpio y satisfecho, y niña que se sabe el alfabeto y que admira más aún a su hermano. ¡Ah! Y madre que se dice: «Vamos bien, Llasera, al menos hoy».

Creo que no se da suficiente valor a la autonomía en la infancia. A mis hermanos y a mí se nos educó en autonomía: «Cuanto más sepas hacer tú solita, más preparada estarás para enfrentarte al mundo. Seguro de que tú sola puedes con todo». Así me siento desde pequeña, así lo aprendí. Y mis hermanos igual: no solo han formado su propia familia, sino que uno se ha construido su propia casa de arriba abajo viendo vídeos de YouTube, y el otro ha sabido convertir su pasión en su carrera: la fotografía analógica. Nunca subestimemos el poder de saber hacer las cosas solo.

Si alguna vez me veis por la calle y mis hijos van medio disfrazados, es normal. Les dejo vestirse solos. **Es un ejercicio en la libertad de tener autonomía. Les regalo esa libertad.** La libre elección. «Elige tú, mi amor». Mi hijo se viste priorizando lo práctico y lo cómodo. Pepe no se pone nada que le apriete o le pique. Mi hija es otro cantar... A Lucía le gustan sobre todo los vestidos. Que sean bonitos, es decir, con vuelo en la falda y bien de rosa, morado y unicornios con brillantina. Está pasando esa fase cursi que yo no pasé, pero hay que respetarla e intentar que vea que se puede vestir de más colores, y que los pantalones son más cómodos. Esta fase no la he alentado yo. Las películas de princesas, las niñas de su clase y la sociedad en general empujan a las niñas a ser «más niñas». Desde pequeñas, se obsesionan con estar guapas para encontrar el amor, quizá incluso en el más bestia de la clase: una bestia fea.[21] Las películas y la sociedad van cambiando, modernizándose, pero el proceso es tan lento que no sé si algún día acabará esta fase rosa y azul entre niñas y niños.

A mi manera y en mi casa, intento que mis dos hijos sepan que su cuerpo no es un ornamento sino su instrumento para escalar, correr y saltar. Obviamente, intentamos que no vayan en bañador en pleno invierno (aunque lo intenten, que lo hacen). Y hasta duermen disfrazados... Eso me encanta.

La idea detrás del regalo de libertad de elegir algo tan poco importante como qué se ponen es que más adelante sepan escoger su estilo de vida, su trabajo, etc. Que tengan la cabeza bien amueblada y sepan lo que quieren: escoger paternidad o maternidad, sí o no, si quieren ser am@s de casa o lo que se les ocurra. Elegir su camino ahogará los prejuicios y la brecha se reducirá.

Los abrazos me parecen terapéuticos desde pequeña. Recuerdo a mi enorme abuelo abrazándome. Ahora, cuando Lucía se cae o se hace daño, la abrazo, y también si hace algo bien, como saberse los números. Entonces, como premio, pasamos un rato jugando a lo que a ella le gusta: princesas, mamás o casitas (aunque yo intente piratas, familias de animales, etc.). La imaginación es lo que más le divierte, y eso me parece digno de ensalzar. Imaginar, usar la fantasía, es lo mas barato y generoso que puedes hacer como mamá. ¡Y no caduca a ninguna edad! **Que nunca se pierda nuestra niña interior, *please*.** Sea la que sea, jamás. La imaginación, la fantasía, el sentido del humor que puede haber en un juego... son fundamentales. Y qué importante para nuestros niños, y para nosotros,

21. *La bella y la bestia* es un cuento de hadas francés que se escribió para intentar que las jóvenes accedieran a casarse por conveniencia con ricos señores de edad avanzada.

jugar con ellos. A veces me da pereza. Llego agotada del trabajo y me piden con una mirada llena de esperanza que juguemos a piratas, a princesas o a profesora y alumna (siendo yo la alumna, por supuesto) y no tengo corazón para negarme. Durante los juegos con nuestros niños, les enseñamos conocimientos sobre la vida, humor, risas, y les regalamos buenos ratos y recuerdos. Algo tan inocente como un juego de roles conlleva una educación abstracta que algún día será tangible en un futuro no tan lejano. La vida es un juego, pero a veces se nos olvida jugar, disfrutar. Juguemos a vivir sin jugarnos nada. **Regalémosles nuestro tiempo y de allí saldrán mil experiencias.**

Todos los niños pasan por la etapa de las mil preguntas. Mi hijo Pepe fue un loro desde pequeñito: habla muy bien y es muy elocuente. Un día íbamos él y yo en un tren, sentados a una mesa, con una señora delante. Pepe tendría dos o tres años y estaba en esa fase en la que los niños están llenos de preguntas de «¿y por qué?». Es así, hay que vivirlo. Yo iba respondiendo a sus preguntas sobre la vida. Después de casi una hora, la mujer me miró y me dijo: «Pues sí que habla, sí. ¿Qué edad tiene?». Le respondí, y se sorprendió. Mi hijo siempre ha sido grandote y todos piensan que es mayor de lo que es.

—Pues argumenta bien y tiene un léxico sorprendente para su edad —siguió ella.

—Así es, y no sé el porqué de su habilidad con las palabras —dije a mi vez.

Su respuesta me sorprendió:

—Yo sí lo sé. Ya estoy jubilada, pero he sido profesora muchos años. Llevo escuchándote responder a las preguntas de tu pequeño durante todo el viaje y la elocuencia de Pepe se debe a cómo le responde su madre.

Siempre me he tomado mi tiempo para responder a cada cuestión que me plantea mi pequeño del alma. Y es que llenar sus cabecitas de información interesante es alimentar su capacidad de pensamiento. **Estimulación en forma de ideas, nutrición para su discurso.** Además, sus preguntas suelen ser geniales. Por ejemplo: «Mamá, ¿por qué muerde el fuego?». O «¿Por qué tienes barba entre las piernas, mamá?». L@s niñ@s siempre consiguen descolocarte. Y tú les regalas las mejores respuestas que puedes imaginar.

MUJERES MENGUANTES

La típica pregunta obligada cuando se educan niñ@s es: ¿es distinto educar a niños y a niñas? El pensamiento tradicional —que tanto daño hace— indica que a ellos los educamos para tener autoridad, y a ellas, docilidad. **Receta para la mierda segura que será la vida de las mujeres.**

Son dos polos opuestos. Los niños pueden ser brutos, pero las niñas han de ser obedientes. Los niños juegan con espadas y coches; las niñas, con cocinitas y muñecas. Muchas pensarán que exagero, que la cosa está cambiando. Lo peligroso es que esta corriente es casi intangible, invisible, ya que se ha ido consolidando generación tras generación. Y es muy difícil luchar contra un monstruo tradicional que ya ni se ve, solo se siente. Y particularmente solo lo sentimos las mujeres, porque somos las que salimos perdiendo en todo esto. Para arrojar más luz sobre este tema, he traducido y le he pedido permiso para poner en este libro el poema «Mujeres menguantes» (*Shrinking Women*) a una joven poeta, Lily Myers, escrito en 2013:

Mujeres menguantes

Frente a mí, en la mesa de la cocina,
mi madre sonríe con el vino tinto que
bebe de un vaso medidor.

Dice que no se priva,
pero he aprendido a encontrar matices en
cada movimiento de su tenedor,
en cada arruga de su frente, mientras me
ofrece las piezas sin comer de su plato.
Me he dado cuenta de que solo cena
cuando yo se lo sugiero.
Me pregunto qué hace cuando no estoy.
Quizá por eso mi casa se siente más grande
cada vez que vuelvo; es proporcional.
A medida que ella se encoge, el espacio a su
alrededor parece cada vez mayor.
Ella mengua mientras mi padre crece.
Su estómago se ha redondeado con el vino,
las trasnochadas, las ostras, la poesía.
Una nueva novia que tenía sobrepeso
cuando era adolescente,
pero mi padre informa de que ahora es una
«loca por la fruta».
Fue lo mismo con sus padres;
a medida que mi abuela se volvió frágil y
angulosa,
su esposo se hinchó con unas mejillas rojas
y rellenas, barriga redonda,
y me pregunto si mi linaje es de mujeres
encogidas,
haciendo espacio para la entrada de los
hombres en sus vidas,
sin saber cómo volver a llenarlo una vez que
se vayan.
Me han enseñado hospitalidad.

Mi hermano nunca piensa antes de hablar.
Me han enseñado a filtrar.
«¿Cómo puede alguien tener una relación
con la comida?» pregunta riendo,
mientras yo como la sopa de frijoles negros
que elegí por su falta de carbohidratos.
Quiero decir: venimos de la diferencia,
Jonás,
a ti han enseñado a crecer para fuera.
A mí me han enseñado a crecer para
dentro.
Aprendiste de papá a emitir, a producir,
a sacar cada pensamiento de tu lengua
confiada,
te quedabas sin voz cada dos semanas de
tanto gritar.
Aprendí a absorber.
Recibí lecciones de mamá para crear
espacio a mi alrededor.
Aprendí a leer los nudos en su frente
mientras los muchachos salían por
ostras,
y nunca quise replicarla, pero
pasa suficiente tiempo sentado frente a
alguien y adquieres sus hábitos,
por eso las mujeres de mi familia se han ido
encogiendo durante décadas.
Todos lo aprendimos unos de otros,
la forma en que cada generación le enseñó a
la siguiente a tejer,
tejiendo silencio entre los hilos

que todavía puedo sentir mientras camino
por esta casa en constante crecimiento,
picor en mi piel,
recogiendo todos los hábitos que mi madre,
sin darse cuenta,
ha dejado caer como pedazos de papel
arrugado de su bolsillo
en sus innumerables viajes de dormitorio a
cocina y de nuevo a dormitorio.
Por las noches la oigo bajar sigilosamente a
comer yogur natural en la oscuridad,
como una fugitiva que roba calorías a las
que no se siente con derecho.
Decidir cuántos bocados es demasiado.
Cuánto espacio merece ocupar.
Mirando la lucha, o la imito o la odio,
y ya no quiero hacer ninguna de las dos,
pero el peso de esta casa me ha seguido por
todo el país.
Hoy hice cinco preguntas en clase de
Genética y todas comenzaron con un
«lo siento».
No me he enterado de los requisitos para la
carrera de Sociología
porque pasé toda la reunión decidiendo si
podía comer o no otro pedazo de *pizza*.
Una obsesión circular que nunca quise,
pero la herencia es accidental,
todavía mirándome con los labios teñidos
de vino desde el otro lado de la mesa de
la cocina.

Dos salones en casa

Escogí el poema anterior porque ilustra la dinámica familiar mediterránea clásica, y el efecto madre e hija en crudo. La relación con la comida es una herencia muy típica entre féminas que se cocina a fuego lento en cada casa. En la vorágine que es la vida, con su consecuente carga mental, se nos olvida que nuestros hijos e hijas beben de nuestras obsesiones: el ejercicio, la dieta, medirte, pesarte, buscar la juventud eterna, etc. Sin querer, normalizamos una dependencia de la imagen que ellas, nuestras niñas, viven con normalidad. Su pan nuestro de cada día... O no, porque son carbohidratos. Y lo que sembramos cuando son pequeños y pequeñas, en la adolescencia se manifiesta con la pasión hormonal típica del ancho de banda con el que lo sienten todo. ¿Y entonces? Entonces ya es tarde, señoras. O, al menos, difícilmente reconducible.

Es un tema que quema. Hace poco oí que «odiar tu cuerpo es como hacer que tu casa sea incómoda» y pensé en todas las madres de mis amigas que tenían incómodos salones en los que estaba prohibido tocar nada, y mucho menos jugar. Un clásico de la España de mi época: tener un salón «escaparate» solo para las visitas, blanco e impoluto, y otra sala de la tele, un salón más vivido para estar realmente cómoda. Nunca entendí por qué había dos. Esos salones incómodos van de la mano de cuerpos estudiados, medidos y pesados a diario para no cambiar de apariencia, ni una gota de grasa más o menos. Siempre esclavas de la imagen, comportamientos heredados de generación en generación que debe parar ya, por favor. Os invito a disfrutar de nuestros salones como de nuestros cuerpos: a tope. Si lo hacemos, romperemos esta cadena de incomodidad delante de nuestras niñas y niños... Que se enteren de que mamá vivió, disfrutó y no se enfadaba por una manchita en el sofá. ¿Qué es una manchita en el sofá cuando estás jugando a ser una pirata con tus hijos? Ya se quitará. Y, si no, bien vivido está.

Mi hija me da miedo

Como madre, me da mucho miedo que se impongan a mi hija barreras que mi hijo no se planteará por su género. Es triste que, cuando eres mujer, tus sentimientos sobre tu cuerpo sean el resultado de décadas de mensajes de niña y adolescente que atan tu valor a tu imagen. Sucede menos con los chicos, aunque cada vez pasa más, pero no me da pánico cómo vaya a verse Pepe. A sus seis años no le da ningún valor a la imagen pero mi hija, con cuatro añitos que tiene ahora, se mide a diario con el reflejo que le ofrece el espejo.

Durante el confinamiento que nos tuvo encerrados tres meses por el dichoso virus de 2020 —de cuyo nombre no quiero acordarme—, mi hija tenía dos años. Estaba probándose un vestido delante del espejo. Puso cara de no estar convencida, y al pasar por su cuarto le pregunté inocentemente qué pasaba. Me contestó: «Mamá, este vestido no me gusta porque me hace gorda». Dos años, repito. Me quedé atónita. ¿Cómo es posible que yo, que me jacto de ser una abanderada de la aceptación del cuerpo, tenga una hija que a tan temprana edad ya esté midiendo el tamaño de su cuerpo? ¿Cómo puede ser que nuestras niñas de dos años ya estén diseccionando su cuerpo en el espejo? ¿Qué estoy haciendo mal? Yo pensaba que tenía cuidado con no repetir patrones, con no hablar de peso, de etiquetas, con no juzgar los cuerpos, ni el mío ni los de los demás, y menos delante de ella. Comencé a escuchar con mayúsculas las conversaciones que teníamos en casa y me di cuenta de que, como muchas familias, pecamos de hablar mucho de nuestro peso, con todas sus etiquetas. Desde entonces tengo más cuidado, e intento abolir estos comportamientos en casa de una forma más consciente. Cuando pesamos a los niños en el médico, les invito a ver su peso como una nueva fuerza que adquieren comiendo de manera saludable. Espero estar haciéndolo bien, intento hacer lo mejor para ella y para él.

El perdón de mamá

Hace poco, y a su manera, mi madre me pidió perdón por cómo me educó respecto a la relación con la comida. Ella hizo lo que vivió en su propia crianza, repitió el patrón clásico de que si te caes y te haces un rasguño de niña, un helado de chocolate lo arregla todo. Pasados los años, eso se traduce en una mujer adulta para la cual lo amargo de la vida —desde una ruptura amorosa a un mal día en el trabajo, o que simplemente estés de bajón— se endulza gracias a una tarta de queso, unas choco chips o unas crepes caseras. Mi relación con la comida la aprendí en casa, como todas... Ni mi abuela ni mi madre han estado nunca a dieta, que yo sepa. En casa se comía como si estuviéramos en una permanente posguerra, siempre obligada a zamparme todo lo que estaba en el plato. Era el clásico chantaje de «Piensa en los niños en África, que no tienen para comer...». Por supuesto, no hay nada que perdonar. Mi madre y mi abuela lo hacían lo mejor que podían, no eran conscientes de estar trasladando algo malo respecto a nuestra relación con la comida.

Ahora mi madre tiene Instagram y lo usa mucho. Está al día de todo lo que implica la relación entre salud mental y alimentaria. Y por eso me pide cotidianamente perdón por algo que yo, hasta hace poco, como ella, no veía como un problema. Comer rico y en cantidad era más un *hobby*. Jamás me planteé que mi relación con la comida fuese problemática, aunque puedo rozar la adicción/obsesión por ciertos alimentos, sobre todo cuando mi salud mental sufre. Mis emociones están claramente relacionadas con mi ingesta. Hoy, si voy a casa de mis padres, como de otra manera, vuelvo a mis hábitos de joven: como en cantidad.

Somos seres complejos y fascinantes. Mi amor propio no está exento de autosabotajes. Aunque estoy siempre en estado de reforma y mejora de mí misma, también tengo ratos que me siento triste, y lo pago con la nevera. Me meto una tarrina de helado para evadirme de mis problemas. ¿Te suena? Nos pasa a muchas. Son siglos de mujeres en las cocinas. Tendemos a pagar la ansiedad con calorías.

Cuando engullo un litro de helado no es que no sepa cuántas calorías hay ahí. Sé que son muchas. Pero en ese momento me siento mal, así que me lo zampo para no sentirme sola dentro de mi cuerpo. Busco evadirme de mis sentimientos. El litro de helado sabe rico y me genera oxitocina, la hormona de la felicidad que me hará sentir bien, feliz y satisfecha. Menos sola. No sabemos ser nosotras mismas sin el litro de helado, ese es el problema. Lo que necesito es ser yo sin el helado. Llevo trabajándome cada día durante años, pero sigo yendo a por el helado de chocolate de vez en cuando. Lo hago menos, sí, pero ahí está.

Soy adicta al azúcar. En un estudio neurocientífico publicado por *Muy Interesante*, midieron los impulsos de las mujeres al ver platos de comida. Entramos en frenesí cerebral al ver imágenes de comidas ricas. Estoy segura de que me ocurre. Solo con ver una foto de algo rico en mi *feed* en redes, tengo que cocinarlo para probarlo. Es un impulso complicado de controlar.

Como buena madre que intento ser, busco romper ese patrón con mis hijos, con los dos. Procuro alimentarnos con comida sana sin dar importancia al peso, sin etiquetas, porque quiero que comer sea un placer saludable, sin darle más vueltas. Espero que dando ejemplo y comiendo de manera saludable, consiga que en el futuro no se peguen atracones cuando se sientan vacíos en el alma. Que escuchen a sus estómagos. A ver si lo conseguimos.

Como todos los niños, tanto mi hija como mi hijo tienen rachas en las que comen mal, fases de comer como pajaritos. Lo primero que me dijo mi madre (a la que siempre acudo para que me dé consejos de crianza) fue: «Involúcralos en la cocina, conviértelo en un juego con el premio de comer lo que ellos elaboren». Lo segundo fue: «Si les pides que coman lentejas, sé coherente y cométejas tú también delante de ellos, que te vean. **Predica con el ejemplo»**. Regalemos a nuestros niños y niñas una relación sana con la comida. Y no solo con ella, sino con todo en la vida.

Mamá predicadora

¿Quién no ha oído decir alguna vez a una madre estresada: «¡Haz lo que yo digo, no lo que yo hago!»? En clave de comedia ante las idiosincrasias de la vida, vale, te ríes un rato. Pero toda madre sabe que **para ser predicadora hay que ser ejemplo**. Tú también has de hacer lo que dices, y lo sabes. Puedes pedir millones de veces a tus hijos que le den un beso a la abuela, pero si tú al verla le plantas un beso, ¿qué harán ellos sin que se lo pidas? Pues eso, darle un beso a la abuela.

Los ojos de nuestr@s hij@s nos observan toda su vida. Para bien o para mal, tenemos público activo en casa. Es vital predicar con el ejemplo, tan agotador como importante. Puedes pedirles que se coman la verdura hasta el hartarte, pero si te la comes siempre tú, los niños imitarán tu comportamiento. Somos «imitamonos». Copiamos lo que hacen nuestros adultos más cercanos. Como un chimpancé lo aprende todo de su madre, nuestros niñ@s nos observan siempre con detenimiento. Esa presión existe y aunque no la veas está allí Siempre vigilantes.

La actitud correcta cuenta en esto de criar. Cuando te tomas tu tiempo para limpiar la nevera, por ejemplo, y lo haces superbién, con filosofía y alegría, con buena música y mucho *flow*, enseñas a tus hijos a tener buena actitud, a tomárselo con calma y a hacer las cosas bien. Y disfrutas de algo tan tedioso como limpiar la nevera con bicarbonato, ya ves qué emoción...

Los valores son hereditarios, amigas mías. La moralidad se aprende en casita. Si tus principales valores son ser valiente, proactiva, buena persona, etc., tendrás que ser todo eso cuando tus hijos miren y cuando no. Porque si te equivocas también se enterarán. Lo saben casi todo de ti... Pequeños espías, eso es lo que son.

Aunque es una valiosa lección en sí misma... Hace poco mi hija, durante una conversación con mi madre por FaceTime, sacó la cartera y tenía ¡13 eurazos! Aluciné con que tuviera tanto dinero y aunque me dijo que era suyo —de su hucha, que se había roto— no la creí. No diría que mi hija es mentirosa, pero le gusta fantasear y es muy urraca: coge todo lo que brilla y se lo lleva a su mesilla. Así que pensé que se lo había robado a su hermano, que es más ahorrador... La convertí en sospechosa de alguna malversación. Su cara me decía con una sonrisa enorme que era suyo pero sus ojos no me miraban así que asumí que mentía y no le di más vueltas. La taché de mentirosa. Me dijo que ella no mentía, pero no lloró ni pataleó. Eso me convenció aún más de su trola. Más tarde me enteré de que Lulu decía la verdad. Su hucha se había roto hacía semanas y metió sus ahorros en una cartera vieja que le regaló mi madre. Me sorprendió que Lulu no se defendiera más. Me sentí mala madre por asumir que mentía, dado su historial. Pensé que le había fallado. Al día siguiente, en cuanto volvió del colegio, no tuve ningún problema en **pedir perdón a mi hija** de cuatro años por llamarla mentirosa cuando decía la verdad. Me pareció importante que supiera que mamá también mete la pata, que se equivoca, y que no le da vergüenza admitir sus errores. Ni pedir perdón. Le dije a Lucía que **lo sentía** y que tenía derecho a que mamá le leyera un libro más a la hora de dormir como premio por decir la verdad. Ahora intento ser más justa con ella y darle el beneficio de la duda.

La mayor lección que espero que entiendan mis dos hijos es que nadie es perfecto (y sus padres menos). **Los mayores también nos equivocamos.** La palabra *perfect@* es muy peligrosa. Me parece una de las lecciones más importantes que podemos regalar a nuestras pequeñas, dado el nivel de perfección normalizada e irreal que hay en las redes. Intentar alcanzar la perfección es vivir frustrada. Y eso no es lo que quiero para ellos.

Hace poco me invitaron a cantar y bailar en el concurso de Antena 3 *Tu cara me suena*, donde los famosos imitan a cantantes. Me tocó ser sor María, de *Sonrisas y lágrimas* y cantar «Do, re, mí». Lo disfruté mucho, pero lo hice regular: me quedaba sin aire, desafinaba... En fin. Jamás pensé que mis hijos se obsesionarían con verlo a todas horas y que se lo enseñarían a cada persona con la que hemos compartido mesa en las últimas vacaciones. Se lo enseñan orgullosos a todo quisqui. La cuestión es que se lo saben tan, tan, tan de memoria que ya se adelantan con *spoilers* del tipo «Y ahora se queda sin aire», «Y ahora se equivoca con la letra». Y gracias a haberme oído criticarme. Aunque saben que no lo hice perfecto, son conscientes de que lo disfruté muchísimo y eso es lo importante. Quiero dar ejemplo: «**Mamá no tiene vergüenza**, mamá disfruta con lo que hace, aunque no lo haga perfecto».

El matiz que reside en la brecha entre saber que la perfección no existe y pasar olímpicamente de todo porque «no se puede ser perfecto» es difícil de describir. Hace unos treinta años estaba chapuceando mientras recogía la mesa en casa de mis padres. Mi padre lo vio y se me acercó. Me cogió el trapo de las manos y, mientras recogía las migas de la mesa con movimientos lentos y certeros, me explicó algo que se me quedó grabado para siempre: «Es mejor hacer una vez bien las cosas que no sé cuántas mal. Ahórrate el esfuerzo y haz bien las cosas a la primera. La perfección no existe, pero el esfuerzo sí, y **valoro el esfuerzo** de hacer bien las cosas al menos una vez». Mi padre no habla mucho pero cuando lo hace es de esa gente que sentencia.

Intento criar a mis hijos valorando que se esfuercen y que hagan bien las cosas **según su criterio**. Ante todo, que tengan sus propias ideas. Y que sepan que la perfección es aburrida y que está sobrevalorada. Por ejemplo, pintamos los cuatro la misma tortuga: saben que pueden dibujarla con siete patas y del color que quieran porque es una tortuga a su manera. Está la tortuga azul de papá; mi tortuga, siempre con mucho color; la tortuga de Pepe, que tiene buena mano con las formas y el color; y la de Lulu, que suele llevar acuarelas, brillantina y algún que otro corazón. Y ninguna es mejor, todas son perfectas **a su manera**. Así, pintando, aprendemos lo importante que es hacer lo que sea a nuestra manera, a nuestro modo, a nuestro gusto. La importancia de educar gente individual es total: **quiero formar individuos únicos, irrepetibles**.

Cash, cash, bling, bling

Cualquiera que tenga hijos sabe que **criar es negociar**. Criar a mi hija es una negociación constante y agotadora. Todo es susceptible de «Hagamos un trato, mamá». Lucía es indómita por naturaleza. El verano de 2021 estuvo especialmente difícil, y no conseguía guiarla ni controlarla con solo tres años. Estaba desesperada, así que acudí a mi gran consejera, mi madre, que me dijo lo que necesitaba oír para hacer clic. «Piensa, Tania. ¿Qué es lo que la mueve en POSITIVO? Piensa, Tania.» Ya había usado los castigos, y no funcionaban; las amenazas tampoco. Ya no sabía cómo lograr que la niña me hiciese caso. Estaba agotada y no veía la luz. Al pensar en positivo —«¿Qué le gusta a mi hija? ¿Qué la mueve?»—, encontré la solución. *Cash, cash*, amigas, *bling, bling*. A partir de su cuarto cumpleaños (el 5 de septiembre), tendría paga. Ella y su hermano, claro. El dinero solo lo ganan si hacen «su trabajo»: ir al colegio, trabajar la autonomía de poner y quitar la mesa, vestirse solos, estudiar lo que haya que saberse en el cole y hacer caso a sus padres. Lo típico. Los dos euros semanales que me cuesta merecen cada céntimo. Además, así les enseño el poder de la negociación. En la vida no todo es blanco o negro, hay muchos grises. Les muestro el abanico de posibilidades que hay entre el sí y el no. O el «ya veremos» que, como dicen ellos, siempre es no. Lo trabajamos juntos, hay maneras de conseguir las cosas. La vida es estar siempre **negociando** e intento que mis hijos sean muy buenos en eso, que a mí me costaba de chica y de mayor también. En la vida, me da vergüenza regatear así que intento mejorar a mis hijos es eso. Les enseño a negociar las cosas negociables. Con cada euro que ganan, tiene que escoger si se lo gastan en chuches o si lo ahorran para comprarse algo más grande y potente más adelante, educando la **paciencia**. Importante, todo esto. Aprenden que con un euro hay pocas cosas que puedan comprar en el quiosco de delante de casa donde hay juguetes de hasta treinta. Y vamos midiendo por pagas: «Mamá, ¿y esto cuántas pagas cuesta?». «Tres pagas, hija.» Y así aprenden lo que cuesta ganar un euro y lo rápido que se gasta. Importante lección, saber lo que vale un peine.

Límites sin límite

Límites para nosotros

NO, nunca debes acudir a la crítica fea: palabras como *tonto*, *vago* y cualquier otra expresión desmotivadora dañan a los niños en su autoestima. Se ven en una luz oscura. Corrige a tus hijos con paciencia y amor. Entiendo que a veces es difícil, pero la paciencia es también algo que debes enseñarles. No nacen pacientes, lo aprenden de sus padres. Deben verlo en ti. Limita tu lenguaje abusivo o degradante ya, es urgente.

Límites para niños

A mis hijos les gusta sentirse seguros. Las reglas y la rutina les aportan esa **seguridad**, una especie de sentimiento de que alguien vela por ellos, queriéndolos lo suficiente como para acotar su libertad. Y lo agradecen. Recuerdo que de niña odiaba irme a la cama con el telediario pero me encantaba que cada noche fuese igual. Me sentía segura escuchando las noticias desde el calor de mi cama. La rutina era como una manta calentita que siempre podía esperar a la misma hora. Creo que mis hijos —y todos los niños— necesitan barreras, rutinas, horarios, disciplina sin ser férrea, pero agradecen sentir que su comportamiento importa. Al igual que decir «por favor» y «gracias», es una cuestión de etiqueta emocional tener la libertad justa hasta ser lo suficientemente mayor para contar con las herramientas necesarias para ejercer tu libertad respetando la de los demás.

Límites en la adolescencia

Primero, nos deseo suerte para llegar al adolescente que «adolece» dentro de su cuerpo cambiante, como su nombre indica. Más que límites, los adolescentes buscan información, consejo o conversaciones largas y profundas. Muchos se sienten incomprendidos y, por definición, se rebelan contra las limitaciones. Necesitan excesivas cantidades de amor y escucha, que sus frágiles sentimientos sean atendidos y se les dé validez. Y piden ser acotados, pero con libertad. Ya no son niños y no se les debe tratar como a críos aunque su mayoría de edad no haya llegado aún. En su estado efervescente, han de tener claro que sus padres no se van a dejar pisotear. Vivir en casa de los padres conlleva unas reglas que, si hay buena disposición, siempre se pueden negociar. Ahora bien, han de tener claro que **no eres su amiga, sino su madre**, y el respeto y la empatía hacia los demás miembros de la familia son obligatorios por mucha hormona que tengan. Esas bases son para todos en casa.

Hablemos ahora de los adolescentes. Es un tema que me apasiona, pero creo que tengo un nombre mejor para referirme a ellos... Sigue leyendo.

ABORDESCENTES: EN TIERRA DE NADIE

Por definición, los adolescentes son unos bordes, así que llamarlos *abordescentes* me parece más cercano a la realidad. Me siento como si tirase piedras contra mi tejado, porque me sigo considerando un poco adolescente. Soy de la generación *grunge* de los noventa, momento en el que la adolescencia era un tormento real y un fenómeno musical gracias a grupos como Nirvana. De hecho, sigo soñando con esa época en la que solo con oír una moto ya distinguía si era de mi cuadrilla o no. Y es que ser adolescente es un poco como estar en tierra de nadie: mayor para que te traten como un niño y muy niño para los mayores. Sientes que solo te entienden tus iguales.

El tormento de esa edad lo recuerdo como si fuese ayer: buscas gustar, caer bien, formar parte de alguna cuadrilla, el sexo (entre menores), el amor propio y la imagen del cuerpo (tan importante en esta etapa), el estrés, hacer gracias, el *bullying*, la depresión, el suicidio, las drogas, beber, fumar, el embarazo adolescente... Y ahora la ciberadicción, la distorsión digital, el bombardeo de filtros, *gifs*, memes y *trending topics* a cada segundo; no me quiero ni imaginar la complicación de estar en transición en esta era moderna.

Fui la peor adolescente de mi casa... De los trece a los veintidós años me convertí en un monstruo, extraña y surrealista; me volví medio loca con el crecimiento de mis hormonas. No escuchaba a nadie. Por las noches, me escapaba de casa. Estaba en guerra con mis padres, pero por dentro detestaba a mi madre. A mis hermanos los consideraba unos peleles y me sentía incomprendida a nivel experto. Vivía atormentada porque había una tormenta dentro de mí. Recuerdo que con dieciocho años mi madre me mandó a una psicóloga para que me dijera lo mismo que me hubiera dicho ella, pero al menos a la profesional la escuchaba. Aquella mujer consiguió llegar a mi *abordescente* interior y trabajar con él, pero fue gracias a mis padres, y al tesón de mi madre, que conseguí estudiar, viajar y convertirme en quien soy: una mujer de provecho.

Pero basta de hablar de mí. Pongamos el foco en las nuevas generaciones, en las adolescentes que estamos educando. Vienen pisando fuerte, pero debemos saber que hay nuevos elementos que pueden desestabilizarlas. Me refiero a las redes sociales, por supuesto. Al educar a las adolescentes es necesario plantearnos si estamos repitiendo patrones, si les estamos animando a empoderarse, a respetarse y a tomar el control de su cuerpo, o si, por el contrario, estamos siendo tóxicas con tanto *body positive* que no refleja su realidad.

Y el diablo se acercó a ella y le susurró al oído: «Se acerca la tormenta». Ella se dio la vuelta y dijo: «Yo soy la tormenta».

Frase popular samurái

Si históricamente a los jóvenes se les ha intentado «encauzar» para que vayan por el camino que la sociedad ha entendido siempre que es el bueno —¿quién no ha oído frases del tipo «Estudia algo que te sirva», «Tienes que meterte en una carrera», «Eso no tiene salidas», sin contar con los deseos e inquietudes de quien escucha—, el encorsetamiento del siglo XXI va más allá: ahora a los adolescentes no solo se les impone el peso de ser canónicos, de hacer las cosas bien, de no salirse de la norma, de agarrarse a lo seguro, de no explorar sus propios objetivos, sino que también se ven forzados a encajar en un canon de belleza que no existe. Tal cual. Las adolescentes quieren vivir en una foto en la que salen con los pómulos marcados, los ojos grandes, los labios carnosos, la nariz fina. Todas iguales, todas cortadas por el mismo patrón del mismo cirujano plástico virtual. Señoras, esa no es la realidad.

¿Y cuál es su realidad? Que están ultraconectadas. Nunca se despiden de sus amigas porque siguen en contacto día y noche desde sus *apps*. El metaverso, queridas. Gran parte del atractivo de las pantallas es que te permite ser quien quieras, y evitar lo que no te apetezca enseñar. Cuando empiezan en las redes sociales, la mayoría de las niñas todavía no saben quiénes son ni qué quieren. Solo desean convertirse en productos de consumo, en las nuevas *IT girls* del momento: las famosas *influencers*. En internet, YouTube, las redes sociales y en todo ese enjambre de comunicación gratuita —como toda tecnología que va más rápida que la sociedad—, hay vacíos legales y desprotección para las niñas, que eligen exponer su vida a cambio de un puñado de *likes*. Pocas son las que consiguen triunfar a base de TikToks o Snapchats, pero las que alcanzan cierto nivel de éxito se encuentran pronto con una fama que puede que buscaran al principio, pero que puede convertirse en una densa niebla que no les permita ver la salida. Para muchas es así. **El éxito no es tan chachi como lo pintan.**

Os lo aseguro. A veces tienes tanto *input*, tanta gente dándote su opinión sobre cualquier tema, que el ruido es ensordecedor y al final ni siquiera te escuchas a ti. Te pierdes a una edad en la que deberías estar buscándote. Y cuando la fama termina, llega el silencio fértil en el que crecen las inseguridades, las ansiedades y las depresiones tempranas.

Me gustaría centrarme ahora en **nuestras niñas** y en la enorme responsabilidad de educar a futuras mujercitas. El culto a la imagen que viven con total impunidad se está convirtiendo en una obsesión inevitable. Busquen la fama o el éxito, como nuestras niñas se exponen a lo digital desde pequeñas, en cuanto las golpea la adolescencia se masca la tragedia: como madres, nos sentiremos desbordadas por culpa de sus exigencias respecto a la imagen. Las nuevas tecnologías están despertando viejos problemas, complicándose con filtros, *apps* para tunearse... La presión llega a un nivel desorbitado. Los nuevos problemas necesitan soluciones nuevas: la fantástica distorsión digital a la que están sometidas nuestras niñas es un problema real que no se puede ignorar. Pero ¿qué podemos hace nosotras, sus madres, para ayudarlas?

007: Licencia para putear

Vas a estar desesperada, llegará tan segura como sus hormonas. Y debes de saber que mi madre me ha dado permiso a mí y yo te lo doy a ti: **como madre, sé la hija de puta que tengas que ser**. Los adolescentes piden a gritos y de muy malas maneras que los putees, que seas una cruel hija de mil putas, porque lo necesitan. Al igual que un niño necesita rutina, un *abordescente*, necesita que le paguen con ser borde de vuelta, con llegar donde los demás no llegan porque no los quieren como tú. A nadie le importarás nunca tanto como a tu madre. Por eso te puteo y te pongo límites, porque te quiero.

Identificar a un adolescente es simple: hay cambios. Por ejemplo, a mí se me pegaban las sábanas cosa mala, aunque de niña y de adulta he sido más bien insomne. A veces bajan las notas (también me pasó) y nos encerramos más en el baño o en nuestra habitación. Y es que la adolescencia no deja de ser una transición de niña a la siguiente estación: mujer. Recuerdo estar especialmente sensible a esa edad y pensar: «Como esto sea siempre así, no sé si podré con la vida». Ojalá alguien me hubiera explicado que de adolescentes sentimos con cuádruple ancho de banda, y que la pubertad hace que hasta la nariz se hinche hasta un punto irreal que nunca volverás a tener, ni de abuela. Todo se exagera. Es como en la casa de *Gran hermano*: todo se megamagnifica. **Estar enfadada, confusa, celosa, rebelde, silenciosa y llena de secretos es normal.** Forma parte de la transición.

Escribí un diario desde los ocho años hasta tener hijos (entonces me puse a escribir libros) y siempre sentí que mi madre **respetaba** mi intimidad: nunca los leyó. Ni en nuestros peores momentos, cuando mi abuela la instaba para que los leyera y se enterara de qué me pasaba por la cabeza. Mi madre jamás entró al trapo. Eso me hace respetarla al máximo porque hubo momento feos; y fue muy valiente al no tomar la vía corta. La relación con tu hija es como cualquier otra: necesita de confianza y aceptación por ambas partes, pero seguramente algo más por parte de la madre, aunque esté desesperada. La confianza es fundamental si quieres que una relación funcione. Sobre todo con una hija adolescente. Si esperas que se abra deberás regarla con confianza. Nada de espiar ni de mirar algo sin su permiso. Es duro, pero ha de sentirse cómoda contigo. Debe haber transparencia.

A esa edad había algo que me ponía muy nerviosa y que ahora comprendo a la perfección: por muchas burradas que hiciera o dijera, mi madre siempre estaba tranquila. ¡Se alteraba poco para lo que yo pretendía con mis hormonas brotando a borbotones! Hace poco me confesó que lo más importante cuando crías adolescentes es fingir que las burradas no lo son para mantener abiertas las vías de comunicación. Yo le soltaba sapos y culebras, buscando que saltara como una rana a perder los nervios. Pero nunca lo hacía. Ella impávida, serena, tranquila... Obviamente, dentro de lo coherente, pero aunque soltara perlas pesadas, fingía estar tranquila y lo hablaba todo con naturalidad y sosiego. Eso me llenaba de rabia a nivel dios. Porque si se enfadaba y perdía los papeles, se arriesgaba a que yo hiciera alguna locura o dejáramos de hablar. Y eso nunca debe suceder mientras esté en tu mano. **Hay que mantener a toda costa el diálogo entre tu *abordescente* y tú.** Crear una buena relación es fundamental para que se sienta cómoda y pueda contarte cualquier cosa: lo bueno y lo malo. Las madres somos las adultas y debemos llevar las riendas de la relación con nuestra hija, transmitiéndoles el *know how*, el saber hacer, nuestra sabiduría.

Otro tema: las redes. Es importante que te informes sobre los peligros que entraña internet y sobre lo bueno que tiene, que también está ahí. Es una herramienta y su uso depende de ti. Cuando conozcas tanto sus beneficios como sus riesgos, habla abiertamente con tus hijos sobre ello. **Si no tienes ni idea del tema no pasa nada, nadie nace sabiendo. Pero ten en cuenta que es fácil, se aprende.** Intenta abrirte un canal en cada una de sus redes. Si lo necesitas, pide ayuda a tus hijos para ver de qué va y mostrar interés por su vida, ya sea realidad virtual en el metaverso o un perfil en la *app* de moda. Al principio, todas estamos perdidas. Da una oportunidad a tus hijos para que se conviertan en tus profesores. Deja que te muestren cómo funciona y, si eres un pato mareado, que se rían sanamente de ti. Les vendrá bien tanto a ellos como a ti.

Hace poco conocí el caso de una madre que nunca dejaba que sus hijos adolescentes la sacaran en fotos ni en las redes porque se veía horrorosa. Un día, al darse cuenta de que sus hijas empezaban a imitarla y que ese comportamiento les afectaba, decidió cambiar y aceptar cualquier foto o *post* en las redes. Además, empezó a modificar su discurso hacia sus fotos, alabándose siempre. Menos de una semana después de hablarse bonito al ver su imagen notó un cambio bestial en su autoestima. ¿Y sus hijas? Emularon a su madre.

Normalicemos la realidad de que **todos somos más que un cuerpo** y mostremos que estamos orgullosas del que nos ha tocado en la lotería de la vida: lo cuidamos, lo respetamos y cambiamos lo que no nos gusta por nosotras mismas. La aceptación es fundamental, pero también lo es el derecho al cambio. A las adolescentes que cambian de peinado, maquillaje y ropa con cada *trend*, enséñales que el canon de belleza puede cambiar de un plumazo, pero que su esencia permanece. Siempre serán ellas mismas. Y eso es algo que debemos celebrar.

Ejemplifica lo que les vendes. **Vive en vez de proyectar postureo.** Pasar un rato en *online* está bien, pero es fundamental dedicar el mismo tiempo a descomprimirse en la vida *offline*.

En las redes, como en la vida, haz un variadito. Intenta predicar con el ejemplo usando poco las redes y sigue a un amplio abanico de medios: periódicos, revistas, personas de interés, cantantes, modelos, activistas, cocineros..., todo vale. Cuanta más diversidad en tu *feed*, más nutrición informativa. Y ellos se darán cuenta de que es más equilibrado. En lo que a *data* se refiere, es un poco como la alimentación saludable. Intenta sacar el tema de que hay que contar con diversas fuentes para distinguir las *fake news*, pues cada vez hay más noticias de mentira. Busca perfiles que te inspiren a mejorar, que sean tus musas. Sigue a menos *influencers* y a más referentes; te irá mejor. Metí a mi madre en Instagram a regañadientes y ahora es megafan: me presenta cuentas y novedades que ella descubre, ya que tiene más tiempo que yo. Cada uno debe encontrar el bienestar tecnológico a su manera.

Wellness tecnológico

Penélope Cruz ha declarado hace poco que no les comprará un móvil a sus hijos hasta que cumplan los dieciséis años. Ojalá yo pueda frenarlo tanto. Llegue cuando llegue el acceso a un *smartphone*, mi plan es más o menos este: **antes** de comprarles un móvil les diré que vamos a redactar un «Contrato de vida *online*» conjunto, padres y niños, para nuestro *wellness* tecnológico. En él, dejaremos por escrito (y seguramente pegados en la nevera) los límites visibles y aceptados por ambas partes. Serán promesas que deberán cumplirse. Si confío en ellos abriéndoles las puertas a las redes, ellos deben esforzarse por comprometerse a cumplir ciertas reglas, y entender que mamá y papá podrán seguir algunas de ellas, pero no todas, sobre todo por cuestiones laborales. Si quieren tener comida encima de la mesa y una cama calentita, mamá y papá necesitan trabajar y, sí, a veces en sábado o domingo y muchas horas. Pero dentro de lo lógico y racional, viviendo ahora de las redes sociales, intentaré cumplir las mismas reglas.

Creo que mi «Contrato de vida *online*» constaría de dos partes: las reglas de contenido y las reglas de uso y disfrute. Podría parecerse a este (al menos en la actualidad):

Contrato de vida *online*

Las 6 reglas de contenido

1. **LA REGLA DE CARNE Y HUESO:** Limita el acceso. Es mejor una cuenta privada, ya que te protege de cualquiera con malas intenciones. No agregues a desconocidos, aunque sean amigos de amigos. Si no los conoces en persona, fuera. Si no te conozco, no te acepto y punto. Y si te da mal rollo, tampoco.
2. **LA REGLA DE LA ABUELA:**[22] Pregúntate siempre: «¿Qué diría mi abuela de esto?». No publiques algo que no quieras que vea tu yaya, tus futuros jefes, tus profesores o tus padres. Lo que subes a internet se queda ahí para siempre, no se puede borrar. Piensa y repiensa antes de darle a PUBLICAR.[23] Publica siempre con empatía.
3. **LA REGLA DE LAS 5 PREGUNTAS:** Antes de publicar, pregúntate: «**¿Es verdad? ¿Suma o ayuda? ¿Es simpático? ¿Va a provocar un drama? ¿Estoy posteando esto por las razones correctas?**».
4. **LA REGLA DE NO REACCIONAR:** Si estás enfadada, no postees. Saca primero todo el veneno. Si no, solo saldrá caca mental y eso no beneficia a nadie. Cálmate antes. Date un paseo, respira. Vive un rato *offline* y te dará perspectiva *online*. Siempre lo hace.

22. No hablo de su menstruación, porque probablemente ya no la tenga.

23. Mi abuela siempre decía: «Si no tienes nada agradable que decir, mejor cállate». Y yo lo sigo a rajatabla en la vida, y más aún en las redes.

5. **LA REGLA DEL *STOP* SUSTOS:** Deja la realidad para la vida real. No publiques datos tuyos ni de nadie: número de teléfono, dirección, DNI, nombre y apellidos, colegio al que vas, uniforme (que no se vea)... No publiques en tiempo real y nunca localices una foto. Publica 24 horas después de haber ido al sitio citado o tageado. Así nunca sabrán dónde encontrarte. Te evitarás sustos.
6. **LA REGLA DEL INSTINTO BÁSICO:** Si algún comentario te da mala espina, si alguien te pide algo raro, sigue tu instinto. Avisa a tus padres o habla con alguien que tenga experiencia en el tema. Ante todo, sigue tu instinto y bloquea a quien no te inspire confianza. De ese modo, siempre sale bien. Confía en tu instinto.

Una vez les hayas informado de los peligros y posibilidades de internet con el contrato de contenido, es hora de convenir entre todos qué aplicaciones son apropiadas y cuáles no. Las reglas de uso en cuanto a horarios y lugares donde sí o no pueden hacer uso del «privilegio» de estar conectados a la red. Estas condiciones también aplican a los progenitores y cuidadores del *abordescente* en cuestión. Todos nos comprometemos y no rompemos nuestras promesas.[24]

24. También se puede hacer un apartado de consecuencias si alguna cláusula del contrato se rompe. Por ejemplo, un castigo que sea beneficioso para toda la familia, para pasar más tiempo juntos sin dejar que la tecnología nos separe.

Reglas de uso y disfrute[25]

---

horas de uso al día.
Apps sí:
Apps no:

Prohibido el uso del móvil en la mesa familiar.
Nada de tecnología en las habitaciones ni en los cuartos de baño, solo en las zonas comunes.
Los móviles se cargan en la cocina.
Nosotros prometemos respetar vuestra intimidad. Jamás nos meteremos en tu móvil sin tu permiso.
Nosotros tenemos tu permiso para mirar tu móvil contigo presente veces a la semana para comprobar tu actividad *online*.
No hay que dejar que la tecnología interfiera con la vida *offline*: dormir, deberes, ejercicio, actividades en familia, etc.

Firmado:

Fecha:

---

25. Aviso de que me guardo el derecho a un contrato aparte para los videojuegos y el metaverso.

«A tu manera»

Las madres que encuentran maneras nuevas para conectar con sus hijas construyen, como la mía, una relación que, con cariño, te apoya durante tiempos tan turbulentos como el dolor de la adolescencia. La música siempre ha sido una herramienta fantástica para mi madre y para mí. Ella es muy musical: si estaba teniendo un mal día, le ponía la canción «Why» de Annie Lennox, del disco *The rise*. Funcionaba siempre: mejoraba su humor, se levantaba y la tormenta escampaba. La música me ha ayudado toda la vida. Cuando peor estuve, música de todo tipo como The Cranberries, Bonnie Raitt, The Offspring, Evanescence, Transvision Vamp y muchos más me ayudaba a exorcizar mis demonios a gritos o a letras sentidas. También usé la música como regalo: cuando mi madre cumplió sesenta años, le regalé una cuenta de Spotify. Aún me lo agradece, porque tener buena música es mejorar su calidad de vida en un 200%. Cuando cumplí los cuarenta me regalé un tocadiscos y una cadena de música para que sonase por todo mi piso. **La cultura musical alimenta el alma con el idioma de las emociones.** Dicen que la música amansa a las fieras, ¿no? Pues espero hacer lo mismo con los míos. La cuestión es encontrar la forma de conectar con tu hija, sea la que sea. Y es importante que no se te note desesperada o lo olerá y saldrá disparada en dirección contraria. Ha de ser algo natural, algo que disfrutéis y que abra las vías de conexión familiar. Cada cual tendrá su manera.

Y con todo lo fácil y lo difícil, las familias funcionan. Lo importante es que la tuya funcione a su manera, con dos padres, con dos madres o con una sola abuela. Lo fundamental es que sobre el amor y que l@s niñ@s se sientan querid@s, acompañad@s, y que sepan que alguien se interesará siempre por ell@s. Para mí, todas las familias son válidas, sigan el modelo tradicional de las postales de los años del NODO o no. Una familia, por definición, ni siquiera ha de ser de sangre: el parentesco puede ser legal, o ni eso. Está formada por un grupo de personas que conviven y tienen un proyecto de vida común. Pueden ser tan distintas como los colores del **Arcoíris**: cuanto más color, más riqueza; lo importante es que funcionen «a su manera».

Mamma mía...
No dejes que tus hijos tengan que trabajar tus traumas heredados.
Trabájate TÚ antes de tenerlos (si te da tiempo).

Los regalos que damos a nuestros hijos son ricos y variados. Creo que es de bien nacida ser siempre agradecida, así que, con vuestro permiso, me gustaría dedicar las últimas palabras de este capítulo a mi hija y a mi hijo. No hay trabajo más importante que el de ser madre, y quiero que sepan lo que les agradezco el mayor regalo que me dan ellos a mí con su presencia. Un simple gracias no cubre lo que siento, pero quiero expresar mi gratitud al cielo por darme dos ángeles diabólicamente maravillosos en forma de niño y niña que llenan mis días de preocupaciones, miedos y culpa. Aun así, no sé qué haría sin ellos. Estaría perdida sin ambos.

Lulu y Pepe:

Hijos míos, con humildad os digo que no soy la misma mujer desde que os conocí. Quería daros las gracias de corazón. Soy más valiente gracias a vosotros. Antes me daba corte pedir favores; ahora, con vosotros a mi lado, me lleno de valor y me vengo arriba con lo que haga falta. Si tuviera que pedir en el metro, lo haría con la cabeza bien alta. Y eso es gracias a vosotros dos.

Gracias a ser vuestra madre, aprendo tanto de vosotros como vosotros conmigo, es mutuo. A cada instante me regaláis el amor más puro que existe. Daría mi vida por cualquiera de los dos.

Los dos me ayudáis a ser mejor persona. Desde que soy vuestra madre quiero mejorar el mundo: me interesa el futuro del planeta porque vosotros estaréis en él. Me preocupa lo que le espera a vuestra generación. Gracias.

Desde que me convertí en vuestra mamá sufro más pesadillas porque tengo mucho que perder. Pero también gracias a vosotros mis sueños son más tangibles: os puedo tocar. No siempre fuisteis de carne y hueso, ¿sabéis? Una vez fuisteis soñados, una chispa en el ojo de mamá. Gracias por existir y por elegirme como vuestra madre.

Vuestros nombres -Pepe, José, y Lulu, Lucía- no son al azar. Ya sabéis que dejo poco a la suerte. Cada vez soy más «hierbas», y José en hebreo significa «aquel que trae» y Lucía, «luz». Si sumamos significados, sería «Aquel que trae luz». Si algo habéis traído a mi vida, espejitos míos, es luz. Gracias a mi chico y a mi chica, ilumináis cada cuarto oscuro de mis noches.

Os doy las gracias, pero egoístamente necesito pediros algo: soñad en grande. Amad. Vivid. Leed. Volad. Bailad. Jugad. Bañaos en las aguas de la vida, mojaos.

Eso sí, jamás piséis o eclipséis a nadie por cumplir vuestros sueños. Es complicado, pero alejaos de quien reste, de quien no os quiera bien, no os escuche o no respete vuestra forma de ver la vida.

Abrid los oídos a los demás, mostraos asertivos en lo que pedís a la vida y mantened el corazón siempre abierto a quien os sume. Intentad vivir sin culpa, sin remordimientos, a vuestra manera.

Mi mejor regalo será veros felices, plenos, satisfechos. Hagáis lo que hagáis con vuestras vidas, mientras las viváis plenamente, de aventura en aventura, siempre os sonreiré, os apoyaré y ayudaré en cuanto esté en mi mano.

Gracias por existir. Y por favor, no dejéis de brillar.

Os quiere, os respira, os adora,

Mamá

6

La etapa blanca

de la vida

«Si dejas salir tus miedos, tendrás más espacio para vivir tus sueños.»

MARILYN MONROE

LANDSLIDE
Fleetwood Mac (elegida por Mi Madre)

«Subí mi amor y lo bajé,
subí a una montaña, y me di la vuelta.
Y vi mi reflejo en las colinas nevadas.
Hasta que el deslizamiento me tiró abajo.
Oh espejo del cielo, ¿qué es el amor?
¿Puede la niña dentro de mi corazón
elevarse?
¿Puedo navegar entre las mareas
cambiantes del océano?
¿Puedo manejar las estaciones de mi vida?
Bueno he tenido miedo de cambiar,
porque he construido mi vida a tu
alrededor,
pero el tiempo te hace más valiente,
incluso los niños crecen,
y yo me hago mayor también.»

Letra traducida de «Landslide».
¡La traducción es mía!

UN VIAJE CON ACENTO INGLÉS

El mayor regalo de escribir sobre la madurez ha sido tener la posibilidad de coger un autobús sola, sin niños ni marido, y emprender un viaje para ir a entrevistar a Mi Madre y a las mujeres que ella siente sus «hermanas», sus amigas del alma, sus chicas de oro, sus *sisters*. La experiencia me ha enriquecido tanto que siento que he ganado una vida en cuatro días escuchando a estas mujeres maravillosas.

Han sido ellas las que me han regalado el jugo del capítulo que estás a punto de leer sobre un tema tan tabú como es envejecer. Gracias a ellas puedo daros la bienvenida a lo que yo quería llamar ~~«La edad de la iluminación»~~ y Mi Madre tachó y tituló «La etapa blanca de la vida». ¡Sed todas bienvenidas!

Antes de empezar, una advertencia: este capítulo tiene un **ligero acento inglés**. La visión de mi santa madre es la de una mujer que se casó con un español y que lleva décadas viviendo en España pero siempre será una extranjera. Todo texto en cursiva es suyo: salió de su boca estos días en Bilbao.

La madurez es todo lo contrario a un folio en blanco. Sería un folio estrujado, arrugado y saturado de fórmulas, como una chuleta de física y química. Reúne todo lo vivido en casi toda una vida. A las últimas paradas de este viaje llegamos con taritas, con traumas, pero sin tonterías, ¿eh? Que quede claro: la mujer madura no es una mujer averiada. **Envejecer no es una enfermedad.** No aceptes el rumor de que, con el paso de los años, el cuerpo se hace menos. No es así. Solo cambia, se hace distinto, pero nunca menos. Nuestro valor no se devalúa, aunque quieran hacernos sentir todo lo contrario.

En la etapa blanca de la vida, todo el mundo quiere que nos asuste envejecer. La sociedad es tan tonta —o tan lista— que si tienes arrugas y canas y pierdes tu forma física de mujer joven ya no vales, no te quieren ver, ya no sirves. Es injusto que en el momento en el que por fin perdemos la vergüenza se nos silencie apartándonos a un lado. Cuando más tenemos que decir menos nos escuchan. Pero, como todo, tiene sus ventajas...

LOST&FOUND

En la etapa blanca de la vida existe una **dualidad**: quieres estar cómoda y relajada en el papel que te toca vivir por tu fecha de nacimiento pero a la vez te ves obligada a no acomodarte, a luchar por no ser ignorada del todo. Como siempre, es una brecha difícil de equilibrar para las mujeres. Dime algo que no sepa...

Durante esta etapa perdemos algo más que la juventud... Perdemos vista —ya no ves sin gafas—, pero vemos la vida más claramente, de manera global. Los años y la pérdida de facultades nos regalan el filtro de ver lo que NO es importante. Perdemos facultades pero encontramos otras habilidades menos tangibles, aunque no menos importantes. Es una especie de *Lost&Found*, perdemos y encontramos, un yin y yang. Veamos, pues, qué ganamos y qué perdemos con el paso del tiempo.

Bye bye, baby

El primer precio a pagar —obligatorio— es la pérdida de parte de nuestra feminidad: el útero en funcionamiento. Nuestro atractivo en la sociedad se pierde al quedarnos sin la fertilidad mensual, es decir, al dejar de menstruar. Al bajar nuestros estrógenos y volvernos más cercanas a los hombres, muchos de ellos dejan de buscarnos, ya no somos «deseables» y así vuelven a cosificarnos en la madurez. Pero a ver, un momento:

un valle verde, ¿deja de ser valle sin el verde? ¿Un volcán que ya no escupe lava deja de ser un volcán? ¿Una mujer deja de ser mujer al perder su fertilidad? Obviamente, no.

Os prometo que estoy deseando despedirme de mi vida fértil. Será una transición dura, llena de sofocos, sequedad y una segunda adolescencia antes de decir *«Bye bye, baby»*. Pero merecerá la pena para que todo un pasillo del supermercado se vuelva yermo por innecesario.

Todavía no he pasado la perimenopausia ni la menopausia, pero puedo imaginar la liberación que debe ser la desaparición de la regla. El enorme engorro de la vida femenina se evapora: adiós a la planificación eterna sabiendo que siempre baja cuando peor nos viene. Nuestro cuerpo vuelve a ser nuestro y eso se merece una fiesta. Toda esa energía creativa ahora tendrá otras salidas. Muchas me dicen que estoy loca, pero deseo ser libre del yugo del sangrado mensual. Perderé la menstruación y ganaré libertad.

Madurita y cabreada, ¿qué pasa?

Poco a poco, estoy entrando en la fase de «madurita» y noto un nuevo ardor, un nuevo fuego en mi interior. Muchas veces, ser una «madurita» se pinta como un tiempo de trágica invisibilidad para las mujeres —sedientas de que nos hagan caso— y de luto, porque ya no apetecemos tanto. Un drama. Pero amiga, creo que nadie echa de menos los piropos por la calle, las cochinadas que a veces tenemos que oír, que nos soben «sin querer» y un sinfín de despropósitos que nos pasan normalmente por ser mujeres jóvenes que no nos enteramos de la misa la media.

La madurez es una oportunidad de oro, quizá de las últimas, para explorar nuestra sexualidad, escapar de un matrimonio ya muerto, aprender algo nuevo y hacer otros cambios drásticos que siempre quisimos hacer y no nos atrevíamos. Es un poco un «ahora o nunca». En esa crisis de la mediana edad, las mujeres nos liberamos de los roles impuestos y dejamos de jugar a su juego. ¿Igual es de allí de donde viene nuestro enfado vital a estas alturas? Porque en la madurez muchas mujeres estamos cabreadas. Y razones no nos faltan...

Fijaos en la mayoría de las vidas de las mujeres que conocéis: hemos hecho el doble y nos han pagado la mitad. Nos comemos el trabajo doméstico y, por supuesto, el continuo sube y baja emocional de llevar una familia. Una enorme mayoría de nosotras se responsabiliza de los niños mucho más que sus parejas.

Nuestra carga mental, añadida a una pandemia y las múltiples catástrofes personales que vive cada una, también pasan factura. Así que es normal que estemos frustradas. El «estamos hasta el coño» aquí se queda corto. Y cada cual, a su tiempo, acaba mandándolo todo a la mierda y diciendo: «¡Mira, ya no puedo más!». La ira que sentimos es una lógica consecuencia de la desigualdad como persona y como profesional, que se suma a la dichosa invisibilidad, no sexual, sino la real, la de sentir que no contamos para nada.

Entonces llega el momento en el que decidimos que ya no nos callamos más. Después de un tremendo cabreo que dura semanas, meses y años, y de que nos etiqueten de «locas» e «histéricas», descubrimos que estar enfadadas demasiado tiempo igual no es sano... Pero, joder, es que hay mucho por lo que estar hasta el coño. Pero lo dejamos ir y encontramos la paz. Y, con ella, la libertad.

ENTREVISTA A LA MATRIARCA

Llego a Bilbao un jueves. Al retirarse mi padre al sobre, Mi Madre se relaja, pues ya puede hablar en su idioma natal conmigo (por educación, si está él hablamos en castellano). Abrimos una tableta de chocolate Cadbury's, que nos flipa, y me cuenta cosas profundas. Se nota que lleva tiempo barruntando lo que quiere aportar a este capítulo. Pero antes de empezar, como sé que a muchas os interesará saber más sobre ella, comienzo por presentarla o por dejar que se presente, vamos, porque este capítulo está escrito a cuatro manos.

Todo sobre Mi Madre

Durante mi larga adolescencia, Mi Madre me pareció intensamente odiosa. En cambio ahora la amo rollo «oh-diosa». Es mi persona especial, mi unicornio.

Nací en Fulham, en un Londres de 1956. Mi padre era artista, escultor y refugiado vasco de la Guerra Civil. Todo lo que tenía de grande lo tenía de tierno y cariñoso. Mi madre era francoinglesa, con tendencia al drama y a la diversión. Como buena actriz shakesperiana, era muy exagerada. Crecí junto a mis dos hermanos mayores, Marco y Julio. Nuestro apellido, Alberdi, a Mi Madre le sonaba a italiano, así que a los tres nos puso nombres italianos. El mío, Francesca.

El Londres de los años sesenta era divertidísimo. Fui a un colegio progresivo muy moderno incluso para hoy en día. La hija de Sean Connery, los hijos de Peter Sellers y Stanley Kubrick fueron mis compañeros de clase. Vidal Sassoon era mi peluquero, llevé las minifaldas de Mary Quant y cada semana, con mi salario de trabajar en una tienda de High Street Kensington llamada Jeagers, me compraba algún vestido en BiBA. Estudié algo que odiaba, secretariado, por la insistencia de mis padres (ambos artistas), que querían que tuviera unos estudios prácticos antes de dedicarme a lo que yo quería: restauración de arte. Gracias a mi español, enseguida me contrataron en la compañía de Michael White, Theatre Productions, los productores de Hair *y de* The Rocky Horror Picture Show. *Por aquella época salí con un chico que era miembro de la discoteca/restaurante de moda de la época, Tramps. Allí bailaba gente como Bowie, Mick Jagger, Elton John y un sinfín de gente con talento. No estoy haciendo* name dropping, *solo tuve la suerte de crecer en un Londres muy vivo que contrastaba de manera espectacular con el Bilbao que me encontré en 1977. Os podéis imaginar las miradas que recibía con veinte años, con los pantalones de satén negros que no me quitaba jamás y sin sujetador. En mi época, en Londres nadie llevaba.*

Juan, mi marido, era el hermano de una de mis amigas de la pandilla de Lekeitio, un pequeño pueblo pesquero del País Vasco en el que veraneábamos. A los catorce años me di cuenta de que me gustaba cómo olía y poco después nos enamoramos. Aunque en invierno manteníamos otras relaciones, en verano siempre estábamos juntos. En la España en plena transición, lo de vivir juntos sin casarse no estaba bien visto, así que nos casamos... ¡él con veintidós y yo con veinte! ¡Menuda locura! Pero decidimos esperar a tener hijos por si no funcionaba. Cuarenta y cinco años después, parece que funcionó. Jamás llegué a estudiar lo que amaba, pero me casé por amor y llegó la familia. Mi mayor frustración ha sido no haber trabajado fuera de casa, no haber tenido más vida laboral, pero estoy inmensamente orgullosa de todo lo que he conseguido a nivel familiar. Mi familia es mi tesoro.

Un poco más sobre mí (por si no has tenido suficiente):
Amo: los animales (mi amor de infancia fue mi gato Strippey), la música, la comida, la tele (los vaqueros y a John Wayne), a muchas mujeres en Instagram, los libros y el lápiz sobre papel.
Detesto: las alturas, el fútbol, la política, las religiones, los hombres que gritan, los ciclistas vestidos de nylon y la música tecno.

Un verano difícil

Mi Madre es una cuidadora nata. Tuvo que serlo, ya que mi abuela estaba enferma de asma y pasaba meses en cama. En Inglaterra con su humedad mortal, antes de tener medicamentos modernos como el inhalador, podía meterse en su cuarto en noviembre y no salir hasta marzo. Así que los roles cambiaron pronto: Mi Madre cuidaba de la suya. Ahora es Mi Madre la que tiene asma y no le queda casi nadie a quien cuidar. Es triste, pero real, les pasa a muchísimas mujeres.

Por eso le pedí a Mi Madre que me describiese su verano de 2021, ya que fue especialmente duro para mis padres. De sus tres hijos, solo uno iba a quedarse en nuestra ciudad natal. Fue la crónica anunciada de una mudanza a otro país, una lenta agonía para ella, en todo momento sonriendo a sus nietas mientras su corazón se rompía a pedazos. Así lo describe ella:

> *Aquel verano fue uno de los más duros de mi vida. Llega el calor, las noches se alargan. El verano es para el relax, pero ¿quién puede relajarse? Yo, desde luego, no. Es mi temporada alta. Empezó pronto porque en junio mi hijo Nico, su mujer y mis dos nietas de ocho y siete años se mudaron a casa para empezar la transición previa a su nueva vida en Finlandia. Dejaban su piso y nuestra casa es más grande. Mi hijo siempre ha estado muy cerca de mí. Ninguna madre quiere que sus hijos se vayan tan lejos, pero debo dejarles ir, ponerles a ellos fácil lo que para mí es tan difícil.*
>
> *Nuestra casa es preciosa pero muy viejita. Ese mes explotó una tubería y no tuvimos agua caliente en todo*

el verano. Así, sin más, para hacerlo todo más fácil. Tenemos varios baños en casa pero solo funcionaba uno, así que fue muy incómodo vivir nueve adultos y cuatro niños en esas condiciones. Ahora me parece cómico pero fue muy duro estar todo el verano sin agua caliente. Tampoco teníamos agua caliente para fregar así que el lavaplatos estaba funcionando constantemente. Según nuestro contrato, la electricidad barata es por la noche, así que intento poner lavadoras y lavaplatos en horario nocturno. Mis hijos y su padre se ríen y hacen chistes sobre cómo me gusta poner lavadoras a todas horas pero a mí no me hace gracia. No me apetece poner lavadoras, pero si no estoy encima de ello, la ropa sucia se nos comería. Sábanas, toallas de baño, toallas de playa, bragas y braguitas de todos los colores y tamaños tienen que lavarse y, oh, sorpresa, no lo hacen solas.
Además, es difícil convivir con el clima del País Vasco, pues en verano el sol no luce cada día; tenemos que perseguirlo. Vivimos a expensas del clima. Si sale el sol, a primera hora huimos de casa como fitipaldis, de cabeza a las preciosas playas que tenemos por aquí. Cargamos con los juguetes de los niños, toallas, aperitivo y, por supuesto, dejamos el almuerzo preparado porque todos volvemos con hambre.
Mi marido trabaja todas las horas del sol y más. Siempre está cansado. Creo que ya no tiene edad de trabajar tanto, y aunque le encanta tener a su familia cerca, también es un hombre privado que echa de menos el silencio y se vuelve gruñón. Todo el mundo debería ayudar en casa, pero no todos lo hacen. Yo estoy cansada, mayor, me palpita el cuerpo con dolor, me meto

en la cama y tengo un dolor sordo en la cadera toda la noche. Todo es más complicado, difícil y doloroso con la edad. Cada familia tiene su miga, y hay que tener herramientas emocionales y mano izquierda con todos y no siempre tengo la energía necesaria para hacerlo. Estoy permanentemente agotada. Es un hecho.

Que conste que me encanta tener la casa burbujeante de vida: el ruido, oír cómo se explican mis nietos, ver cómo interactúan, comen y se desarrollan. Apenas tengo ayuda en casa y me gusta vivir así, haciendo las cosas a mi ritmo, a mi manera. Pero esta casa es un monstruo, te come entera, te agota. Todo en ella es complicado. Todo tiene truco porque funciona mal, desde la puerta que cuesta un portazo cerrar bien, los fuegos que no funcionan y usamos otros que compramos y están encima, al grifo que se mueve con ayuda de una llave inglesa o al mango de la nevera que no existe, por poner algunos ejemplos. Adoro que estéis todos en ella.

Pero, cuando os vais, suelo cerrar las puertas de vuestras habitaciones porque os echo de menos. Siempre lloro, os huelo en el ambiente y me duele el estómago, como si me lo pellizcasen. Pienso en todo lo que tenía que haber dicho de otro modo, en las fotos que hemos hecho en las que parezco una bruja... Mi gesto es muy duro pero por dentro me deshago, me derrito con vosotros. No soy una bruja, soy abuela y madre. Adoro alimentar a mi tropa con comida sana, casera, nada de comida prefabricada. Es el «come, come, come» de mi abuela Panchique: «Damos amor con nuestra comida». No sé, es difícil de explicar. Lo bueno viene con lo malo. Pero el show *debe continuar, adelante siempre.*

Abuela a tiempo completo

Recuerdo que, cuando mi padre le decía a Mi Madre delante de mi abuela inglesa «Oye, ¿y si salimos a cenar?», mi abuela le respondía: «Buena idea, Juan. ¿Qué me pongo? ¿Dónde vamos? ¿Es elegante? ¿Vamos al nuevo del puerto?».

Mi abuela era extranjera y no concebía lo de quedarse en casa con los niños. Tal y como lo veía, ella ya había criado a sus hijos, y no se iba a quedar a cargo de sus nietos. No señor. Ella se iba de fiesta sí o sí. Era otro tipo de abuela, pero no menos cariñosa con sus nietos. Al ser actriz, me contaba los cuentos como nadie, poniendo distintas voces para los personajes. Siempre me dejaba boquiabierta.

> *Bandma —que así la llamaba Tania, pues no sabía decir* «Grandma» *de pequeña— era la más interesada en cada movimiento emocional y físico, tanto mío como de mis hijos. Siempre necesitaba saber qué hacíamos, y yo la informaba por teléfono, hablábamos largo y tendido. La echo de menos al menos tres veces al día. Recuerdo sus sabias palabras, tenía muchas… Oigo su voz como si me hablase y los ojos se me llenan de recuerdos. En cuanto tengo ganas de llorar, la escucho diciéndome, furiosa: «Cuando falte, cuando muera, quiero que me recordéis como una mujer que vivió una vida plena y llena de amor, gente, buenos viajes, buena comida, todo regado de buen vino en cantidad y sobremesas E.T.E.R.N.A.S.* –doy fe de ellas–. *¡Nada de lloros por mí!». Como mujer que de niña vivió una guerra, siempre que yo hacía pucheros me decía: «Francesca, sin tonterías, ¿eh? Haz un esfuerzo… ¡Venga! Para adelante». Eso me*

> *hacía llorar el doble, pues no entendí por qué no podía llorar. Pienso que nadie está listo para perder a una madre, da igual la edad que tengas…*

La madre de Mi Madre, mi abuelita querida, era de esas mujeres que no tiene nada que hacer con tu opinión sobre ella, se la trufa de costado, vamos. Siempre pensé que quería ser como ella cuando madurase. Tenía un aplomo, una seguridad y actitud digna de cualquier mujer que ha vivido una guerra. Era una mujer compleja y exótica, inglesa, pero parecía española, y un pelo ondulado color plata que me volvía loca... Era la mujer con más chispa que jamás he conocido y conoceré. Cuando yo tenía la piel tersa como una manzana, admiraba sus pómulos afilados, la piel mágica de sus manos, que imitaba al papel de seda. Miraba atónita todas las arrugas de su cara, que eran muchas. Ella siempre decía: «**Están ganadas con esfuerzo, ¿sabes? Todas mis rayas me las he ganado a base de risas y buenas carcajadas. Estas rayas son como las de una cebra: únicas.** Ya tendrás las tuyas algún día...». Y recuerdo preguntarme cómo serían las mías, si me reiría tanto como mi abuela... Seguro que no llego a su nivel, y eso que me río mucho. **Creo en la acción democrática del tiempo: los genes hacen su trabajo. Se te pone cara de lo que piensas, de lo que vives, de tus experiencias.** La cara es el espejo del alma y espero que la mía cuente cuántas veces me he reído.

La mía no lo era, pero existen muchísimas abuelas a tiempo completo. Y es que tener nietos es como recibir un regalo justo cuando pensabas que ya no le servías a nadie. Con los nietos te rindes, escuchas cada palabra y los amas con locura. Es muy mediterráneo ser una abuela agotada y encantada al mismo tiempo, al servicio de los nietos. Los nietos son para mimarlos, achucharlos y disfrutarlos. Mi Madre dice que es el amor más puro que ha conocido, el «amor sin freno», como ella lo llama, así que siempre saca la energía que no tiene para sus nietos.

Hace poco, una de sus nietas se acercó a su cama mientras ella roncaba, y le susurró a las 6:45 am: «Salchichas, abuela...». Mi Madre abrió los ojos y se dispuso a cocinar salchichas para complacer a su nieta desayunadora de salchichas. Cuando mis padres se convirtieron en abuelos, tuvieron clarísimo que los abuelos son creadores de recuerdos. Por eso se dedican a cocinar salchichas para desayunar, tienen el congelador lleno de ricos helados, montan fiestas de pijamas —todos duermen poco y forman un guirigay importante— y les dejan ser libres. Les encanta disfrutar a tope de sus nietos y que les recuerden con grandes sonrisas cuando ya no estén. Ese es su trabajo. Y pienso copiar cada gesto cuando sea mi turno, si llego.

Olas del mar

Francesca: Como abuela, debes ser como las olas del mar.
Tania: Mamá, ¿qué quieres decir con eso de ser como las olas del mar? No te entiendo, perdona.
Francesca: Como abuela, no puedes estar siempre presente, porque puedes saturar. Es muy importante ayudar cuando te lo piden, cuando te necesitan. Pero al igual que las olas del mar van y vienen en la orilla, una abuela debe retirarse cuando ya no se la necesita. Es importante respetar los ritmos y las mareas de cada familia.

Me pareció una buena manera de explicarlo... Mi Madre siempre muy visual, ella. «Abuela lista», como la llama mi hija, porque dice que explica muy bien las cosas. Y tiene razón. Ser abuela te eleva a matriarca y te permite ser creadora de recuerdos y explicadora de conceptos sin el peso de la responsabilidad parental. Es un chollo, chicas. A ver si llegamos.

Buenas noticias

Al igual que en la maternidad, en la «abuelidad» te divides: hay una brecha entre estar para los tuyos y estar presente para ti, entre ser buena abuela y ser mala abuela. Pero lo mejor de vivir con una brecha así en la etapa blanca de la vida es que ya no trabajas la culpa como cuando eres madre.

> *A mi edad, te conoces mucho mejor. Ya sabes qué tienes que hacer si te sientes mala abuela: yoga cerebral. Para mí es un buen paseo con aire fresco y buena música. Salgo con una nube en la cabeza y vuelvo renovada. Evalúas la gravedad de lo que te aflige, escuchas a tu voz interior. Es un poco como esos naranjos de las calles de Sevilla, que los jalean con una máquina para que caigan las naranjas. Pues eso es lo que hace un buen paseo conmigo, me aclara las ideas, deja que caigan al suelo. En cuanto descubro qué debo hacer, tengo que ser sincera, pero sin hacer daño a nadir. Ya sabes lo que dicen: «Ser cruel es ser honesta sin pensar primero». Airear tus penas hace que*

el drama desaparezca. Siempre es para menos de lo que piensas y, sobre todo, todo pasa.

Son buenas noticias, sin duda. **Todo pasa.** Y ya no sientes la culpa de la misma manera. La culpa se gasta de tanto usarla de joven. Ahora sabes más, aceptas lo que hay y cómo eres. Te aceptas. Das lo que puedes y te retiras. Nadie te obliga a estar presente todo el rato. Con los años, la edad entra por la puerta y la culpa sale por la ventana. Vuela alto, se esfuma. Maravillosa noticia. Aplaudo alto por su desaparición. A veces parece que, con el carnet de madre o con el de ser mujer, viene la puta culpa. ¡Qué alegría saber que tiene fecha de caducidad! Adiós, fea culpa.

El Gran Banquete de la Vida

Ya habréis notado que la comida es importante para mi familia. Pienso que la vida es como una gran comilona: empiezas por el aperitivo, que para mí sería la infancia. El primer plato sería la juventud, que determina el segundo, el plato fuerte: la parte más adulta y plagada de responsabilidades. El postre de la vida es el momento más dulce, un relax, un disfrute. La ancianidad sería la sobremesa mediterránea, bien larga, si puede ser. Nunca sabes cuándo termina «El Gran Banquete de la Vida», y cómo llegamos a la sobremesa viene determinado por cómo hemos quemado las etapas anteriores.

No es casualidad que el chinchín más habitual en España sea «Salud». Si lo piensas, una de las lecciones que nos da la vida en sus últimas etapas es que hay que cuidarse. Si quemas tus cartuchos de joven bebiendo y fumando como un cosaco, o incluso si te fastidias las rodillas o desgastas la espalda a base de deportes extremos, o con un trabajo agresivo para el cuerpo, tendrás una vejez dolorosa física o mentalmente, hay gente que incluso ambas. Si vives de manera moderada, te cuidas y tienes suerte, puedes llegar a madurar de manera que te permita viajar, vivir, sentir y disfrutar de la vida, saboreando cada cucharada de tu postre y tu sobremesa vital, y chuparte los dedos hasta quedar totalmente satisfecho. Cada cual elige cómo quiere vivir la vida, si la quema al principio o al final.

Mi madre y yo estábamos comiendo un plato de lentejas —sin chorizo, porque no quedaba, pero con mucha verdura, muy ricas—, y le pregunté por la pérdida de facultades que se da con los años. Me relató esta reflexión:

> *Mira, la salud de las mujeres de cualquier edad es una de las balanzas más difíciles de equilibrar, pues es escurridiza. Hablo de salud completa: el equilibrio entre la salud mental y la física, la salud 360°, que hace que te sientas todopoderosa. Una mujer sana por dentro y por fuera es una mujer libre para vivir sin peros…*
> *Pero cuantos más años sumas, más frío hace, y no lo digo por notar las corrientes de aire y porque se te avería el termostato del cuerpo. Pierdes facultades, estás en el tiempo de descuento. Físicamente, te sientes frágil y lenta. Conducir ya no es tu fuerte y aparcar a la quinta vez que lo intentas mientras te tocan la bocina por lenta, es triste y estresante. Mentalmente, hay una niebla que hace que te cueste pensar. Intentas recordar las cosas a base de listas eternas, pero casi siempre se te olvidan en casa. Te repites mucho y ni te das cuenta.*
> *Tienes más miedos que nunca. Miedo a romperte. Miedo al dolor. Miedo a morir. Al tener familia en el extranjero,*

un nuevo miedo es el COVID-19. Solo el papeleo online *para poder viajar es para dejarte temblando. La última vez que salimos de España estuvimos dos tardes enteras para atacar la obligada burocracia. Y ni hablamos del miedo de una asmática como yo a coger el virus y morir sin ver a tu nuevo nieto. O de lo difícil que es hacer cualquier cosa con la mascarilla que te inunda de vaho las gafas. Te sientes más abuela que nunca. El miedo a viajar está más presente que nunca, cuando lo que más ilusión me hacía en esta etapa de madurez era pensar que podría viajar con mi pareja a sitios que jamás he visto. Ahora eso también se dinamita.*

Los miedos cada vez ganan más espacio en tu vida. La soledad es solo otro de ellos. El miedo a quedarte sola, a perder a tu pareja, a echarla de menos. Miedo a terminar en una residencia con vistas a una carretera. Convertirte en viuda cuando eres «la señora de...» es duro. Una mujer sin hombre es un retal indeseable, una posible lagarta con ganas de robar maridos. No sé por qué se percibe a las viudas como una amenaza, a menos, claro, que tengas pandilla de amigas. Pero si estás sola, si no tienes amigas, estarás más sola que nunca. Llevo cuarenta y cinco años casada con tu padre y me da mucho, mucho, miedo quedarme sola, porque al no ser de este país estaría sola, sola, sola.[26]

26. No sé si sabéis lo importante que es para mí que me llaméis. Nadie sabe lo que se disfruta de una llamada de teléfono, de un vídeo de los nietos o de una videollamada para decir hola. Es como un abrazo a distancia.

Pequeña

Le traigo una enorme taza de manzanilla a Mi Madre. Lleva un rato pensando, y ya sabe qué me quiere contar sobre la soledad de trabajar para tu familia y el precio que se paga como ama de casa.

*Te despiertas un día y te sientes **pequeña**. En bata, lavas a mano el azucarero vacío. Es la clásica tarea pequeña, sin importancia. No te hace sentir realizada, solo más pequeña. Tu vida también se ha encogido, también la sientes pequeña. Tu grupo de amistades se va estrechando, hasta que te quedas con un puñado de personas de tu interés. La casa te parece enorme, cada vez subes la escalera más lento, con más pausas y más ruiditos en las articulaciones. El silencio de estar sola en una casa tan grande, tan vacía, es atronador. Te sientes minúscula y la vida te aplasta.*

Soy ama de casa, pero prefiero el término «madre en casa». Nunca pensé que el miedo al nido vacío lo tendría que afrontar dos veces. La primera te rompe porque eres una «madre en casa» y es como quedarte perdida preguntándote: «¿Qué ha pasado, dónde están todos?». Pero quieres que tus hijos persigan sus vidas. Es lo natural, lo lógico, que den el paso de irse de casa. Si el nido vacío te pilla joven, tienes energía para reconstruir tu vida, sales de casa y haces miles de cosas.

La segunda vez es muy distinta. De mis tres hijos, solo uno vivía aquí en Bilbao conmigo pero se fue a vivir a Finlandia con su familia, con su mujer y mis dos nietas mayores. Mi hijo pequeño vive en Gales y mi hija en Madrid. Esta segunda vez que me quedé sin nadie a quien cuidar, más allá de mi pareja, me costó el doble reconstruir nuestra vida porque me sentí tremendamente sola. Es una sensación agridulce: estás contenta por tus hijos, pero es duro. Una batalla continua. Miras a tu pareja y dices: «Volvemos a ser solo tú y yo. Volvemos a ser los dos».

Somos diferentes, y el tiempo ha hecho que las diferencias sean más amplias. Cada uno se toma el vacío del nido de una manera, pero nos esforzamos por construir un tipo de compañerismo tolerable. Y no es fácil. Te das cuenta de que estamos en el postre de la vida. ¡Yuju! Nos miramos y pienso: «Yo que no le oigo (estoy bastante sorda) y él que no saborea nada (perdió el gusto hace años)». Taritas de la vida. Yo enciendo la música, él la apaga. Yo subo la calefacción, él la baja. Yo cada vez más inglesa; él cada vez más gruñón. Así son las relaciones humanas, es lo que hay. Y cada día vuelta a empezar: yo quiero lavar sus vaqueros; él los ve siempre limpios. Pero así es la vida, un eterno centrifugado de lavadora.

Ya has criado a tus hijos y nietos, no te necesitan. Ya no hay nadie a quien cuidar. La sociedad tampoco te necesita. Socialmente se te aparta. Y te preguntas: «Y ahora, ¿qué hago?». Y piensas en todas las cosas que querías hacer de joven para las que nunca tuviste tiempo, pero te falta energía. Necesitas un sándwich energético para los días importantes, dejando un día antes (para preparar la energía) y otro después (para recuperarla). A veces, la resaca de un día gordo dura dos o tres días.

Invisibilidad = Libertad

Mi abuela, la madre de Mi Madre, siempre decía: «Hay una edad para todo en la vida y es bueno vivir lo que toca cuando toca, si puedes». Vamos, que lo ideal es quemar cada etapa en su momento. Mi Madre tuvo la suerte de llevar ropa estrambótica y el pelo de colores, ir sin sujetador, vivir en el Londres de los sesenta, tener la casa llena de poetas, artesanos, escultores y pintores. Todo esto te enseña que es más importante lo que produces con la mente y las manos que lo que tienes aparcado en el garaje, tu casa en Ibiza o la ropa de marca que vistas. **La invisibilidad también tiene edad y suele aparecer en el epílogo de nuestra existencia.**

> *Cuando llegas al punto de la etapa blanca de la vida, no es que tengas una vida llena de sabiduría, sino un cúmulo de conocimientos y serenidad. Si has bailado, besado, jugado y estado en todas las fiestas, en la etapa de madurez encontrarás una serenidad* ***muy liberadora.*** *Es una etapa de menos energía,* ***más invisibilidad****, pero también menos demanda. De mayor decides que está bien no estar en cada fiesta, cena o conversación. No estar, no acudir, no apuntarse... son opciones viables y placenteras. Ser selectiva también es vivir bien. Además, la soledad tiene su lado bueno: una consecuencia llamada* libertad. *Ahora soy libre. Ya no dependo de los demás, tengo absoluta flexibilidad para organizarme. Dependo del tiempo que haga fuera, si luce el sol o no, para ver si paseo por la mañana o por la tarde. Si limpio primero la terraza o si doy de comer a los*

gorriones del barrio —los tiene diabéticos, de tanto pan que les da—. *No tengo límites horarios, puedo elegir cuándo y cómo hago las cosas, así que cada día es distinto. Hago lo que me place. No necesito a nadie para ello. He aprendido a estar sola y, aunque no lo creas, eso mola. Además, bienvenida sea la tecnología, mi eterna compañera: mi lista de Spotify. La música hace que me sienta acompañada cuando quiero.*
Las mujeres libres solemos ser estigmatizadas. Es de locos que exista un tabú tan profundo sobre las mujeres mayores siendo visibles, pasándoselo bien o convirtiéndose en el centro de atención. El término payasa *se usa como arma para bajar los aires a cualquiera que se salga de la norma: envejecer con elegancia, vestir para no desagradar y comportarse casi como si no estuvieras. A las payasas nos aburre vestir con gusto, y nos negamos a dejar de disfrutar y divertirnos tengamos la edad que tengamos. La diversión no tiene edad, señoras. Supongo que seré una payasa de por vida, porque pienso ser como los irlandeses: ¡celebrarlo todo! Soy libre para hacer lo que me venga en gana.*
Como dice Zoe Saldaña: «Sé quién soy. Amo quien soy. Amo lo que hago y cómo lo hago. Cometo errores, pero me gustan mis errores. Los acepto como parte de mi crecimiento. Aprendo a mi ritmo. No quiero ser nadie más. Me gusta quién soy. Sabiendo todo esto, quiero seguir aprendiendo quién soy el resto de mis días». **Tener siempre hambre de aprender para mí es saber vivir.**

Antes muerta que sencilla

Obviamente, envejecer es un proceso gradual y personal. A los sesenta años, Mi Madre decidió que no iba a volver a teñirse las canas. Para ella fue una decisión muy importante, una liberación. Tanto sus amigas como ella coinciden en que, a partir de los sesenta, llega la madurez. Ancianas serán a partir de los ochenta, más o menos. Esa parece ser la medida estándar del paso del tiempo y sus etiquetas.

Las mujeres siempre salimos perdiendo, en la etapa blanca de la vida también. Tenemos todas las de perder. Y es que si te apetece ponerte un vestido ajustado vas desesperada por la vida, pero si no te lo pones, amiga, parece que lleves un saco de patatas. Si nos operamos o nos pinchamos somos patéticas, se nos critica por ir invadidas de rellenos. Y si optamos por dejar que la naturaleza siga su curso, nos estamos dejando y se nos cae la cara. «Una pena que te cuides un poquito más», nos espetan. Hagamos lo que hagamos, de nuevo, no ganamos. Y somos criticadas... Pero, ¿criticadas por quién?

Lo que más triste me pone es que las mujeres de mi edad se convierten en mis enemigas, algunas muy agresivas. Se ejerce entre nosotras la ahora llamada «violencia verbal». El maltrato verbal puede disfrazarse de diversas maneras, con comentarios sarcásticos, hirientes e insidiosos. Al dejarme las canas, una me dijo: «¡Yo antes muerta que dejarme las canas! Con ese pelo, mi marido se divorciaría...». Recuerdo pensar en ese momento: «Pues sí que te quiere tu marido por razones de peso». Además, me da rabia no haberlo dicho por educación. Y encima me sentí tonta por no haber reaccionado más rápido. Primero te quedas en shock*, luego no te puedes creer lo que han soltado y luego te enfadas, pero eso ya en casa, cuando no da tiempo a decir nada. De todas formas, respiras hondo porque tú no eres así, no es tu idioma, tu cultura. Te niegas a bajar a ese nivel y menos entre mujeres.*

¿Lo grave? Las mujeres privilegiadas, con educación y medios, que sueltan cada misoginia por el pico lleno de veneno que te quedas boquiabierta y balbuceante. Y te preguntas: «Pero ¿tú te oyes?». A veces no doy crédito. Son personas que siguen dando un enorme valor a la apariencia e incluso piensan que la mujer y su físico se reflejan sobre su marido. Espantoso, como si las mujeres saliésemos de una tienda. Es una visión insultantemente limitada. Nos cosifican de nuevo. Es deleznable cómo se cosifica a las mujeres en cada etapa de la vida.

Este incidente con mis canas me removió tantos traumas de cuando llegué recién casada al norte y no me dieron precisamente la bienvenida, que llamé a mi hija llorando a pleno pulmón porque me habían hecho daño con algo tan tonto como dejarte las canas al natural. Mi hija, que obviamente tiene el culo pelado de bailar las críticas por su trabajo, me colocó enseguida: «Mamá, ¿a ti te gusta cómo llevan el pelo esas mujeres? ¿Te gusta su estilo?». «No», le respondí. «Pues entonces, mamá, vas por buen camino. Si alguien que no te gusta cómo viste o cómo lleva el pelo decide regalarte su juicio de valor, no lo cojas. Al revés, piensa: "Ostras, qué bien voy, porque tu estilo

> *a mí tampoco me gusta, aunque yo no voy a regalarte mi opinión". No eres así, mamá. Tú tienes más educación en tu dedo meñique que ellas en toda su vida. Lo siento, pero les falta imaginación y amplitud de miras. Ellas solo ven que dejarte las canas te hace mayor, mamá. Y, sí, lo hace, ¿y qué? No tienes veinte, ni treinta, ni cuarenta, ni cincuenta. E inteligentemente, creo yo, has dejado de teñirte porque te aceptas y es más cómodo. Mamá, ¡te da igual aparentar la edad que te has ganado a pulso! Además, mamá, yo te veo mejor, más iluminada, tus canas te dan luz, estás guapísima desde que te has relajado con los tintes».*

Debe de ser un alivio dejar de luchar contra las inclemencias del tiempo. Aparentar que tienes treinta años cuando tienes el doble es una pérdida absoluta de energía y tiempo; es como nadar a contracorriente, agotador. Aceptar tu edad, e incluso abrazarla —tirando el tinte al suelo en el caso de mamá o lo que sea que tú sientas que es para ti el dejar de luchar contra el reloj—, dejando que la edad haga de las suyas, es un alivio. Que los años tengan sus efectos sobre ti sin luchar contra ellos, que no es lo mismo que descuidarte, ¡ojo! Te cuidas incluso más al dejarte las canas: has de vestir con más color, pintarte más los labios y de colores más contundentes. Pero el mero hecho de dejar de aparentar para ser, es parte de la neutralidad corporal. La aceptación de lo inevitable, por tanto, tiene un efecto muy liberador, según Mi Madre.

> *Es tal alivio no sentir la necesidad de resultar atractiva de cara al exterior... Puedes aceptar lo que hay, lo que tienes, y seguir adelante de manera más sencilla, más natural, más aceptada: sin la obligación de resultar*

atractiva. Abraza **la invisibilidad** *que te regala la edad como un descuento de atención. Ya nadie me mira, ahora llega mi momento. Me siento más libre para ser yo.*

Lo bueno de este tipo de comentarios tan negativos es que te obligan a filtrar tus amistades. Cuanto mayor te haces, más involucionas, más callada te vuelves, te retiras hacia dentro. Entonces te das cuenta de la cantidad de tiempo que has perdido, y te vuelves más reflexiva porque te das cuenta de que muchas de las cosas que valorabas antes, ahora ya no son tan importantes. Tus valores evolucionan con la edad.

Como mujer, valoras a las amigas que escoges para rodearte. De tu círculo social sobreviven pocos, solo los que realmente tienen algo que aportar, gente que te suma, con buena chicha en su conversación. No es fácil encontrar amigas que merezcan la pena. Pero existen. Si tu familia vive lejos, o eres extranjera, tus amigas son tu familia y las cuidas mucho no, muchísimo.

Mis amigas son mi cinturón de seguridad. No sé qué haría sin ellas. Somos terapia las unas para las otras. Ellas son mis sisters. *En este postre de la vida, son mi miel, las compañeras con las que comparto, las que me entienden. Además, nos ayudamos, nos hacemos seguimiento —«¿Qué tal la operación?»—, nos acompañamos al médico y estamos las unas para las otras. Están ahí, y lo sabes. Y te sientes en buena compañía, aunque a veces solo por teléfono.*

Mira que hay temas constructivos para conversar: libros, arte, series, películas, música, conciertos, tus hijos, tus nietos, lo que te preocupa, lo que te divierte, recetas, consejos, información, la camisa que llevo, que es nueva y me tapa la barriga, buenos médicos, ¿quién sabe de un buen sujetador que sujete bien?, un buen bañador y un enorme y ecléctico etcétera que nada tiene que ver con cotillear, criticar o enjuiciar a las demás.

Aprender a flotar

Hablaba de todo esto con Mi Madre mientras mirábamos los barcos en el puerto. Y me hizo reflexionar. Me dijo que el lado más dulce de esta inquisición estética que nos hacemos unas a otras con juicios de valor sobre nuestras canas, arrugas, etc. es aprender a no ir a contracorriente. La edad es un grado (y un posgrado también). Ya tienes un máster en gente llena de emociones tóxicas que escupen en tu dirección en vez de trabajárselas. Así que, en vez de nadar e intentar alejarte de ellas —que cansa mucho— o nadar en la misma dirección —que no nos interesa—, aprende a flotar. Flotar es genial: te quedas en la superficie sin esfuerzo, no has de preocuparte por las corrientes submarinas porque tú pasas por arriba. Cuando flotas sobrevives sin esfuerzo. De hecho, hay que estar un poco zen para flotar: relajada, respiras y miras el cielo, estás tranquila, no dejas que te afecte, sonríes y tiras millas. Según mi mami, aprender a flotar viene con los años. Qué lista eres, mamá.

Risa gamberra

Para acabar, le pregunto a Mi Madre: «¿Qué legado te gustaría dejarnos?». Se lo piensa un poco mientras paseamos delante del mar. Hace viento y sol, un regalo del norte. «Pues me gustaría que me recordaseis como alguien que os enseñó a amar, a cuidaros por dentro y por fuera...», responde. Lo piensa de nuevo, parece que no está quedado satisfecha... Pasa un minuto y medio en silencio. Yo la respeto callada, respirando el aire fresco antes de meterme de vuelta en el autobús que me llevará a escribir todo esto en Madrid. Por fin, se ríe y me dice:

> ***Sobre todo como alguien que os enseñó a usar el humor como antídoto para casi todo. El humor es como el tubo de escape de tu salud mental. Es el humor lo que hace más soportable lo malo. Y lo más importante es no tomarse muy en serio a una misma. El humor hace que todo mejore. Si sabes reírte, sabes encajar lo que venga con una carcajada. Eso es valiosísimo. Ese sería un gran legado. El buen sentido del humor hace que todo cobre sentido.***

Nos reímos. Solo Mi Madre me saca esa risa de perra pulgosa maravillosa que me sale de las entrañas. La risa de gamberra. Gracias, mamá. Coincido que es el mejor legado. Espero que, de generación en generación de mujeres, pasemos, además de nuestro ADN, nuestra manera de ver la vida con un guiño, con una buena risa de perra pulgosa. Reír como gamberras. Así se hará.

> *Hace poco fui a casa de mi hijo pequeño. En la cocina tiene un robot de esos a los que les hablas y te pone música. Se llama Alexa. Un día estaba haciendo pipí sin gafas cuando en una balda vi otra Alexa. Como amo la música y mi nuera es brasileña y habla a las máquinas en brasileño, puse mi mejor acento brasileño y le pedí que me pusiera música. Silencio. Nada. Se lo pedí algo más alto: «Alexa, maish musssica!». Nada. Lo intenté en varios idiomas: inglés, francés, español. Nada. Se lo pedí por favor. Silencio absoluto. Nada. «Oye, pues no me pone música, qué borde la máquina del demonio». Termino, voy a por mis gafas y vuelvo al baño indignada...*
> *¿Sabéis qué era mi Alexa? Hablaba y gritaba a braga bajada a una luz con la misma forma que Alexa, pero una dichosa luz. La edad no perdona, así que más me vale reírme de mí misma. Qué cosas me pasan...*

Mi madre, como buena británica y a lo Monthy Python, como dice ella, piensa que ver el lado cómico de la vida es vital a la hora de disfrutarla. Hay que saber reírse, siempre empezando por una misma. Al despedirme de ella, me dio una última perla sin darse cuenta: «Como madre y como abuela, eres tan feliz como tu hijo o nieto más infeliz». Jo, Mi Madre, cómo la clava, la verdad. Fan de esta señora que me parió.

Y yo, ¿soy una señora?

Hablemos un segundo de lo que significa ser una señora. ¿Por qué nos molesta, aun casadas, que un niño, al devolverle la pelota, nos lo agradezca con un «Gracias, señora»? ¿Qué tiene de malo ser una señora? Y yo, ¿soy ya una señora? Con la ayuda de una de mis rubias favoritas —la gran actriz Meryl Streep—, me gustaría redefinir el concepto de ser «una señora».

Para mí, una señora no es una mujer casada, aunque la RAE así lo indique. Ser una señora no es tener un carnet de quejas. Ni se define por pedir los táperes de vuelta, ni por pasear un paraguas o ir a la peluquería cada semana. Tampoco es una mujer mayor que ama las gangas, aprovecha las ofertas y compra por catálogo. Una señora no es aquella que te dice el precio de todo y que tiene la tarjeta de El Corte Inglés. No se reduce a sus canas, arrugas o flacidez. Las señoras no son las que ven telenovelas, hablan en corrillo o leen su horóscopo. Para mí, las señoras no se definen por tener línea fija en casa o por preocuparse si alguien se cae. Ni quien tiene remedios para todo, y da explicaciones con pelos y señales a extraños sobre sus cosas. No. Redefinamos.

Para mí, convertirte en una señora es un cambio del marco ideológico de una mujer. Una señora no quiere malgastar su tiempo, porque cada vez tiene menos, y eso lo vuelve más caro, así que ya no tiene paciencia para ciertas cosas. Una señora no tiene tiempo que perder con tonterías. Una señora no sonríe a quien no quiere. Una señora no tiene paciencia para las obligaciones. Una señora ha perdido las ganas de complacer a los que no le caen en gracia. Ni le ríe las gracias a alguien que no es gracioso. Una señora no quiere amar a quien no la ama. Una señora no quiere pasar ni un minuto en mentiras y manipulaciones. Una señora no soporta los halagos vacíos, la hipocresía y las pretensiones. La arrogancia académica, le sobra. Una señora se aburre de comparaciones. Una señora no tiene nada que hacer con la gente rígida e inflexible. Una señora no tiene paciencia para quienes no la merecen. Una señora no hace juicios de valor. Y con esta definición de señora, me identifico. Grande Meryl, grande.

Así que, según la nueva definición que Meryl y yo hemos dado a las mujeres, espero ser una señora ya desde hace tiempo. Si no lo soy, ojalá no me quede mucho para ser una señora muy aseñorada.

SEÑORAS SABIAS QUE SABEN

Hay señoras sabias por lo que saben, saben mucho. Una buena amiga de Mi Madre dijo cuando la entrevisté: «Ahora veo la vida como un camino lleno de obstáculos, algunos más interesantes otros menos, y el entretenimiento está en negociar esos retos. De joven tendía a ver la vida como ir de un problema a otro, siempre esperando que las cosas mejorasen y viniesen tiempos más fáciles. Ahora estoy molesta conmigo por eso».

Y estoy muy de acuerdo con ella. De hecho, elegí la frase de Marilyn Monroe para encabezar este capítulo —«Si dejas salir tus miedos, tendrás más espacio para vivir tus sueños»— porque dice lo mismo, creo yo. La amiga de Mi Madre se dio cuenta de que la chicha está en bailar lo que te venga por la cinta transportadora de la vida. Usando palabras poco sexis, lo importante es cómo transitas, gestionas y aprendes de cada problema que aparezca. La vida no es atajar los problemas con miedo, evitando las cosas, como ella de joven, siempre esperando que vengan tiempos mejores. Deja salir tus miedos y tendrás más espacio, quizá no para cumplir tus sueños, pero al menos sí para intentarlo. El regalo de la vida es el ahora, es el presente lo único que permanece hasta que crías malvas. Y eso pasará seguro. A mí me tranquiliza por inevitable. Soy así, me relaja lo que no puedo cambiar.

Cuando llegue a mi propio postre de la vida, intentaré aterrizar como una señora que sabe flotar, con los miedos mínimos y si soy abuela espero ser como las olas del mar y una digna creadora de recuerdos para mis nietos. Intentaré llegar con un físico que me permita vivir y disfrutar de los detalles. Aceptaré ser pequeña y que mi vida se vuelva más angosta y mi círculo más reducido pero nutritivo a tope. Y aunque pierda dioptrías —creo que con este libro he perdido al menos una— espero tener la visión necesaria para ver los regalos que me depararán las pérdidas de mi vejez, que las habrá. Es inevitable. Ley de vida.

Igual que incluí una carta para mis peques en el capítulo anterior, no quería cerrar este sin escribir unas líneas a Mi Madre...

Deja de cerrarte a la vida. Invierte en abrir tu círculo y busca la diversión. ¡AHORA O NUNCA!

Ay, mamá:

Has sido supervaliente por abrirte como un melón para este capítulo, así que gracias. Eres generosa siempre con la información, como yo, pero no es lo mismo que saber que quedará escrito en el libro de tu hija. Es personal. Te has leído y te ha sorprendido el chapapote que te ha salido de dentro. «Muy negativo, ¿no?». Las verdades a veces son duras, mamá.

Sabes mejor que nadie que jamás he sido miedosa, pero al convertirme en madre han aparecido sentimientos nuevos y ahora me asusta todo, mamá. Es el miedo primitivo de querer proteger a mis hijos, de que nunca les pase nada malo. Es el miedo silencioso a no enseñarles lo suficiente para que puedan sobrevivir en el mundo que les dejamos. Y el miedo más grande e irracional es este: desde que soy madre, tengo mucho miedo a no estar a tu altura como mamá. Temo ser mala madre.

Odias que las mujeres compitan, pero, mamá, es natural medir mi maternidad con la tuya. Eres mi ejemplo más cercano y, mamá, salgo perdiendo, no puedo competir contigo. Tú estabas en casa, siempre podía contar contigo… Eras y eres la piedra angular de nuestro hogar, siempre dispuesta a pintar o bailar. Odiabas tu etiqueta de «ama de casa» -tú prefieres llamarlo «madre en casa»-, y yo juré no ser jamás una mujer casera. Ya de niña me prometí que trabajaría fuera de casa. Pero ya soy mayor, mamá, madura incluso. Tengo cuarenta y dos años, y mi agenda de artista es cambiante: a veces estoy mucho; otras, no aparezco por casa. Para los niños es duro. Escribiendo este libro estoy de cuerpo presente pero con la mente ausente. A veces siento que no te llego ni a la suela del zapato. Pero entonces recuerdo tus sabias palabras, mamá: «Cada madre hace lo que puede dentro de sus circunstancias: yo, siempre sola».

No me siento sola, mamá. Al menos en eso hemos mejorado. Intento recordarme los regalos de infancia que estoy dando a mis niños en forma de cariño. Mis hijos tienen un barrio entero de gente que los conoce y los quiere, cosa que yo nunca sentí. Esa sensación de que las panaderas, el quiosquero y hasta el carnicero se preocupan por ellos es única, mamá. Es una comunidad madrileña llena de amor. Sabes lo importante que es eso para nosotras. Crecí en una isla emocional en el País Vasco, lejos de la familia por distancia o terrorismo. Fue difícil, pero tú lo hiciste fácil.

Ahora no estás en tu mejor momento. Tu nido se ha vaciado dos veces: primero tus hijos y ahora tus nietas. La cuidadora número 1 se ha quedado sin nadie a quien cuidar, y por fin te has dado cuenta de que, ante todo, tienes que cuidar de la número 1: tú. Y por supuesto de papá, eso siempre. Papá, te quiero, tu carta te llegará por una vía menos pública, lo prometo.

Eres mi faro, mamá: Mi Madre, mi amiga y mi consejera. Espero algún día ser lo mismo para tu nieta. Hablamos cada día, pero cuando cojo un tren me pides que avise al llegar. Y yo te digo: «Mamá, voy en tren, no hay peligro…». Pero al final siempre te aviso porque sé que algún día me pasará lo mismo con nuestra Lulu. Son miedos de madre, vienen de serie. El miedo es el peaje del amor.

Ahora tengo un miedo nuevo: que te pase algo, mamá. En esa casa vieja y enorme, con tantas escaleras… De lunes a viernes, papá no suele estar. Soy la que vive más cerca de los tres hermanos: uno en Inglaterra y otro en Finlandia. Aun así, estoy a cuatro horas en coche. Tengo miedo por ti, por si no me coges el teléfono. Y no puedo decirte: «Llámame cuando llegues arriba» o «Llámame cuando llegues al sótano». Han cambiado las tornas: ahora me tocará cuidar de ti, mamá. Meterte algún día en la residencia que tanto nos hace reír: Vistahermosa, con vistas a una carretera nacional, ja, ja, ja. Te prometo cuidar de ti tan bien como tú lo has hecho y lo haces siempre por mí, con tus manos calientes y seguras, con tus mimos al ponerme el pelo tras las orejas (de pequeña lo odiaba y hoy me hace llorar de ternura), con canciones funky en inglés y la complicidad que siempre te acompaña. Contigo me río como con nadie, y sobre cualquier tontuna… Eres special, única para mí.

Te adoro, mamá. Si es por mí, estarás en la mejor residencia: conmigo, y con clases de pintura, escultura y baile… Y unas vistas de quitar el hipo, te lo prometo. Porque te mereces eso y más.

Al igual que amo ser la madre de mis hijos, mamá, me chifla ser tu hija.

Te cuidaré siempre, porque no te quiero, te adoro…

Tu hija,

Tania

Por ti, por mí

y por todas mis compañeras

«Creemos redes de mujeres que caminamos juntas y de la mano. Evolucionemos de la comparación y la crítica, a la apreciación y la construcción de puentes entre nosotras. Solo caminando por este camino, y en la misma dirección, llegaremos a alguna parte que merezca la pena.»

TANIA LLASERA

OOPS! ... I DID IT AGAIN

Me identifico con Britney Spears. Admito orgullosa que el álbum *Oops! ... I did it again* estuvo en mi coche en formato casete la friolera de quince años. Me sé cada suspiro de ese disco. No me escondo, me gusta Britney y me gusta su música. Pienso que representa un poco a todas las mujeres ya que veo en ella la necesidad de complacer a todos, lo cual es muy nuestro, muy femenino. Como todas, busca ser buena persona, hija, hermana, madre, novia, esposa, y además es cantante, bailarina, coreógrafa... Muchos roles y mucha presión.

Imagino que sabes que fue una niña prodigio en Estados Unidos. Trabajó en Club Disney con Christina Aguilera y Justin Timberlake. En 1999, su canción «... Baby one more time» y su imagen de Lolita la convirtieron en una superestrella de la música pop, icono de una generación (y sus abdominales también, por cierto). Hoy es madre de dos hijos, tiene 40 millones de *followers* en IG y 100 millones de discos vendidos. Casi nada.

Britney entró en crisis mental en 2007. Como todo el mundo recuerda, se rapó el pelo para escapar de la imagen deseable, popular. Fue un intento desesperado por romper el juguete en el que se había convertido. Cortarse la melena era una clara muestra de que también estaba hasta el coño, como casi todas. Quería matar a la *pop star sexy* y renacer, pero solo fue el principio de su calvario: su padre aprovechó para pedir su tutela legal, alegando que estaba cucú. Su pesadilla duró trece años y fue una marioneta ordeñada económicamente por él, que la tuvo bajo su tutela hasta hace muy poco. No la dejaba ni conducir...

Creo que ahora que por fin disfruta de una fresca libertad, nos recuerda que no se puede abarcar todo. Es imposible ser perfecta en todo lo que haces, contentar a todos y todas. Es normal que nos rompamos... Britney acaba de publicar en su página de Instagram un post que reza:

> **Es Duro Ser Mujer**
>
> Debes pensar como un hombre.
> Actuar como una dama.
> Tener el aspecto de una chica joven.
> Y trabajar como una mula.

Estoy tan de acuerdo que lloraría. Me siento comprendida. Hemos aprendido a vivir a base de imponernos una variedad de roles: debemos ser educadas, no perder los nervios o somos unas histéricas, estar siempre impecables, sin arrugas, sin flacidez, sin michelines, estar «apetecibles» y jóvenes por siempre jamás, ser madres mientras seguimos trabajando sin ayudas, y **educar a nuestros hijos como si no trabajásemos y trabajar como si no tuviéramos niños**.[27] Son tantas expectativas y tantos roles pesados que te ahogan. Tenemos tantos papeles que los perdemos. Llega la gota que colma el vaso, y te rapes o no, revientas.

---

27. Fuente: *<https://teapoyodecorazon.wordpress.com/2019/04/02/el-problema-es-que-esperamos-que-la-mujer-trabaje-como-si-no-tuviera-hijxs-y-crie-como-si-no-tuviera-que-trabajar-por-carmen-iniesta/>*.

En la vida de una mujer vas pasando por diferentes roles y diferentes arquetipos. De repente, te bloqueas y ya no te puedes mover de tantos trajes y tantos roles que llevas encima, ¿no? Profesional de la hostia. Ama de casa. Hija. **Superwoman.** ***Y ahí sientes la presión de ejercer todos estos roles a la perfección. ¡Y no! No puedes llegar a todo, ¿no?***
Y, ahí, bueno, en ese momento que te has roto, te sientes mal incluso por tener cinco minutos para ti.
Y te das cuenta de que, sea como sea, tienes que priorizarte y ponerte por delante, porque si sigues tirando del carro con esa exigencia, la vida te va a comer, te va a comer con patatas y te va a pasar por encima de una forma increíble.

ISABEL CASTELLS
Kuestiona

Aprovechemos este último capítulo para no acabar como Britney, que no nos coma la vida con patatas. *Superwoman* no existe más que en la ficción, y, desde luego, no me representa. Basta de organizarnos para hacerlo TODO con una sonrisa, tiremos a la basura el calendario de Mr. Wonderful. Empecemos a buscar la empatía para con nosotras: entender nuestra capacidad y nuestra realidad. Abracemos nuestras limitaciones y nuestras circunstancias actuales, que cambian constantemente... Pasemos de la etiqueta #FREEBRITNEY a #ITSBRITNEYBITCH.[28]

28. De #Liberad a ________ (pon tu nombre aquí) a #Perra, soy ________ (pon tu nombre aquí).

SIN MÍ NO SOY NADA

En 2002, el grupo musical Amaral cantaba: «Sin ti no soy nada...». Como hemos visto a lo largo del libro, casi todas dependemos emocionalmente de los demás. Buscamos afecto fuera, en nuestra pareja, por ejemplo. Porque si tienes el amor de alguien es que mereces ser amada, luego, lógicamente, eres suficiente. Buscamos la aceptación, la etiqueta de que somos válidas, enamorar. Se nos ha educado para creer que ser mujer no es suficiente, tenemos que ser más.

Sin mí no soy nada. Esa es la única dependencia emocional real, la que tienes contigo. Para mí, la clave de esta conclusión sería «no puedo vivir sin mí». El mensaje resulta muy gastado de tanto oírlo y leerlo gracias al bombardeo de frases motivadoras que sufrimos, pero tú eres la única que puedes decirse «Soy suficiente». El amor empieza por una misma. No hay tutía.

Una de las piedras más grandes que todas encontramos en el camino es afrontar la soledad. La batalla con la soledad impuesta cuesta, pero la soledad elegida es mucho más agradable. Para mí, el confinamiento por el COVID-19 y la imposición de estar los cuatro miembros de la familia juntos en nuestro piso, me hizo entender lo esencial que es para mi salud mental estar sola, pasar tiempo de soledad de calidad. Estar sola me oxigena de una manera que no puedo describir, me reconecta con mi esencia. Después siempre me siento más fuerte para afrontar la compañía. La letra de mi canción favorita de Britney, «Stronger» («Más fuerte»), lo dice bien claro:

> [...] No necesito a nadie, mejor sola.
> Aquí voy, por mi cuenta ahora.
> No necesito a nadie, a nadie.
> Aquí voy,
> más fuerte que ayer.
> Ahora, a mi manera.
> Mi soledad ya no me mata.
> Soy más fuerte que ayer [...]

Tania Tocapiedras

Las mujeres no somos de piedra, aunque mis rocas son y serán mi madre y mi abuela. Quizá porque mi querido abuelo —José Manuel Alberdi— era escultor y siempre me invitó a esculpir con él, me nació una teoría para las personas, una metáfora relativa a las esculturas que suelo compartir en mis libros. Pienso que todas somos esculturas, pero de distintos materiales. Algunas nacen de yeso, otras son de madera noble, incluso de piedra. Unas somos más blandas o más porosas, y otras más duras. La forma de nuestro material la manda la vida: te esculpe entre vientos de cambios, truenos de broncas o lluvias de críticas. La forma que tomemos y el material que nos compone decide nuestra personalidad. Pero todas somos obras de arte, arte efímero, pero arte siempre.

Ya sabéis que estoy pelín obsesionada con las piedras, me flipa cogerlas. En mi pueblo, cuando paseas por la playa, está mandado tocar el fondo —una piedra del acantilado— con el pie o con la mano. Con ese gesto indicamos que hemos llegado al final. Pero no lo es, porque luego nos damos la vuelta y seguimos andando. Si no lo haces, es como si el paseo no estuviera completo. Lo mismo me pasa últimamente con la cultura.

La vida de hoy es de una abreviación constante. Las herramientas disponibles en forma de emoticonos, memes o gifs para mandar gestos, sentimientos y risas reducen las experiencias a pastillas de información que duran un suspiro. La cultura de lo inmediato es una realidad. Por si fuese poco, como hemos visto, las redes sociales han exagerado esa cultura del titular. Publicamos o reposteamos frases chulas para motivarnos a afrontar el día con una sonrisa, pero nos quedamos en la superficie. Los mensajes son buenos, pero nos falta información. La vida tiene matices que se pierden en las redes. Me faltan el contexto, los argumentos y todos los detalles que marcan la diferencia. Falta profundidad, las sonrisas son superficiales. ¡Seamos auténticas, coño!

Podéis llamarme Tania la Tocapiedras. Como un perro con un hueso, soy de las que necesitan llegar hasta el final de todo. La traducción literal de tocapiedras es *touchstone*, que significa «criterio» o «estándar». No es casualidad, porque con este libro os he invitado a tocar las piedras angulares para ser más y mejores, pero sin perder la noción de la realidad, con los pies bien anclados al suelo. Toquemos nuestros estándares personales, tallemos nuestras piedras angulares y pongámonos como nuestra prioridad.

Cuatro realidades para tallar en piedra

¿Cómo podemos crear espacio para nuestras emociones más feas? ¿Podemos prevenir esta marea de chapapote rosa que crea la positividad tóxica? Estas cuatro patas para el banco de nuestra salud mental las tallaría en piedra. ¿Recordáis cuando en el capítulo 3 os decía que Mr. Wonderful no es tan *wonderful*? Pues estas cuatro patas me han ayudado en mi camino a ser más *wonderful* dentro de la realidad:

1. **Realidades en convivencia.** Debemos aceptar que pueden coexistir múltiples verdades, aunque resulten conflictivas al mismo tiempo. Está en nuestra mano eliminar la tensión entre ellas y dar su lugar a todas nuestras emociones, a las buenas y a las malas. Se me ha criticado bastante por cambiar de idea muchas veces. Lo he vivido en mis carnes. Como ya sabéis, durante años he sido fiel defensora del *body positive*, abrazando el concepto de que todas necesitábamos amar nuestro cuerpo, porque la belleza viene en todas las tallas y colores. Estaba convencida de ello. En ese momento era la corriente de pensamiento más nueva y admito que me subí al carro. Pero luego apareció el *body neutrality*, que ahora adopto como mío: la aceptación del cuerpo tal cual es, válido sin la imposición de amarse, solo de aceptarse. Y sí, ambas pueden convivir en mí, no son contrarias. Cambiar de opinión o adoptar un poco de ambas no hace que yo sea una veleta sin personalidad. Evoluciono con la mente abierta a aprender, de manera humilde, siempre sedienta de saber qué aprenderé.

2. **La ley de papá: realismo alcanzable.** Esta se la dedico a mi padre, porque es tan suya como mía: emplear un enfoque híbrido que combina el pensamiento positivo con el realismo. Es tan mío que podría haberlo escrito yo, pero no es así: según Gabriele Oettingen —profesora de psicología en la Universidad de Nueva York y en la Universidad de Hamburgo, casi nada—: «Cuando los participantes realizan un contraste mental con deseos razonables y potencialmente alcanzables, salen con más energía y logran mejores resultados en comparación con los que fantasean positivamente o insisten en los obstáculos». Ser más realista ayuda a sentirse realizado, pues lo que intentas conseguir es más razonable.
   Más de una vez he debatido conmigo sobre qué subir o no a las redes. Me paso el día en un monólogo dual del tipo: «Subiría esta queja que tengo sobre el tallaje de la ropa de Zara, sí, debería, porque hace mucho daño esta mierda». Pero la otra Tania me dice: «Espera, piénsalo. Tú eres *happy*, no te quejas, no es popular la gente famosa que se queja, no cae simpática. Si lo haces, Zara jamás te llamará para trabajar. No seas tonta, estás tirando piedras contra tu tejado. Tienes que comer». Pero suele ganar la Tania coherente, la cabeza que me dice: «A ver, ¿cuándo has trabajado para Zara? Nunca. No estás haciendo daño a nadie quejándote sobre una realidad: las tallas de Zara son una caca pinchada en un palo. Publica, mujer, sin miedo a represalias. Hay conductas de empresas que te cabrean. Parece que no quieran gordas en sus tiendas. Es una vergüenza. Si crees en ello, denúncialo y ayudarás más de lo que cree». Lo publiqué en septiembre de 2021 y todavía me preguntan sobre ello en las entrevistas. Abrí un melón necesario. Dije algo que todas piensan, pero

nadie se atreve a decir porque una queja contra un gigante así no era «redes *friendly*».

3. **Sentirlo todo tranquilamente.** Las emociones son transitorias y es importante no evitar los sentimientos e identificar y nombrar emociones tanto positivas como negativas. Las emociones negativas son normales e importantes. Y ni que decir tiene: en caso necesario, buscar el apoyo de un terapeuta es de valientes.
   Como he dicho en capítulos anteriores, he necesitado ayuda de profesionales con mi cabecita tres veces, y estoy segura de que serán más antes de acabar criando malvas. No me da vergüenza admitirlo, al contrario, me siento orgullosa de haber tenido los ovarios de coger el toro por los cuernos en el caso de mi salud mental. No estamos locas por ir a un psiquiatra, estamos locas si lo necesitamos y no vamos. Eso sí es que una locura.
4. **Cambiar el chip y el lenguaje.** Valida y acepta en vez de evadir los sentimientos de alguien con frases generales. Cambia las contestaciones que evitan lo negativo —del tipo «Sé positivo» por un reconocimiento de la negatividad real que existe: «Sé que ahora te parece difícil y que las cosas pueden salir mal» o el innecesario «Podría ser peor»—. Intenta decir algo más constructivo y empático como «Es muy triste, puedo entender lo que sientes». No necesito soluciones, solo que me escuche, hablar, sacar mi pena. Si alguien te escucha y te acompaña, no te sentirás sola. No estás sola en esa mierda. Hay momentos de mierda para todos, y hay que pasar por ellos. No hay otra.
   Durante mis periodos de luto y tristeza han sido más los gestos que las palabras los que me han ayudado. Un buen abrazo o que te pasen un pañuelo puede significar más

que torrentes de palabras de consuelo que suenan vacías. Las palabras que más me han tocado la patata han sido de empatía y comparación. Cuando murieron mis abuelos la misma semana, las personas que mejor me hicieron sentir fueron las que habían vivido duelos parecidos y se ponían en mis zapatos, aceptando mi dolor como suyo. Las palabras adecuadas o la ausencia de ellas cuando sobran son muy potentes.

Mis piedras angulares

Como habrás visto, ser mujer no es chachi piruli.

En mi caso, las críticas por ser mujer son duras, pero lo trágico es que suelen venir de otras féminas. Hastiada estoy del escarnio público por ser una famosa cuyo cuerpo osó cambiar públicamente y sin arrepentimiento, sin pena por mi antigua talla. Estoy harta de la presión que nos hacen sentir a las mujeres.

Ser mujer es complicado. Para muchas, su trabajo diario es odiar su cuerpo y verse en la obligación de estar siempre «a plan», sopesando lo que comen o dejan de comer. Ven que se les «pasa el arroz». Se miden con el reflejo del espejo. Las desgasta criar bolas de fuego hormonal *abordescentes*. Sienten tristeza por el silencio atronador del nido vacío. Miedo a ser viudas y lo solitario que debe ser vivir en el postre de la vida. Y lo que revienta ser ciudadana de segunda, a base de micro y macromachismos que inundan nuestra vida cotidiana. Te sientes invisible, mal, poca cosa. La lista es agotadoramente larga, me temo. Ser mujer te deja hecha papilla al final del día y de la noche.

La sociedad se forra al nutrir nuestros miedos y complejos a todas las edades, dejándonos deshinchadas. ¡Ah! Y ni se te ocurra entrar en la cansina espiral de la queja… «Pesada, lo tienes todo, siempre hay alguien peor que tú.» «No te quejes, guapa, que se te pone cara de amargada.» ¿Cómo no vamos a estar hasta el coño? Basta de unicornios, arcoíris y brillantina… Por favor, no somos niñas, no nos dejemos tratar como tales. Hablemos como las vascas de mi pueblo, sin boberías y con hipérbaton. Hablemos de mis piedras angulares… **Menos Mr. Wonderful y más Miss Realidades: mis piedras angulares.** Aquí te dejo dieciséis, las mías:

1. **De «Hay que poder» a «¡Ay! Qué poder».** Como mujeres, siempre estamos rodeadas del «yo puedo». Y es que «hay que poder»… Pues no. Pasamos de vivir en la obligación de ser madres, de cargar con el peso de los cuidados, de renunciar a nuestros deseos laborales a vivir en el poder que otorga la libertad: elegir, tener voz propia, tomar nuestras decisiones, decir no cuando no nos gusta algo… Es la libertad de suspirar y exclamar: «¡Ay! Qué poder». Veo el «hay que poder» como un falso empoderamiento… Tienes que poder con todo. Sí o sí. Soy tantas cosas, tengo tantos roles, que a veces está bien frenar y disfrutar de no hacer nada. O de romper con todo un rato. Eso es lo que mantiene mi equilibrio mental, tomarme recreos en la vida con un vino, un café, un paseo o una siesta, lo que sea. Paren el mundo, que me bajo.
2. **De «Sé tu mejor amiga» a «Amiga, tú eres lo mejor».** «Es más fácil de lo que piensas, solo sé tu mejor amiga.» Es la frase que más nos repiten… Amiga, eres lo que hay. No queda

otra. Si le quitas la brillantina cursi, quiere decir: «Tía, seamos prácticas: eres lo único que tienes». Si es lo único seguro, *joé*, no es que seamos nuestras mejores amigas, es que somos lo único que tenemos. La relación más longeva que mantendrás será contigo, así que intenta caerte bien. La persona que esperas eres tú.

Al salir del nido, llegué a una casa en Inglaterra sin calefacción, luz ni agua caliente. Estaba sola, y menos mal que en los noventa se llevaban los plumíferos hasta los pies. Dormía con él. Estuve tres días y tres noches hambrienta y sola. Tuve mucho tiempo para pensar. Tuve que hacer las paces conmigo y entender que tendría que ser mi mejor amiga. Recuerdo pensar: «Mejores amigas van y vienen. No soy mi mejor amiga, es imposible. Soy lo que tengo, lo que hay. Si no hay más, contigo Tomás, ¿no? Pues si no hay más, soy lo único que tengo, así que mejor que me lleve bien con quien soy». Al cuarto día llegaron una pelirroja, una nipona y una llenita bonita. Fue el año más divertido de mi vida. Ahora mantengo la mejor compañía: mi sombra.

3. **De «Ama tu vida de diseño» a «Diseña una vida que ames».**
Más que menos, en nuestro mundo de consumismo nos rodeamos de cosas buscando ser felices. Nos saturamos con la compra de objetos, ropa y maquillaje que no necesitamos (al menos en esa cantidad que habita en mi armario del baño). Lo mío con las cremas y el maquillaje no es normal. Pero más que amar nuestra vida de diseño, deberíamos diseñar una vida que amemos, una vida rodeada de gente que aporte o se aparte, una vida llena de experiencias, una vida que nos haga sentir vivos y satisfechos. Menos consumir y más consumar ;-) Acumula momentos, no cosas.
Para diseñar tu vida has de tomar decisiones que remen a

favor de lo que buscas para ser lo más feliz posible. En mi caso, primero tuve que decidirme entre ser una española residente en UK o una inglesa residente en España. Elegí el sol, la paella y las buenas sobremesas. Elegí estar cerca de los míos, porque la familia es mi valor principal. Elegí, después de muchos dolores de cabeza, ser comunicadora como profesión. Mis *hobbies* son pintar y escribir, porque me llenan al vaciarme... Curioso. Escogí a mi pareja, fue buscada. Hice un *casting* bastante largo para encontrar a una persona como él. Siendo romántica, es un hombre que ama mi esencia y, siendo práctica, su proyecto vital se parece mucho al mío. Es un cómplice que me hace reír con una mirada. Además, es buen padre y una pareja fantástica. Escogí con mimo a mis amigos más cercanos, que no son muchos, pero sí leales y divertidos. Y admito que invertí muchas horas de trabajo y tuve una tremenda suerte al diseñar mi vida. Acerté, sin duda.

4. **Menos perdón y más permisos.** Se suele decir que es mejor pedir perdón que permiso. Muchas (y me incluyo) nos pasamos el día pidiendo perdón casi por existir. Basta. Amiga, menos perdón y más permisos. Todas deberíamos de dejar de pedir perdón y darnos permiso para ser. Cuando te das permiso para vivir la vida que buscas en vez de la que los demás quieren para ti, eres capaz de pelar todas las capas de perfeccionismo y las expectativas agotadoras que creías necesarias. Digan lo que digan, me atrevo a ser yo. Dejo de intentar contentar a todo el mundo, y ese día vuelvo a nacer. Esta soy yo. Te guste o no, sigo con mi vida. Y ese momento es liberador. Como la Nochevieja de 2013 en Tokio. Me fascinó ese viaje por lo diferente que es la cultura nipona, la dicotomía de los japoneses entre el respeto, la modestia y

el honor de vivir en comunidad, y la individualidad estética de la que gozaban en ese momento: lolitas góticas, colegialas, las que van por la calle en pijama con orejitas de animal, las chicas disfrazadas de sus personajes favoritos del manga, el anime o los videojuegos, las yanquis y sus beisboleras de colores en homenaje a los noventa, las *rockabillies* con tupés engominados y chaquetas de cuero negro al más puro estilo *rock&roll*, las *shironuri* con el rostro completamente blanco, las que saturan sus *looks* con adornos típicos de niñas pequeñas y las ya casi extintas Gals, chicas que se preocupan en exceso por la belleza, con pelo o pelucas cardadas, piel muy bronceada, cabello rubio decolorado y ojos muy marcados con maquillaje. En Tokio conviven en una aparente normalidad con la estética más exagerada que he visto jamás. Hay una riqueza enorme en que te la trufe de costado qué dirán o qué pensarán y es muy liberador encontrar tu estilo.

Al volver a España, recuerdo que me resultó muy aburrida. En ese momento solo había pijas en el barrio de Salamanca y las Amy Winehouse (era el momento *eyeliner*, con pañuelo en la cabeza de estética *choni*). Juré que, si ya me la trufaba lo que pensaran, iba a brillar y a expresarme con ropa de color, que es lo que me hace feliz. Si no te gusta, mira a otra parte, que la que lo lleva soy yo y a la que le tiene que gustar es a mí.

5. **De «El tiempo lo cura todo» a «Tú te curas con el paso del tiempo, pero eres tú, no el tiempo».** Que el tiempo lo cura todo se dice mucho, pero es una patraña. El tiempo no cura nada, pone distancia, es lo que haces durante ese tiempo, lo que te ayuda a digerir sentimientos, tratar tus traumas y pasar página porque no te queda otra.

   Me rompieron el corazón en mil pedazos. Recuerdo que lloraba incluso al despertar. Me pareció un hito el día que conseguí llegar al desayuno sin romper a llorar al recordar que ya no estaba con él. No me podía creer que no me quisiera. Como jamás me dio una razón clara para la ruptura —que no me vi venir— me costó mucho superarlo. Muchas veces, cuando no entiendes el porqué cuesta más cerrar ese capítulo de tu vida. Y sí, el tiempo ayudó a que escociera menos. Muchos años, novios, viajes, amigos, tragos y libros después, puedo decir que lo tengo superado al 99 %. Pero aunque creo que ya lo he superado, sigo soñando que vuelvo a ver a aquel novio, que me pide que volvamos, que por fin me explica por qué no podía quererme. Misterios de mi vida, traumas, heridas que siguen sangrando décadas después.

6. **De «Quita tu peso pesado» a «Pesado peso que me quito».** Hay personas que, con sus mejores intenciones, nos hacen daño. Es así, y suelen pertenecer a nuestro entorno cercano. Si sus preocupaciones no te ayudan, impón tus límites con cariño, con asertividad. Un «hasta aquí» es importante para ellos y para ti. Si tus límites les ofenden es su problema, no el tuyo. Las personas obsesionadas con el peso, la imagen y la estética de los demás son muy plomizas, preocupadas la apariencia ajena. Parece que tu peso les pese a ellas. Es como energía fuera de lugar, desplazada. Aligera tu vida de críticas. El mejor peso que perderás jamás será el lastre que arrastras de las personas cercanas que te juzgan y su opinión sobre ti. Ese pesado peso que me quito. Mejor sola que mal acompañada.
Hay gente que, cada vez que me ve, me dice desde «¡Qué delgada te estás quedando» a «Estás más magra»... Sus adjetivos me la trufan, sobre todo si no es gente de mi círculo íntimo. Les sonrío y sigo con mi vida. Te recomiendo que hagas lo mismo. Al final las personas que han de darte

calorías en forma de amor, ternura, empatía y abrazos son las que eliges tener cerca. No la vecina del quinto que te encuentras en el supermercado en la sección de chocolates.

7. **De «Vales más de lo que crees» a «Cree más en lo que vales».** Pasa a la acción. Después de leer todo el libro ya sabes que vales más de lo que crees, te lo dice todo el mundo. Comienza a creértelo: «*Fake it till you make it*». Cree más en lo que vales y valdrás más. La actitud muchas veces es más importante que la aptitud, y solo tu actitud puede determinar tu altitud, lo alto que llegas.
   ¿Recuerdas que trabajaba detrás de las cámaras pero, cuando me lo propusieron, me lancé a ponerme delante de ellas? Pues me salió bien. Si llego a negarme, seguiría detrás. Aprender por el camino es una de mis fuerzas. Creo que valgo, a veces más. Pero prefiero equivocarme intentando aprender que negarme a una oportunidad por falta de confianza.
8. **Del ritmo de los demás a tu ritmo.** Me encanta bailar sola: no hay presión por bailar bien, seguir ritmo de manera chachi, *cool* o guay. A veces quiero bailar a mi ritmo, arrítmica incluso, por diversión, por estar en contacto con mi cuerpo, con mis risas, a solas. El ritmo de los demás estará bien para ellos, pero en el baile, como en la vida, no puedes ir al ritmo de los demás. Te quedarás sin aire, tendrás agujetas, parecerás un pato mareado o puede que te rompas un tendón. Es importante respetar lo que tu cuerpo puede hacer, escuchar tu ritmo, el que te marca tu cuerpo. Aprender a escucharnos es fundamental para no hacernos daño en la vida. Tú a tu ritmo, sin prisas, y con las pausas que te pida el cuerpo, ¿OK?

9. **De «La diversión me define» a «Mi definición de la diversión».** La gente se confunde conmigo: doy la impresión de ser muy divertida pero no es así. La fiesta nunca me ha gustado, y no pasa nada. No me suscribo a la definición de diversión de otros. Busca tu diversión. Puede que no te divierta beber e ir de fiesta. Diversión también puede ser una buena conversación, un libro chachi, un paseo largo a ninguna parte, usar las manos para convertir algo viejo en algo nuevo, escuchar música muy alta. La diversión es tuya. Tú la defines, nadie más.
   La diversión que me define es sencilla: me gustan los grupos pequeños en los que puedo estar a una única conversación, de tres a seis personas como mucho. Me encanta cenar con amigas, solo chicas. Las fiestas de grupos pequeños también, no más de treinta personas. Me agobian las grandes aglomeraciones. Me parecen peligrosas. Me dan miedo, no estoy cómoda. Elijo los fines de semana fuera, los grupos pequeños, los viajes con poca gente, las fiestas de menos de treinta personas, las fiestas de pijama con hijos y primos. Pero lo que más me divierte son las excursiones donde sea con solo otra familia o pareja. Poca gente y profundizar.
10. **De «Estar lista» a «Ser lista».** Si esperas estar lista para hacer cosas, seguirás igual el resto de tu vida. Me pondré bikini cuando llegue a tal peso, iré al gimnasio cuando no tenga michelines, llamaré a tal persona cuando no tenga granos... Este tipo de condicionamiento suele ser autoimpuesto, condiciones que nos imputamos para escondernos tras una barrera psicológica, o para motivarnos a ser mejores. Pero de este modo lo único que conseguimos es no vivir, solo sobrevivir. No es vida. Sé lista, olvídate de estar lista.

Vive ahora, ponte el bikini, no esperes a que se te vayan los granos o llegues a una talla. El momento pasa y ya no puedes vivirlo. Vivamos ya, es urgente. Pasemos de vivir condicionadas a vivir en condiciones. El padre de Christian Gálvez le dijo una vez a su hijo: «Si estoy nostálgico, vivo en el pasado. Si estoy ansioso vivo en el futuro. Si estoy en paz, vivo en el presente». Ilustra a la perfección que no podemos disfrutar de nada que no sea el ahora. Seamos listas, como el padre de Christian: hagamos lo que tengamos que hacer para vivir en paz, para vivir el ahora.

Me cuesta, lo reconozco. Me paso las noches delante de la tele sin mirarla. Solo es ruido de fondo mientras paso de año en año en mi teléfono, mirando las fotos de mis hijos. De bebés, comiendo sus frutas y potitos, corriendo tras las palomas... Soy nostálgica, a veces me emociono. Siento que sus infancias se me escapan entre los dedos. Cuando mi hija me pide ir al parque con ella, pienso que debería quedarme a trabajar, pero luego me digo: «Sé lista. Este momento no vuelve, ve a jugar un rato en el presente, regálate, regálale tu presencia, tu tiempo de calidad. Esa noche dormiré menos trabajando hasta tarde para compensar el tiempo perdido, pero no sentiré que tenía que haber ido. Fui. Estuve. Viví. En presente».

11. **De «Divide y vencerás» a «Dividir para vivir».** Antiguamente, una estrategia de guerra era dividir a las tropas para vencer. Algo parecido sucede en los momentos de más tensión. Los problemas más gordos suelo filetearlos. Los objetos duros resisten los golpes dividiéndose en partes pequeñas. Sé que no somos tecnología, somos humanas, pero hasta la tecnología ha de romperse para seguir funcionando. No seamos tan duras. No pasa nada por rompernos, sobre todo

si es para sobrevivir, amiga mía. Compartimenta, divide los problemas en cajas mentales, si lo necesitas. Dividir los problemas hace que los gestiones mejor, poco a poco. Acabarás tratando el problema entero, y te hace fuerte ver que puedes.
El último gran bache que hemos pasado ha sido la mudanza de mi hermano mediano y su familia a Finlandia. Llevaba quince años trabajando con mi padre en el negocio familiar, así que el sopetón fue gordo. Las ondas de repercusión han sido globales. Para atender y ayudar, debo ir poco a poco. Primero transito mis sentimientos, segundo hablo con cada familiar a solas, intento ayudar como puedo y me lo tomo de la mejor manera posible, día a día. Pido ayuda si la necesito e intento ser fuerte por todos, pero a veces me descompongo. Entonces ellos me ayudan a recomponer mis trocitos. Para eso está la familia.

12. **De «Ataca como una leona» a «Vivir con orgullo de leona».** No hay mejor defensa que un buen ataque, dicen... Cada vez que te sientas insegura, en vez de atacar como una leona, busca tu sitio, encuentra tu manada, y vive con orgullo de leona. Los orgullos de leonas son sociedades en las que las hembras van por un lado, cuidan de sus cachorros y cazan para ellos, además de ayudarse las unas a las otras. Solo se juntan con los machos en la temporada de copulación. A veces, y a ratos, es bueno buscarte un orgullo de amigas leonas con las que cazar una buena cena con un buen vino y hacer terapia compartiendo tu vida, que al final de eso se trata.
Sin mis amigas, no sería nada. Es curioso. Siempre he sido una mujer de estar con hombres. En una fiesta, solía irme con los chicos, me sentía más cómoda. Quizá sea porque solo tengo hermanos o porque sus conversaciones me parecían

más interesantes. Pero a medida que crezco —mi madre dice que también le pasó—, prefiero estar entre mujeres. Me siento comprendida, acompañada. Tengo varios grupos de chicas con las que me suelo ver, y las amigas de mis amigas son mis amigas. Uh, vaya lío. Pero estoy cómoda, y nuestras charlas son terapéuticas. Siento que nos entendemos y nos ayudamos. Me sienta bien vivir en un orgullo.

13. **De «Estar de bajón» a «Bajarlo todo al papel».** Los días que tengo una nube mental y no estoy contenta también se dan. Si eres mujer, puede ser a menudo. Me ayuda pasar mi bajón a papel, aligera mi carga. Esta es mi manera, encuentra la tuya. Puede que necesites contárselo a una amiga, hacer audios mil o darte un paseo y contárselo al viento. El ejercicio y el aire fresco son siempre buenos consejeros.
Como ya te he dicho, escribo diarios desde pequeña. Soy una loca de las papelerías y siempre ando comprando cuadernos chulos y bolis. Me sienta bien poner juntos lápiz y papel. Es mi manera de canalizar la mierda mental. La saco y me sienta genial. Me aligera, me da raíces y alas a la vez. Al nacer mis hijos, tras haber usado mis diarios para escribir el libro *El sexo sentido*, los rompí. Fue catártico. Me liberaron al escribirlos y me quité un peso al romperlos. Desde entonces mantengo un contrato conmigo misma: escribo y lo rompo después.

14. **De «Abraza tus imperfecciones» a «No soy perfecta, ¿y qué?».** Estoy tirando piedras a mi tejado... Lo de «Abraza tus imperfecciones» lo digo mucho, pero como subtexto a esa frase tan *happy*, quiero decir «Joder, date un abrazo. No somos perfectas, no... ¿Y qué? ¿Qué pasa si no lo somos?». ¿Cambia algo de nuestra vida? Puedes ser muy mala cocinando, pero la mejor haciendo reformas. Puedes ser increíble controlando los gastos o haciendo la declaración

de la renta, pero no tener talento artístico. Puedes ser muy buena en el trabajo pero no tener capacidades sociales para hacer amigos... Hay personas de todo tipo y tantos talentos como gente. No eres perfecta, no estás sola. Las expectativas de perfección son malas para nuestra salud. Creemos nuevas expectativas: espero vivir muchas experiencias imperfectas, siendo absolutamente imperfecta y todo eso será perfecto para mí.

Por ejemplo, no me gusta recoger. Las tareas domésticas me dan pereza. Soy poco paciente, tengo mecha corta para algunas cosas. Me cuesta aguantar en sitios con mucho ruido, tengo muy mal genio y si me cabreo pierdo las formas. Soy muy de portazos. No soporto el calor. Llevo mal tener hambre. Me muerdo las uñas y los pellejos. El estrés me da dolores de cabeza y me hace bruxar. Llevo mal perder las cosas, nunca sé dónde tengo las llaves de casa. Muchas veces me las dejo dentro al salir. Se me da fatal disfrazarme: cuando tengo que hacerlo nadie sabe de qué voy. Y de hacer maletas ni hablemos: llevo medio armario a cualquier lado y luego tengo que comprar ropa o pedir algo prestado en mi destino porque nunca acierto. Odio planchar. Pasear cogida de la mano también me resulta imposible, me da calor. Me agobia bailar pegada a alguien. Soy rara y hago mal muchas cosas, pero soy como soy. Y lo importante es que soy consciente de que no soy perfecta. ¿Cuál es el problema? ¿Quién lo es?

15. **De «Mi vida es una postal» a «Busca tu propia postal».**
A veces una imagen vale más que un millón de palabras. Por mucho que leas, si te pareces a mí, las palabras solo llegan la mitad de lejos; son las imágenes las que nos calan. Así que si te falta motivación para cambiar tu vida, o para coger las

riendas de ella, búscala. Y nada mejor que un par de tijeras... Te explico: en las sesiones de fotos y en la moda, muchas veces tienen lo que llaman un *mood board*, un conjunto de imágenes para ilustrar el *look* que se busca con el *shooting*. Lo mismo podemos hacer nosotras, buscar imágenes de cómo queremos que sea nuestra vida, o aquello que ansiamos llegar a ser. Crea un *collage* del ambiente buscado para motivarte a dar los pasos hacia la postal que has creado ya en tu cabeza. Las personas también vivimos de ilusiones, de algo que te haga sonreír cuando te metas en la cama. Hace poco una gran amiga, a la que considero como una hermana, se estaba vaciando de estrés laboral conmigo. En un momento dado le pinté una postal de una ilusión suya para ayudarla a eliminar el mal sabor de boca que le producía el trabajo. Ella quiere comprarse una segunda residencia en Marbella para ir con su familia, especialmente con su abuela. Así que pusimos a su abuelita querida en una silla en un patio con arcos, con vistas a un jardín. Cada vez que se estresase en el trabajo debía pensar en esa postal con su abuela bajo los arcos, haciendo calceta. Funcionó. De ilusiones también se vive, señoras.

16. **De «Vive la vida a todo color» a «Colorea tu vida».** Es un alivio saber que podemos dar la vuelta a las frases motivacionales, que existe una manera más realista de vivir, de tomarse la vida. Necesitamos más argumentos, conocernos mejor, y para eso nada como preguntarte cómo eres y comprobar de vez en cuando si has cambiado. Como decía John Lennon: «La vida es aquello que pasa cuando estás haciendo otros planes». La vida no es de color de rosa. No es como te la pintan. Tienes los rotuladores en la mano. Tu vida es como tú la coloreas. Así que, ¿pintamos? ¿Firmarías un contrato contigo?

Contrato contigo misma

Nos pasamos la vida firmando contratos de todo tipo, comprometidas con el mundo entero, con el banco, con un hombre, con una compañía eléctrica... Pero nunca con nosotras. Como en la peli *La boda de Rosa*, aunque sin boda, hagamos un pacto con nosotras. Para pasar del #FreeBritney al #It'sBritneyBitch os propongo firmar un contrato con nosotras mismas. Solo hay dos personas que importen en un contrato contigo misma: tú ahora y tú en el futuro.

Un contrato personal es un acuerdo contigo que te recuerda quién eres y cómo funcionas mejor bajo estrés y retos nuevos. Ningún contrato personal es idéntico a otro. Cada persona es única, y su contrato debe de reflejarlo. Por eso no te voy a presentar un contrato blindado sino que tú misma lo redactarás. Lo puedes hacer en forma de lista de deseos y retos, o quizá eres más artística y te funciona un *collage*, una nota en el móvil o en forma de audios, si eres de esas (yo también lo soy). Lo más importante es que te funcione, que sea en un formato que te motive.

Acuérdate de mirarlo o cambiarlo según te pasan cosas nuevas. No tiene que ser estático. Como la vida, tu contrato puede ir cambiando porque tus necesidades también lo harán. Son como la vida, orgánicos.

¿Qué quieres conseguir en la vida? ¿Qué has logrado este año pero quieres seguir respetando, o qué quieres mejorar? ¿Qué te hace feliz? ¡Respétalo! Te recuerdo que convivirás contigo tooooda la vida. ¡No te dejes para después! Complétalo y fírmalo. Y no te olvides de revisarlo cada año. Tus logros son los de todas. ¡No lo olvides!

Esta sería mi propuesta. En cursiva he añadido lo que pongo yo, desde hoy, y me comprometo a poner en práctica o a seguir haciendo. Los demás no pueden ser los que rijan mi vida. Pienso en mí, creo mi mejor versión, y así podré ofrecérsela a los demás.

Ahora, cópialo y complétalo con tus metas y retos. ¡Confío en ti!

Fecha: ____ de __________ 202_

Yo, _________________________, con DNI _____________________, desde hoy, y durante un año, me comprometo con los cinco puntos que vienen a continuación:

1. **Mis valores y necesidades**
   ¿Qué te motiva? ¿Cuál es tu meta? ¿Qué necesitas para vivir mejor?

- Mi valor principal es ser buena persona, al menos intentar mejorar cada día. Mi meta es sentirme útil, dejar algún legado positivo y ganarme la vida lo mejor y honestamente que pueda.

- Mis valores son la honestidad, la transparencia, la naturalidad, la nobleza y el humor.

- Para funcionar necesito ver o saber de mis hijos, hablar con mi madre, un buen paseo cada día, estar en contacto con la naturaleza -con animales, árboles o con una planta en casa- y encontrar el equilibrio entre tiempo a solas y la buena compañía que me aporta.

- Sentir que soy amada y que siento amor por los míos.

2. **Mis cuidados y rutinas**
   Cómo cuidas tu cuerpo, corazón y espíritu.

- Me gusta hacer ejercicio moderado, ducharme e hidratarme el cuerpo entero escuchando música a solas.

- Me gusta arreglarme tranquila para empezar bien el día.

- Intento escribir a diario para expresar mis emociones y preocupaciones. Así las saco de la cabeza.

- Tengo un calendario en el que apunto el trabajo y los recados, e intento organizar mi realidad diaria y mes a mes.

- Trabajo de lunes a domingo, pero cada día es diferente y amo eso de mi profesión. Es un no parar, pero sin rutina. Me mantiene de puntillas, siempre dinámica, siempre aprendiendo. Me gusta aprender.

3. Mis pre y mis post
¿Qué te ayuda a calentar y a descomprimir la energía antes y después de actividades?

- Me ayudan mis rutinas, arreglarme sola, pintarme las uñas, estar en mi piso, donde tengo todo lo necesario, pensar la ropa *in situ*.

- Un ritual previo al trabajo, casi religioso, consiste en que necesito estar sola para enfocarme y sentir lo que voy a comunicar, decir, o en lo que voy a trabajar.

- Cuando acabo, después de contarle mis impresiones a alguien de mi círculo íntimo -marido, madre, amigas, representante- me tumbo en el sofá, en pijama, delante de la tele. Veo algo y me desmaquillo en el sofá bajo una manta.

4. Mi modelo personal
Haz una lista de dos a cinco cosas que has de tener en cuenta al decidir algo.

- ¿Suma en mi vida?

- Primero veo qué quiero yo. ¿Qué siento respecto a ello? ¿Qué dice mi GPS personal?

- Escucho qué tiene que decir mi círculo íntimo.

- Me doy un tiempo para meditarlo. Para ello, lo consulto con almohada o me voy a dar un paseo.

- Hago caso de mi cabeza, de mi corazón y de mis tripas… Siempre hay dos que ganan.

5. Mis prioridades
¿Qué es importante y qué no?

- Mis prioridades son el bienestar de mi familia y el de mis amigos íntimos.

- Mi vida y mi trabajo, en ese orden.

- Y mi salud mental y física, en ese orden también.

- No es importante lo que no importa: mi ego, mi avaricia, la superficialidad, las cosas ni agradar a todos.

6. El extra con queso
Lo que quieras añadir.

- Mi extra con queso es que tengo una cultura y un bienestar dual: el inglés y el español. Hago una mezcla extraña de ambas culturas que a mí me funciona pero que a veces se entiende regular. Aunque no es nada que no se pueda arreglar con la mejor de mis sonrisas.

Firma

Fechas previstas de revisión de objetivos:
cada año a día 22 de diciembre

Si cuando los revises has cumplido el 80 %, ¡felicidades! Has mejorado tu vida y la de los que te rodean. Has conseguido, aunque sea por un rato, dejar de estar hasta el coño y valorarte. ¡Lo has conseguido! Regálate una sesión de *spa*, un vestido, un paseo, una crema facial de las buenas solo para ti, un maratón de tu serie favorita, una salida con tus amigas o una copita de vino en un lugar que te guste, acompañada de un buen libro o mirando a la gente que pasa. Imagínate que les cuentas el proceso en el que estás metida y lo mucho que te está aportando. ¿Quieres compartir tu alegría? ¡No te cortes! Yo lo haría, por supuesto. Nada me hace estar más orgullosa de ti.

Si no has llegado al deseado 80 %... *So sorry, my friend*. Además de volver al capítulo introductorio del libro (es broma), te castigo a hacer cada noche tantas sentadillas como años tengas, dormir sin ponerte la hidratante nocturna o recoger los juguetes de tus hijos durante una semana. No es por fastidiar, pero espero que las agujetas te recuerden que puedes ser una versión mejor de ti misma de manera realista, puedes creer en ti y cumplir lo que te propongas, puedes dejar de estar hasta el coño y sacarle la punta al lápiz de tu vida para escribir tu propia historia. ¡Recuerda que nadie lo hará por ti!

DE «JODER, MUJER TENÍA QUE SER...» A «¡MUJER TENÍA QUE SER, JODER!»

Suele ser habitual que me sienta suspendida en el trapecio de la vida, siempre balanceándome. En busca del equilibrio pero con la lengua fuera, agotada, porque no trabajo en el Circo del Sol... Lo único que quiero es tocar tierra y estar quieta, estable, tranquila. Estoy hasta los ovarios de todo lo que implica ser mujer solo por ser mujer... Joder, mujer tenía que ser...

A las mujeres se nos educa de manera polar: tenemos que elegir entre ser jungla o jardín.

Jardín: una mujer culta y educada, con su arbusto podado y pelo solo en los sitios «civilizados».
Jungla: una mujer salvaje y asilvestrada que no atiende a razones y solo vive a través de sus sentidos, una hedonista *hippy* que, obviamente, no se depila.

¿Debemos elegir? La vida no es blanco o negro, es una escala de grises que haría temblar de miedo al guaperas de *Cincuenta sombras de Grey*. Me niego a que nos engañen, no tenemos que elegir. Una de las mil maravillas de ser mujer es el cambio, fluir tanto en jardines como en selvas. Somos el agua donde selva y jardín pueden no solo convivir, sino vivir de nosotras. Personificamos la versatilidad, la creatividad y la madre tierra. Un día me puedo levantar selva y acostar jardín y no pasa nada. El mundo sigue girando. El sol sigue brillando. La luna sigue haciendo de las suyas.

Nada es estático en el mundo femenino. Dejemos de sentirnos mal por ser flexibles, basta de disculparnos por ser mujeres, dejemos de pedir perdón por cómo somos o dejamos de ser. Pongamos fin de una vez al deporte mundial de criticar por criticar: no es bonito, no es constructivo, no mola. Únete a mi campaña sin odio: #BeALOVERnotAHATER. Vive sin dramas. Me regalo el espacio necesario para apreciar lo que pierdo, empezar de nuevo cada mañana, y ver qué traerá el día siguiente... Sea selva o jardín, al menos seré. Y tú también.

Las que me conocéis sabéis que no sé escribir sin desnudarme. Las historias que he contado en este libro son recientes y muy personales, porque tiendo a sobrecompartir. Soy así. Esto no es un adiós, es solo el final de un libro. Pero no lo veáis como una despedida, o un hasta pronto, porque queda MUCHO por decir. Si te ha gustado, te invito a que me sigas en mis redes sociales para que pueda ofrecerte más consejos, historias, anécdotas...: @taniallasera.

Si te ha ayudado, compárteme en tus redes con la etiqueta #MujerTeniaQueSer, conviértete en embajadora de una visión profunda de la mujer para todas las que están, como tú, hasta el coño, hartas de quedarse calladitas y vivir la vida que les ha tocado en suerte o en desgracia, pero sin la posibilidad de elegir. Creo que ahora ya te quieres un poco más, te valoras, te comprendes, te ves con otros ojos... Ha valido la pena, ¿no? Te aseguro que para mí sí.

Mi nuevo propósito después de escribir este libro es divertirme más, conectar con mi niña traviesa y volver a reírme mucho, mucho, mucho (3 veces sí). Chicas, tengáis la edad que tengáis, aún nos queda mucho por vivir, seamos jardines, selvas o ambas, disfrutemos de todo lo que venga y fluyamos... Fluyamos como los 2 litros de agua diarios que debería de beber y paseo por casa en forma de vasos que decoran mi piso, en vez de beberla. No pasa nada, no es grave. Así que recuerda, no lo olvides:

Mujer tenías que ser.
¡Y muy orgullosa, coño!

Agradecimientos

Este libro ha sido escrito por una Tania obsesionada con él. Un auténtico parto, vamos.

No sería lo que es sin la ayuda de mi gente.

Tanto mi padre como mi marido han llegado a comentarme que jamás me habían visto trabajar tanto en algo... Y no soy poco trabajadora, así que imaginad el nivel. Gracias a ambos por la paciencia, especialmente a mi pareja. Gonzalo, gracias por encargarte de los niños durante tantos fines de semana para que pudiera escribirlo.

A mis hijos, que esta mañana, llevándolos por fin al colegio, me han dicho que quieren salir en el libro para ser «famosos», ¡ja, ja, ja! Gracias por la paciencia que habéis demostrado con solo cuatro y seis años cada vez que no podía jugar porque tenía que trabajar en el libro. Nunca sabréis cuánto os quiero, hasta que no me hagáis abuela, creo. *Love you two. I'll be here when you wake up.*

Mamá, gracias por abrirte en canal and a *big thank you to all your sisters.*

Al mejor representante y amigo, a mi Víctor, que me hace reír como una perra pulgosa y eso siempre es bueno. Gracias por todo, amigo.

Gracias a Leti por ofrecerme la posibilidad de escribir este libro con una sonrisa.

Un especial y sentido gracias a mi Anna, mi editora, por ser mi compañera de viaje... ¡Ya somos íntimas, tía! Te quiero y te debo una mariscada, que no me olvido. Este libro, y en especial el capítulo 2, nadie sabe lo que costó más que tú y yo. ¡Menudo parto! ¡Ah, y feliz boda, mi niña! ¡Nos vemos en Segovia de fiesta!

David Insua y Laura Escarza, gracias por revisar y estar pendientes de mí incluso los fines de semana, con mudanzas y otros trabajos. GRACIAS. Gracias también a la madre y la abuela de David por contestar a mis preguntas. Muy agradecida, nos vemos en la boda de David y Alfredo.

Gracias a Nelly por trabajar tanto, alimentándome y facilitándome el poder trabajar desde casa durante meses.

Unas íntimas gracias a mi silenciosa musa catalana, Irene Orce. Nuestras conversaciones, todas muy profundas, las grabé en audio con el teléfono, y tus transcripciones son oro puro. Gracias a tu marido, Borja Vilaseca, por ayudarme con el título, y a tu tata Ambrosia también. Os debo una cena en Cadaqués, mi gente.

Gracias a las chicas de Kuestiona por regalarme sus visiones sobre el falso empoderamiento femenino y por hacerme un poquito más consciente.

Gracias a mi amiga del alma, mi Mayris, por darme ánimos cuando los necesito. Eres mi vitamina con patas, que lo sepas.

Gracias a mi maquilladora sin redes por ser tan generosa y regalarme su sabiduría. Gracias, Ana Renedo.

Gracias a Marta Bondesio por ser igual de generosa en la vida, y venir a verme cuando estoy hecha una vinagres, insuflando, como solo ella sabe, su energía vital para ayudarme a acabar este libro.

Gracias a mis amigas de toda la vida, Las Sweeties, por contarme vuestros partos y por contestar siempre a mis preguntas en cada libro. En especial a María García Miñaur, por comer conmigo el otro día, que ya estaba perdiendo el norte y necesitaba salir del libro. Así que *thanks! Love you all.*

Gracias a Elena Foncuberta y Nico Anglada, Ivonne y Eudald, Nora y Alberto y Lucía y Gabriel por los ánimos y las confidencias. A toda la jauría de la colla de Cadaqués. *Us estimo molt* por eso.

Gracias a mis «niñas de la curva» por respetar cuando no puedo quedar y por contestar siempre a mis preguntas sobre las mujeres.

A Bea, Corina, Jimmy, María y muchos más del clan Lekeitio y a sus allegados por apoyarme siempre.

A mi gente que vive en el cielo. Abuelos, gracias por inspirarme y motivarme allá dónde estéis. Que sepáis que me llega vuestra energía.

A todas las mujeres de mi vida, gracias. Sin vosotras, este libro no se hubiera escrito.

Os quiere una muy agradecida,

TANIA XX